POPE FRANCIS:
Untying the Knots

闇から光へ

教皇フランシスコの挑戦

ポール・バレリー Paul Vallely［著］
南條俊二 Shunji Nanjo［訳］

春秋社

はじめに――〝どん底〟で出会った「結び目を解くマリア」

ブエノスアイレスのサン・ホセ・デル・テラール教会などに、とりたてて興味をそそるものはない、と普通なら思うだろう。だが、ごく普通の平日にもぽつりぽつりと、しかし絶え間なく訪れる女性たちは、金色に輝く中央祭壇と感性を刺激するような十字架に向かって軽くひざまずくと、すぐに背を向ける。そして、左手の側廊、聖堂の後ろに進む。そこにお目当ての絵がかかっているのだ。

複製画で、決して素晴らしく良い出来栄え、と言えるものではない。十九世紀に描かれた原画は、ドイツのアウクスブルクの教会にあり、アルゼンチンからやってきたホルヘ・マリオ・ベルゴリオ神父が、その存在を知った。その時、彼は、自分が二十七年後にローマのサン・ピエトロ大聖堂のバルコニーから姿を現し、世界を驚かせるなどということを、知る由もなかった。

このほとんど無名の司祭が、全世界のカトリック教会を率いる第二百六十六代教皇となることになる。それだけではない。これまでの教皇にまつわる数々の慣例を破る。アメリカ大陸出身で初めて、南半球出身で初めて、イエズス会士で初めて、そしてフランシスコの名を冠した初めての教皇。そのことは、カトリック教会と十二億人の信徒、さらに全世界の人々に対して、教会を大きく変えていく、という彼の意思表示につながるのだが……。

彼は、自分自身と神に素晴らしい確信を抱いている人物のように見える。だが、ドイツの教会のバロックの芸術作品の前に初めてやってきた時、彼は騒動の渦中の人物だった。ヨハン・ゲオルグ・シュミットナーの手で、木製の画板に油絵具で描かれたその絵には、「マリア、結び目を解く方」という謎めいた題名がつけられていた。

その裏には、とても興味深い物語が隠されていた。一六〇一年、バイエルンの貴族、ヴォルフガング・ランゲンマンテルが、ヤーコプ・レムという名のイエズス会士の思慮に富んだ助言を得ようと、アウクスブルクに出かけた。彼の結婚生活は苦境に置かれていた。彼と妻のソフィアは離婚の瀬戸際にあり、当時のバイエルンのカトリック社会にとって大きなスキャンダルになろうとしていた。相談を受けたレム神父は、ヴォルフガングに、彼らの結婚式で使ったウェディング・リボンを持ってくるように頼んでいた。

彼の頭の中には、初代の偉大なキリスト教神学者の一人で弁護論者によって書かれた著作があった。その神学者は、二世紀の教父、聖エイレナイオス。（人類初の女性として旧約聖書に登場する）イブの（神に対する）不従順の結び目が、どのようにして、聖母マリアの従順によってほどかれたのか、が書かれていた。レム神父は、ヴォルフガングとソフィアの仲をとりなしてくれるように聖母に祈願した。「この祈願で」、彼はウェディング・リボンの上で祈りを捧げ、そして「すべての結び目が解かれるようにと、その結婚の絆を高く挙げた」。

祈願のお陰で、夫婦は様々な問題を乗り越え、結婚生活を続けることができた。彼らが世を去った後、甥に当たる人がそのことを題材に絵を描いてくれるように、シュミットナーに依頼した。

そして、その絵が、アウクスブルクのザンクト・ペーター・アム・ペルラッハ教会に掛かっている、というわけだ。絵には、二人の天使の助けを受け、愛らしい子供の天使たちに囲まれながら、マリアがウェディング・リボンの結び目を解き、その一方で、彼女の足が悪魔を象徴する蛇の頭を平然と押しつぶしている様が描かれている。

このマリアの絵が、アルゼンチンからやってきた五十歳の司祭に、なぜ強い感銘を与えたのか。その理由を知るのは難しいことではない。彼は、権力の倫理的崩壊について書いたカトリックの哲学者、ロマーノ・ガルディーニに関する博士論文準備のためにドイツに行かされたことになっていた。だが、実際は、彼の上長が彼をアルゼンチン国外に出したかったのだ。

当時、アルゼンチンでは、彼の十五年にわたるイエズス会管区での指揮監督——修練院長から管区長、神学院長としての——が、イエズス会

ザンクト・ペーター・アム・ペルラッハ教会の「マリア、結び目を解く方」

のアルゼンチン管区を深く激しく引き裂き、ローマの本部は、大きく開いた傷を癒やすため、別のイエズス会士をアルゼンチン国外から送り込まねばならない、と判断した。マリアにとって、ベルゴリオのために解かなければならないやっかいな「結び目」は、たくさんあったのである。

そのたくさんの「結び目」は解きほぐされ、数か月で彼はアルゼンチンに戻った。だが、ブエノスアイレス——長い年月にわたる争いの現場——での不幸な期間を経て、彼は、首都から四百マイルほど離れたアルゼンチン第二の都市、コルドバのイエズス会の共同体に追いやられた。そこでひっそりと悔悟の日々を送った後、ブエノスアイレス大司教である枢機卿に取り立てられ、聖職者としての昇進を避ける誓いを立てたイエズス会士として極めて異例の、補佐司教として、生まれ故郷の町に戻ってきた。

そこから驚嘆すべき人生の歩みが始まった。ベルゴリオを、「スラムの司教」、市民権を奪われた人々の熱烈な保護者、さまざまな背景と信仰を持つ人々の間の橋渡しをする手段としての対話に揺らぐことのない情熱を燃やす人へと変身させ、ついには、教皇ベネディクト十六世の〝洗練〟された絹の錦織で覆われたローマの資産を、「貧しい人々のための、貧しい教会」に変質させる考えを表明する教皇となるのだ。

解かれていない結び目は教会にも、世界にも、なお存在する。これまでの常識を覆す新教皇は、まだ知られ始めたばかりだ。ベルゴリオは神学的には伝統主義者だが、教会のあり方については改革支持者だ。急進主義者だが、自由主義者ではない。ほかの人に権限を与えようと努めるが、権威主義の痕跡も残している。保守的だが、彼の母国の反動的な司教会議の中では、はるかに左の立場にいた。宗教的な単純さと政治的な狡猾さを併せ持っており、進歩的で開放的だが、飾り気がなく、厳しい。

第二バチカン公会議後に司祭に叙階された初の教皇だが、自分の配下の修練者を公会議前のやり方で訓練した。同性による結婚とゲイの養子縁組に反対しているが、エイズにかかった同性愛者の足に接吻した。「南」の人間だが、「北」に深い根を持つ――イタリア人の家系で、スペイン、アイルランド、ドイツで学んだラテンアメリカ人。教区司祭だが、修道会士でもある。神学の教師だが、親しみやすい司祭だ。彼の中で謙遜と活力が合わさっている。

ドイツからアルゼンチンに帰る時、彼は、例のアウクスブルクの教会に掛かっていた絵画を縮小印刷した絵葉書を買ってきた。故国の人々は、そのイメージを心に焼き付けた。十年の後、ある教会の信徒たちが自分たちの意思で浄財を集め、アルゼンチンの画家による原画と同じサイズの複製画を手に入れた。この絵が、ブエノスアイレス郊外の中産階級が住むアグロノメイアにある、とりたてて特徴もないサン・ホセ・デル・テラール教会に掛けられ、大勢の巡礼者を集めている。後にブエノスアイレス大司教となってからも「パードレ・ベルゴリオ」と呼ばれることを好んだ彼は、目立たない質素な司祭服を身に付け、この教会でそっと人々の間に入り込み、絵の前の信徒席に座り、自身の人生の結び目を解くことができるように聖母マリアに祈った。

「今では、この複製画は、原画よりもずっと有名になっています」。聖堂の右側回廊の透明なガラスで仕切られた告解場で、ぽつりぽつりと続く巡礼者たちの告解を聞いているリカルド・アロエ神父は語る。「この絵を拝もうとする方が、アルゼンチン中、いや世界中からおいでになっています。毎月八日には一万人、十二月八日の『無原罪の聖マリア』の祭日には三万人を超えます。全ての方が、マリアさまが自分たちの悩みを聞いて、理解してくださると感じています。すべての人の母として、私たちの悩みに熱心に耳を傾けてくださる。様々な結び目は私たちが抱える悩み苦しみの暗喩。マリアさまは、私たちが困難を乗り越えるのを助けてくださるように、神にお願いしておられます」。

暗喩。ベルゴリオは「結び目」の意味を痛いほど知っている。そして彼は、願い求めていた許しを得たようだ。決して十分ではないにしても。

教皇フランシスコの挑戦　目次

教皇フランシスコの挑戦——闇から光へ

1 二〇〇五年教皇選挙の舞台裏で
Dirty Tricks in the Vatican

誰もメールを送ったことを認めなかった。（疑われた）バチカン大使は「そのようなことをしていない」と反論した。弁護士も、ジャーナリストも、そして、世界最大、最強の修道会であるイエズス会の幾人かの幹部も、同じ言い方をした。

だが、ローマに集まった上位の枢機卿のパソコンのメールボックスに送られてきた匿名の文書は、そうした人々にとって、極めて不利な内容のものだった。その意図は明白だった。誰かが、ホルヘ・マリオ・ベルゴリオが教皇になることを、望まなかったのである。

教皇が亡くなると、世界中の枢機卿がバチカンに招集され、「全体集会」と呼ばれる会合を始める。二〇〇五年四月の場合は、そうした会合の初めの数日が、バチカンが早くも「偉大なヨハネ・パウロ」と呼んだ人物の死の衝撃を受け止めることに費やされた。

「サント・スビト」。バチカンのサン・ピエトロ広場に集まった群衆が叫んだ。「彼を、ただちに聖人に」と。年老いた教皇は、瀕死の状態を長く続けた末に亡くなった。自らを苦しみの聖像として。体が弱ってからも、仕事に打ち込み、「質素に生きる」という人間の本分を忘れた世界を、糾弾するかのようだった。

会合で、ローマ・カトリック教会の枢機卿たちは、公けには、人類の歴史で最大規模となる葬儀の詳細について検討していることになっていたが、舞台裏では別のことを話していた。「誰が次の教皇になるべきか」。


「例の文書」がメールで送られてきたのは、その会合が開かれている最中だった。二〇〇五年の教皇選挙が行われるちょうど三日前、アルゼンチンの人権弁護士マルチェロ・パリシが、ベルゴリオを告訴した。一九七六年にブエノスアイレスの貧民街で貧しい人々と働いていた二人のイエズス会士が拉致された事件で、アルゼンチン軍事政権の治安部隊と共謀した、という訴えだった。二人は、釈放されるまでの五か月間、拷問され、頭巾をかぶせられ、足枷をはめられたままだった。行方不明になる一週間前に、「スラムで貧しい人々と働くのをやめるように」という命令に従わなかったため、ベルゴリオによってイエズス会から追放されていた……

ブエノスアイレスの枢機卿のスポークスマンが二〇〇五年に「中傷の常習者」として解雇された——このことは、後の章でくわしく検討するが——という根拠の無い主張は、釈放された後に二人にインタビューしたホラシオ・ベルビンスキーという〝告発ジャーナリスト〟の調査取材をもとにしたものだった。告訴に協力したとされる司祭たちや一般信徒たちから聞いた話も、もとになった。

そして、パリシ弁護士は、政府の古い資料の保管棚から、ベルゴリオがイエズス会のアルゼンチン管区長だった時代からの証拠書類を見つけた。ベルゴリオを相手取って起こされた訴訟は、結局は棄却されたものの、激しい論争が衰えることなく続いた。

ベルゴリオの弁護側は、ベルビンスキーには隠れた動機があった、と主張した。彼はネストル・キルチネル前大統領、クリスティーナ・キルチネル現大統領の政治的な盟友である。彼のベルゴリオに対する極めて詳細な批判は、二〇〇五年の初めに「沈黙（El Silencio）」というタイトルをつけて本にしたが、出版されたのは、ベルゴリオ枢機卿がネストル・キルチネル大統領（当時）を汚職と貧しい人々を助けることに失敗したとして公に批判した後だった。アルゼンチンの代表的な日刊紙クラリンは、「キルチネル政権が枢機卿たちに送った関係書類を、駐バチカン大使を通じて教皇庁にも届けた」と報じた。政府関係者も大使もそろってこれを否定した。ベルビンスキーは、自分が告訴のための調査を始めたのはキルチネル前大統領が政権に就く四年前の一九九九年だった、と反論した。

他にもこの問題に関与した疑いがあるとされる人々がいた。以前に人権弁護士を務め現在は判事のアリシア・オリベイラは、二〇〇五年の教皇選挙で彼の選出を妨げるために「オプス・デイ」[1]と連携した、アルゼンチンの支配階級の保守分子を非難した。彼女も軍事政権から迫害を受けたが、今もベルゴリオの親友である。

他の人々は、ベルゴリオがイエズス会のアルゼンチン管区長だった時に彼と対立したイエズス会士たちが、彼をおとしめるメールを送ったのだ、と非難した。当時、ベルゴリオの行動について、イエズス会士たちの間に大きな疑問を持つ者がいたのは明白な事実だ。彼らは、何年も前にローマのイエズス会本部に彼の行動について不満を訴えていた。そして、イエズス会士から、ベルゴリオは「絶対に、ほほ笑むことのない」人物だ、と非難するメールが出回った。

問題の文書を大多数の枢機卿に送りつけたのが誰であろうと、時期を狙った、明白な「ストップ・ベルゴリオ」キャンペーンであることに変わりはなかった。カトリック信者は、教皇選出にあたって、「聖霊が教会を導く」と言うことを好む。しかしながら、選挙結果を操作しようとする勢力が、聖霊とは別に存在するのだ。

だが、そうした勢力は成功を収めたのだろうか。

***

枢機卿たちが、サン・ピエトロ大聖堂の巨大な丸屋根が影を落とす会議場で開かれる最初の全体集会に集まった。会議場は、教会政治の単調で形式ばった行為の場に似つかわしく感じられる、大学の講義室のように平凡な、ベージュ色の内装の、戦後に建てられた建物の中にあった。だが、実際には、昼食休憩の間や、教皇選出投票の実力仲介者となる主要な枢機卿が主催する夕食会など、そこかしこで「現実的な政治」が展開されたのだった。教皇選出権を持つある枢機卿は気の利いた皮肉をもらした。「キリストの最後の晩餐以来、カトリック教会は夕食のテーブルで、最も重要な決定を下してきましたからね」。

何人かの枢機卿は、以前から知り合いだったが、人数は少なかった。教皇ヨハネ・パウロ二世によって何年もかけて枢機卿たちは国際化され、その過程で選ばれた教皇選出権を持つ枢機卿が世界中から集まってきた。ある枢機卿の補佐役は「初めてやってきた観光客のように、ローマをさまよい歩いている開発途上国の枢機卿の小集団」を目にした。その一人はこのような質問を発しさえした。「皆が話している夕食会はどこで開かれるのですか」。

ウエストミンスター大司教（当時）のコルマック・マーフィー・オコナー枢機卿はローマの教皇庁立アイルランド神学校で、英語圏の枢機卿の集会を主催したが、実際に意味のある話し合いは欧州の進歩派の小グループ——ミラノのカルロ・マリオ・マルティーニ、シュツットガルトのワルター・カスペル、ブラッセルのゴッドフリード・ダニールスなどが参加——で行われた。このグループは長い間、少なくとも毎年一回、会合を重ねており、ベルゴリオと同じイエズス会士のマルティーニはずっと教皇候補とされてきた。だが彼は二〇〇五年の時点で、七十八歳と歳を取りすぎており、健康も優れず、三年前に大司教を退任していた。ブエノスアイレスのベルゴリオは彼らにとって、もうひとつの選択肢だった。彼とマーフィー・オコナーは二〇〇一年に枢機卿に叙階された。これは、バチカンの公式の席次表によれば、公式行事で二人が常に隣り合わせの席に座る、ということを意味した。そして二人は友人になった。

ともあれ、多くの人々にとって、ヨゼフ・ラッツィンガー枢機卿は明らかに最有力候補だった。二十四年にわたって教皇ヨハネ・パウロ二世の右腕を務め、教理省長官として教義が正しく守られているかを監視した。それは、「ローマを定期的に訪れるどの枢機卿も会うことができる数少ないバチカン高官」であることを意味していた。彼はまた、枢機卿団の長でもあったので、全体会議の議長を務め、教皇ヨハネ・パウロ二世の葬儀ミサと教皇選挙（コンクラーベ）が始まる日の朝のミサも主宰することになった。

並外れた記憶力の持ち主であるラッツィンガーは、枢機卿会議で、枢機卿一人ひとりを名前で呼び、彼らが理解できる言語で話しかけた。出席者の誰とも面識がほとんどなく、イタリア語もよく分からず、投票すべき候補者についての情報も乏しい新米の枢機卿たちにとって、ラッツィンガーは選択肢として際立っていた。

彼は結局のところ、晩年の教皇ヨハネ・パウロ二世の側近中の側近であり、コンクラーベに参加した人々は、そのような彼に畏敬の念を抱くことになったのだ。枢機卿会議でやさしさと決然とした態度で振る舞い、葬儀ミサの説教では心を込めて語り、教皇選挙に先立つミサでは、現代社会の欠点について分かりやすく分析して見せた。

こうして、ローマに着いた時に、「もしもラッツィンガーでないとすると、誰が適任か」と考えていた枢機卿の多くは、「ラッツィンガーにしよう」と考え始めた。教皇ヨハネ・パウロ二世の二十四年間にわたる治世の後では、次の人が教皇職に長く留まることを誰も望んでいなかったので、ラッツィンガーがすでに七十八歳になっていたことは問題にならないようにみえた。教皇選挙直前の彼の誕生日に、誰かが教皇旗の色である白と黄色のチューリップを贈ったのは、なぜか適切であるかのように思われたのだった。

もしも「ベルゴリオ（が教皇に選ばれるのを）阻止」のファイルが出回らなかったとしても、ラッツィンガー支持が増えていく勢いを考えれば、選挙の結果に変わりはなかっただろう。

教皇選挙初日、枢機卿たちは午後四時半に、投票が行われるシスティナ礼拝堂に向けた荘厳な行列を開始した。選挙権を持つ百十五人の枢機卿が真剣な選択と秘密を守る荘厳な誓いを終えるのに、ほぼ一時間かかった。それから、「全員外に出よ」という宣言とともに、部外者は礼拝堂の外に出、扉にかんぬきがかけられ、投票が始まることになる。

すべての公式の枢機卿会議、そして非公式会合の結果、四人の枢機卿に関心が絞られた。四人は、ラッツィンガー、マルティーニ、カミロ・ルイーニ（教皇代理）、そしてベルゴリオだった。この他、ミラノのディオニージ・テッタマンジ、ベニスのアンジェロ・スコラ、そしてアフリカの枢機卿、ナイジェリアのフランシス・アリンゼの名前も取り沙汰されていた。議長は、出席者たちに直ちに投票するか、それともこの日の夜は休むか、意見を聞いた。彼らは投票する方を選んだ。

第一回投票で、ラッツィンガーに投じられたのは四十七票。選出に必要な投票総数の三分の二、七十七票に三十票足りなかった。だが、実際に皆を驚かせたのは、アルゼンチンのベルゴリオが十票と、進歩派の候補者とされていたミラノのマルティーニよりも一票多い支持票を得たことだった。ルイーニは六票、教皇ヨハネ・パウロ二世のもとで筆頭閣僚である国務長官を務めたアンジェロ・ソダーノ枢機卿は四票。ホンジュラスの枢機卿、テグシガルパのオスカル・ロドリゲス・マラディアガは三票、ミラノのテッタマンジは二票にとどまり、他に何人かが一票ずつ分け合った。

枢機卿たちは初日の投票を終え、夕食の席に向かった。食堂のテーブル越しに、廊下のつなぎ目で、私室で、あるいは寝室に二人か三人で集まって、あるいはまた外のテラスでタバコを吸いながら、話題となったのは、ベルゴリオがいかにして同僚のイエズス会士、マルティーニを上回る票を得たのか、だった。彼についてわずかの知識しかない人々は、情報の交換を始めた。

何人かは、四年前、二〇〇一年の全世界司教会議で、彼から強い印象を受けたのを覚えていた。この会議では、ニューヨーク大司教のエドワード・イーガン枢機卿が議長を務めることになっていたのだが、九・一一のテロ攻撃事件の発生でニューヨークに戻らなければならなくなった。教皇ヨハネ・パウロ二世から代役を務めるよう求められたベルゴリオが議長として皆を公平に扱う能力を発揮して、出席者に感銘を与えていた。それで、この会議に続いて開かれた南北アメリカ司教会議で、彼は人気投票のトップに立った。

さらに興味深いことに、食堂でなされた情報交換で新たな事実が明らかになった。それは彼が、教皇ヨハネ・パウロ二世の熱心な支持を受けた一般信徒による新たな運動、「聖体拝領と解放(Comunione e Liberazione)」と、何年もかけてつながりを深めていたことだ。その運動のイタリア人創始者、ルイジ・ジュッサニ神父を賞賛する本の一章を書いていた。リミニ(イタリア、アドリア海沿岸の夏のリゾート地)での年次ミサ集会で何度か話をした。このことは、この運動が、イエズス会士のライバル、マルティーニ枢機卿に対するミラノでの主要な反対勢力と以前はみなされていたことから、一段と重い意味をもった。

ベルゴリオは、自分が教皇になることを希望しているか否かについて口を閉ざしていた。アルゼンチンの親しい友人たちにも、彼の気持ちを読むことは難しかった。何人かは彼が教皇になりたいと思っていると確信していたが、他の人はそうでないと見ていた。「イエズス会士が何を考えているか、分からないことは時々ありますね」とある人は言った。

ベルゴリオ自身が教皇選挙の舞台裏で（票を獲得するための）運動をしなかったのは確かだが、本人の意思がどうであれ、ドイツ司教団の代表であるカール・レーマン枢機卿は彼の得票を増やそうとする活動を始めた。ベルギーのブラッセル大司教、ダンネルス枢機卿は、南北アメリカの投票権をもつ枢機卿の影響力をもつグループに、彼を支持するよう説得した。

バチカンの高官である二人の枢機卿は彼の支持に回った。彼らはベルゴリオをラッツィンガーに代わる有力な候補であるとし、イエズス会にあって、教会の自由化と解放の神学に代表されるマルクス主義の流れに抗している人物として、保守派がベルゴリオを高く評価している、と主張した。その一方で、穏健派は彼を、貧しい人々や開発途上の国々に目を向ける教会のシンボルと見ようとした。

そして保守派と穏健派はまた、彼の司牧に対する鋭いセンス——豪華な司教公邸の代わりに司教事務棟にある質素な部屋を使い、自分で食事を作り、外に出かける時は運転手付きのリムジンよりも地下鉄やバスを使うことを好む「教会の王子」（キリストを意味する）のような——と質素な生き方に、敬意を抱いていた。彼はまた、深い祈りの人でもあった。

翌朝、午前九時半に投票が再開された。ラテン語の銘文——Eligo in summum pontificem（私は最高権威の司教を選ぶ）——の下で、それぞれの枢機卿が、教皇にふさわしいと判断した名前を、作法に従って手で隠しながら長方形の投票用紙に書き入れ、縦に折りたたんで、投票用に特別に作られた壺に入れた。二回目の投票の結果は、ラッツィンガーが六十五票に増えたが、ベルゴリオは三倍以上増えて三十五票、投票総数の四分の一を占めた。マルティーニとルイーニはゼロ、ソダノとテッタマンジは一回目と同数だった。午前十一時に三回目の投票が始まり、ラッツィンガーは七十二票で、過半数となる七十七票に六票足りなかった。だが、ベルゴリオは四十票と、ラッツインガーが教皇に選出されるのに必要な投票総数の三分の二を獲得するのを阻止できる支持票を取った。

ここで「新ルール」が持ち出された。一九九六年に、ヨハネ・パウロ二世が使徒憲章「Universi Dominicigregis（教皇選挙と使徒座空位）」を公布して、選出方法を変え、三十六回投票して決着がつかない場合は、単純多数で教皇を決めることとしていたのだ。ラッツィンガーの支持者の中には、「新ルールによれば（通常の選出規定による三分の二を取れなくても、一日二回ずつ）投票を十三日間続ければ、単純過半数の五十八票を超える支持票を集めている候補者が教皇に決まる」という情報を流した者もいた。

この重要な転機となる時点で、枢機卿たちは昼食休憩に入った。小声で交わされた会話に共通していたのは、「次の投票で、ラッツインガーが教皇に決まるのだろうか、それとも彼の得票がピークを打った場合、支持票が他の候補、多分、ホルヘ・マリオ・ベルゴリオに回るのだろうか」ということだった。

システィナ礼拝堂のそうした〝ひそひそ話〟の圏外にいたアルゼンチンの枢機卿は、投票で自分が毎回、二番目に多い票を得ていることを知っていた。投票を重ねるごとに、彼の得票数は増えていった。

三度目に行われた投票での四十票は、ラテンアメリカから出た候補者の最高得票となったが、彼はまた、ラッツインガーの支持者たちが「単純多数で教皇を選出するまで待つことができない」と強硬姿勢をとる場合のことを知っていた。教皇選挙が長く続くことは、カトリック教会の外の世界に悪いイメージを与える。それは枢機卿たちの不協和音の「しるし」と受け止められかねない。

そこでベルゴリオは、言葉よりも態度で、自分を支持してくれた人々に、「ラッツィンガーに票を回して」くれるようにサインを送った。四度目の投票で、ベルゴリオ支持は二十六票に減った。ラッツィンガーは八十四に票を伸ばし、新教皇のための式服を用意した部屋――苦悩の涙を流すか、喜びの涙を流すか、（選ばれた本人以外には）絶対に分からない「涙の部屋」として知られる――に導かれた。

ベルゴリオは、投票結果を受け入れ、ベネディクトという名を選んだ新教皇に話しかけようとしたが、衛兵は彼を部屋の中に入れようとしなかった。教皇を取り巻く〝機構〟が、たちどころに、この部屋を新たな「羊飼い」専用の、「羊」を入れない場に変えたのだった。鐘が鳴り響いた。結果を待ちわびるサン・ピエトロ広場の群衆の前に、バルコニーから教皇ベネディクト十六世が姿を現し、勝ち誇ったプロボクサーのように、拳を握り締めた腕を高く挙げた。

翌朝、教皇宮殿の三階にある「クレメンスの間」（十六世紀に教皇クレメンス一世を称えて作られた教皇の接見などに使われるホール）で、ベルゴリオ枢機卿は、他の誰よりも長く待たされることになった。中世以来、枢機卿たちがしてきたように、新教皇と個別に会い、恭順を示し、忠誠を誓うために。順番を待っている間、彼は心の中で「このようなやり方はされるべきでない」と思っていたに違いない。だが、（このようなやり方を定めた）関係文書がなければ、話は違っていただろうか。

＊＊＊

教皇になると、それまで枢機卿だった時と変わることがある。ラッツィンガーは枢機卿時代、教理省――かつては検邪聖省（元の「異端審問所」。中世以降のカトリック教会で正統信仰に反する教えを持つ「異端」の疑いを受けた者を裁判するために設けられた）として知られたバチカンの役所――の長官として、伝統的な教説を奉じ、これについて議論したり異議を唱えることに厳しい立場をとってきた。

教皇ベネディクト十六世になると、「神の警察犬《ロットワイラー》(2)」と悪評を浴びていた人物が、「やさしいドイツ産の牧羊犬《シェパード》」に変わった。彼の物の見方は以前と同じようにはっきりしていたが、それを以前と異なる音色で表現したのだ。外国への旅で、誰もが予想しないような微笑みをたたえ、幅広い世俗的な世界との対話に前向きな教皇として、各地を渡り歩いた。「彼は、私たちにきちんと耳を傾けさせ、考えさせました」。教皇の慎重に言葉を選んだ、国内での一連のスピーチを聞いた後で、イギリスのデイビッド・キャメロン首相は語った。

だが、ベネディクト十六世が教皇になるまでは「賢い教師」「心優しい司祭」だったとすれば、教皇になってからは「力弱い統治者」「愚かな政治家」だった。彼の八年の治世は、災難をもたらすような判断と対外広報の大失敗の連続だった。

それは、二〇〇六年のドイツのレーゲンスブルクでの講話から始まった。講話の中で彼は、世界中のイスラム教徒の感情を逆なでし、「(ナチスがユダヤ人を大量虐殺した)ホロコーストが無かった」と主張する司教を再びカトリック教会に迎え入れる、と発言し、世界中の超保守的な司教たちに聖職者としての司牧よりも異文化との戦いに関心を持つように求め、教会指導者たちに相談することなく、英国国教会の伝統主義者たちをカトリック教会に引き入れる叙階制度の創設にまで言及した。

醜聞にまみれたバチカン銀行の違法な資金洗浄に関して新たな主張をし、賛否両論のある新しいミサ典礼の翻訳を強引に進めようとし、同性愛のような問題に「リベラル過ぎる」とされていた米国の修道女たちを強く非難した。これらのことは、ある評論家の言葉を借りれば、バチカンとカトリック神学者たちの関係を宗教改革以来、最も弱いものにした。そして彼の肩に何よりも重くのしかかっていたのは、聖職者による性的虐待の隠蔽の留まるところを知らないスキャンダルと、出世第一主義で統制の利かないバチカン官僚組織の問題だった。

これら全てに対する、アルゼンチンのベルゴリオの対応は際立っていた。〝レーゲンスブルク事件〟に対する彼の反応は、バチカンとの直接対決につながっていく。

その始まりは、レーゲンスブルク大学でのベネディクト十六世による信仰と理性に関する〝思慮に富んだ〟講話だった。講話の中で教皇は、イスラム教に関連して、東ローマ皇帝のひどく扇動的な言葉を引用し、暴力を肯定しているように受け取られた。騒ぎが世界中に広がり、キリスト教徒が何人も命を落とした。教皇は陳謝したものの、本人が学者の時には誰からも注目されなかった発言が、教皇となった今、このような影響力を持ったことに、戸惑っているように見えた。

ベルゴリオは、その意味するところを十分に理解していた。彼は、スポークスマンを通して『アルゼンチン・ニューズウイーク』誌に、ベネディクトの発言を悲しく思っている、と語った。「教皇ベネディクトの声明は、私自身の意見を反映したものではありません」。ブエノスアイレス大司教はきっぱりと述べた。「一連の声明は、教皇ヨハネ・パウロ二世が二十年以上かけて注意深く築き上げてきたイスラム教徒との関係を、二十秒で破壊してしまう」。

これを知ったバチカンは怒り狂い、ベルゴリオの広報担当者——彼のスポークスマンを八年間務め、『ニューズウィーク』に彼の言葉を伝えた人物——ギシェルモ・マルコを解雇するよう要求した。スポークスマンは非難を受けて辞任する際、ベルゴリオのスポークスマンとしてではなく、宗教間対話研究所の理事長として、雑誌にコメントを出したのだ、と釈明した。しかし、彼のコメントが、ベルゴリオの意を体したものでなかった、と考える人はほとんどいなかった。

ベルゴリオは、宗教間会議を直ちに招集することで、これに対応した。ただし、自分以外に議長を務めてもらうことで、（これ以上、自分に対してバチカンが苛立つことのないように）政治的に配慮することも、怠らなかった。

彼はまた、ピオ十世会(3)に所属する司教四人の破門を解くという、ベネディクトの決定についても感心しなかった。四人の一人、リチャード・ウィリアムソン司教は「何百万人のユダヤ人がナチの強制収容所でガス室に送り込まれて殺された、ということはなかった」と執拗に主張していたことが明らかになった。

ベネディクトはその後、この事実をインターネットで簡単にチェックできたことを認めたが、そのようなことは、ベルゴリオに聞けば分かることだった。ウィリアムソンはアルゼンチンに住んでいたが、ルフェーブルの信奉者でさえも、彼があまりにも極端に走りすぎるとして、会の神学校の一つの校長を辞任させたほどだったのだ。

ブエノスアイレスのベルゴリオの友人たちは、彼が長年、ルフェーブル信奉者との間で教会論や政治的な議論にわたる数多くの問題を抱えていた、としている。「彼は、ルフェーブルの信奉者たちを軍事独裁政権の支持者と見なしていました」とアリシア・オリベイラは言う。「信奉者たちとの間でたくさんの問題を抱えていたのです」。

アルゼンチンが民主政治に戻り、軍事政権に関係する様々な裁判が行われている間に、正当なカトリック教会と袂を分かったグループの創始者であるマルセル・ルフェーブル大司教がブエノスアイレスを訪れていたことが明らかになった。彼はその地で、左翼反対勢力を抑圧し、何万という人々を拷問にかけ、殺人部隊の手で命を奪っていた軍事政権を祝福していたのである。ベルゴリオは、ルフェーブルの信奉者たちを「軍事政権の支持者」と見なしていた。

ベルゴリオはまた、教皇ベネディクトが（ピオ十世会の復権を決めた）同じ年に英国国教会内部で不満を抱く伝統主義者たちに（ローマを流れる）テーベレ川を泳ぐ（カトリックに改宗する）ように説得しようとしたことにも、積極的に同調しなかった。

そのことがあってから間もなく、ブエノスアイレス大司教のベルゴリオ枢機卿は、英国国教会のアルゼンチン司教で一時は南米大主教でもあったグレゴリー・ベナブルズに電話をかけ、朝食に招いた。ベナブルズは後でその時のことに触れ、「ベルゴリオは私に、『叙階は全く必要のないことです。カトリック教会は、あなた方が英国国教徒であることを必要とします』ときっぱりと言いました」と語っている。

教皇とベルゴリオは、第二バチカン公会議の成果の受け止め方についても、互いに反対の方向に動いていた。ベネディクト十六世が公会議の結果を表面上は支持しているものの、前任者のヨハネ・パウロ二世と同じように、公会議の決めた諸改革の多くがひどく行き過ぎている、と感じているのははっきりしていた。二人の教皇は「公会議の気迫がカトリック教会に巻き起こした改革のエネルギーと期待を削ぐ」ことに全力を傾けた。ベネディクトは歳を重ねるにつれて、第二バチカン公会議以前の伝統的な典礼様式やグレゴリオ聖歌、ラテン語、そして王様のような祭服などで飾り立て、〝香部屋〟に引き籠もるようになっていった。「ヨハネ・パウロ二世を異例の速さで聖人に列する」という決定は、過去の遺産を強固なものにしようとする試みだった。

その一方で、ブエノスアイレスでは、ベルゴリオ枢機卿が現代的な祭服を身に着け、自由で開放的なミサを続けた。一般の人々と繋がることができるように工夫されたやり方で、参集者と心を交わした。ブエノスアイレスの〝超伝統主義者〟たちは、ベルゴリオがラテン語のミサについて規定を設け、ほとんど出来ないようにしている、と不満を漏らした。だが、ベルゴリオは第二バチカン公会議は「聖霊の偉大なわざ」であり「時計の針を逆に進ませることはできない」との信念を持っており、規定に従わない司祭たちに対して、規定違反をやめるよう個別に指示を出した。

司祭たちによる性的虐待と幼児性愛の問題に関して、二人は近い立場をとったが、それでも重要な点で違いがあった。ベネディクトが教皇を務めていた間にも、司祭たちの犯した性的虐待についての新たな訴えと教会の組織としての不十分な対応が、相次いで表面化した。絶え間なく流れるそのようなニュースが、世界中でカトリック教会の道徳的権威に打撃を与え続けた。

ベネディクトは、前任者のヨハネ・パウロ二世よりも厳しい姿勢でこの問題に臨んだ。前任者の下で、教皇庁は「キリストの軍団（Legion of Christ）」のメキシコ人創設者であるマルチアル・マチエルのような性的虐待の常習者をかばっていたが、ベネディクトが教皇に就任すると、ただちにマチエルから聖職者として対外的な活動する権利を取り上げ、祈りと痛悔の日々を送るように命じた。

ラッツィンガーの枢機卿時代に起きたことについて、何年か後で「司祭による性的虐待に対する訴えは、どれも自分に個人的に伝えられたものだった」と釈明した。毎週、彼が言う「悔い改めの金曜日」に個人的な問題として、それらの訴えを扱った。幼児性愛の司祭たちや他の性的虐待をした聖職者に対して、一般に考えられているより厳しく対応はしたが、個人的な行いを公けにすることを避けるという、古い教会の体質を受け継いでもいたのだ。

世界を旅する際に、どの国でも公けに謝罪の意を表明し、被害者たちに面会する努力をしたが、閉じられた扉の裏で面会することが多く、「カトリック教会は福音を広めることよりも、組織防衛に依然としてこだわり続けている」という印象を強める結果になった。

これに対して、ブエノスアイレス大司教を務めるベルゴリオ枢機卿は、さらに活発に対応した。聖職者が独身を守ることと幼児性愛には関係がない、と主張することで、自分の立場を明確にし、「（幼児性愛などの罪を犯す人は）独身生活を送ることを選ぶ以前に、心理的な性的倒錯の問題を抱えているのです」「ある司祭が幼児性愛者であるとしたら、司祭になる以前からそうだったのです」と語った。さらに統計を用いて「幼児性愛の七〇パーセントは、家庭あるいは隣近所——祖父母や叔父、義理の両親、隣近所の人——の中で起きています」と説明した。そのように言いながらも、彼は、この問題について一切の妥協を認めない姿勢を強調した。「司祭が性的虐待をした時には、絶対に目をそらしてはなりません。他の人の人生を破壊することに、力を使ってはならないのです」。

カトリック教会がこの問題を隠そうとするのは間違いであり、非生産的なことだ、と彼は確信していた。「ある種の〝共同体魂〟を無理して持ち続け、組織のイメージ・ダウンを避けるのに努める、という立場の方々に、私は与《くみ》しません」「（問題を起こした司祭を）他の教区に移動させることで問題を解決しよう、というのは愚かなことです。司祭たちがカバンの中に問題を入れて持ち歩き続けるだけですから」。

アルゼンチンは性的虐待のスキャンダルでほかの地域ほど大きな打撃を受けることはなかった。取り調べを受けた司祭は一九八七年から二十年ほどの間に二十三人。ベルゴリオが責任を持つ教区では誰もいなかった。それにもかかわらず、他の司教たちに対する忠告ははっきりしていた。「ある司教が電話で、『このような問題が起きたらどうしたらいいでしょうか』と助言を求めてきました。私は『その司祭の権限を剥奪しなさい。司祭としての職務を行うことを二度と認めてはいけない。そして教会法に基づく裁判を始めなさい』と答えました」。

多くの被害者支援団体は、このような対応でも不十分、教会内部の裁判だけでなく警察に通報しなければならない、と感じてはいた。それでもベルゴリオのやり方は、一切の妥協を認めないという姿勢とともに、より大きな公明正大さに向けた重要な一歩だった。彼はまた、児童に対する性的な搾取に関する様々な社会問題についても、臆することなく意見を述べ、ブエノスアイレスが売春や性的奴隷の人身売買の〝肉挽き器〟になっている、と激しい言葉で批判した。


二〇〇五年にラッツィンガーが教皇に選ばれた時、二十六年にわたるヨハネ・パウロ二世の治世下で規律がゆるんだ教皇庁の改革に手をつける人物として、多くの人々が彼に期待した。（ヨハネ・パウロ二世の前任者である）教皇パウロ六世は、国務省など十の省、三つの裁判所、十二の評議会、そして教皇を補佐する各種の機関から成る教皇庁を適切に統治した最後の教皇だった。筆頭官庁である国務省はじめバチカンの諸官庁に重要な権限を委ねるとともに、多くの国で採用されている内閣制度のように「各官庁の長による定例会議」を開くことを求めた。だが、後を継いだヨハネ・パウロ二世が、各官庁の長が独立王国のように自らを統治するのを許したことで、その慣行は廃れてしまった。ベルゴリオは、自分のいくつもの提言がバチカンの司教省によって決まりきったように無視されることに、腹を立てていた。

地球を飛び回る教区司祭として世界に名を馳せる一方で、バチカンの内部統治を弱体化させた教皇、ヨハネ・パウロ二世の死を受けた後の教皇選挙で、枢機卿たちは「機を見るのに敏感で内部事情に通じた人物なら、この問題をどのように扱ったらいいか分かってくれる」と期待した。だが、そのようなことは起こらなかった。それどころか、新教皇ベネディクト十六世の下で、バチカンの統治システムの崩壊はさらに進んでしまった。職務執行に必要な資質を持つ者よりも、自分の知り合いで信頼を置いている支持者たちを要職に就けたからだ。

その筆頭格である国務長官のタルチシオ・ベルトーネ枢機卿は、二〇一三年の枢機卿総会の期間中、枢機卿たちから公けに批判を浴びた。彼はイエスマンと見なされ、外交分野の経験もなく、外国語に精通しているわけでもなく、自分の仕事を「ベネディクトを悪いニュースから守ること」と考える人物だった。

ベネディクトが本の執筆や個人的な祈りに耽っている間に、教皇庁のさまざまな部署が、互いに相談も協力もせずに政策を作り、カトリック教会の様々な分野を管理した。部署の長の中には、自己の支配権を守ることに汲々とし、自分を妨げようとするものを忌み嫌う、中世の封建領主のように振る舞い始める者も出てきた。ベネディクトは、そのような教皇庁を、改革するよりも無視することを選んだのである。

そして、こうしたこと全てが、ドイツ人教皇にとって負いきれないほどの重荷になり、健康を害することになった。聴力は悪化し、左目は見えなくなった。体もやせ細り、仕立て屋たちは、彼が体にぴったりした衣服を着ていられるようにするのに苦労した。二〇一二年の終わりまでに、教皇の伝記の作者でドイツ人ジャーナリスト、ペーター・ジーワルトは「これほどまでに疲れて憔悴しきった彼を見たことがない」と語った。

二〇一二年春には、メキシコとキューバへの旅行中に宿舎でバランスを崩して倒れ、浴室の風呂で頭を打った。その事故のことはバチカンによって秘密にされたが、気力が衰えつつある教皇にとって、決定的な出来事になった。

疲れ果てて旅から帰った時、ベネディクト十六世は教皇宮殿の住居にある小さな専用礼拝堂で、自分を見下ろすようにしているブロンズの大きなキリスト像の前で何時間も祈った。そうする中で、「皆の見守る中で世を去る道を選んだ結果、質素で慎み深いドイツ南部のバイエルン人には受け入れがたい〝謝肉祭のような雰囲気〟が漂ったヨハネ・パウロ二世の臨終の日々」の記憶が蘇った。

そして長い祈りの後で、「グレゴリウス十二世が、カトリック教会内部の様々な派閥や王国の支持を受けた教皇派と反教皇派による分裂を終わらせるために、一四一五年に教皇を辞任して以来、これまで五百九十八年の間、いかなる教皇もしなかったこと」に踏み切った。辞任を決断したのである。

彼はこの決断を長い間、秘密にしていた。辞任表明が引き起こすかも知れないカトリック教会の混乱を最小に抑えるのに、適当な時を選びたかったのだ。教会暦でみれば聖霊降臨日の後か（復活祭の準備に入る）灰の水曜日が、絶好のタイミングだった。

だが辞任表明の前に、打ち続く危機によろめき続けた教会をさらに揺るがす新たな事態が発生し、ぐらついたベネディクトの確信を根底まで揺さぶることになった。二〇一二年五月二十三日、教皇の個人執事、パオロ・ガブリエルが、教皇のデスクから機密文書を盗み出し、マスコミに漏洩させた容疑で逮捕された。ガブリエルは、教皇の私宅に入る鍵を持つ限られた者の一人だった。執事を六年間務めていた。関係者によれば、教皇は彼を息子のように思っていたという。その男の裏切り行為が教皇に与えた衝撃は、計り知れないものだった。

圧倒的なメディアがこの事件を、娯楽漫画のように扱った。「執事が漏らしたことは」というのは格好の見出しだった。だがガブリエルが訴追された時、裁判の内容を詳しく追っていた人なら誰でも、この事件が別の意味で衝撃的だ、ということを知ったのである。ガブリエルがジャーナリストに渡したのは、教皇が「要廃棄」のしるしを付けた文書であり、漏洩は金銭を得ようとしたためではなく、そうした印を付けることで教皇が隠蔽に手を染めるのを心配するあまり、（隠蔽の批判を浴びないように）忠誠心からしたことだったのだ。

漏洩文書によって、恥ずべき策略、そしてバチカンの行政機関の内部における抗争、野心、傲慢、貪欲そして栄誉心、聖職者の世界にもはびこる出世第一主義と腐敗、秘密主義と性的頽廃が、白日の下にさらされた。そして、現教皇が、教会の日々の活動に不安を抱き、自分自身をバチカンから隔離してしまった「理詰めの人」だ、ということが明らかにされた。執事は「裏切り者」というよりも「内部告発者」であったのだ。

自分に仕えてくれていると思っていた人々に裏をかかれ始めたことを一段と印象付ける事実が漏洩文書で明らかになった。それは、少なくとも五年前、ベネディクトが、教皇庁の改革推進派でバチカン市国の次席行政官だったマリア・ヴィガーノ大司教を「在米国大使に転出させよう」と運動する側近グループの進言を、受け入れたことに始まった。

ヴィガーノは無駄で不正な事業発注で高額の支払いをし、教皇庁に何百万もの負担をかけたとして、厳しい締めつけを受けていた。問題の一連の事業は、通常の市場価格の二倍で、同じ業者に繰り返し発注された。漏洩した書簡の一つで、ヴィガーノは教皇に、「仕事を終えるまで移動させないで欲しい」と嘆願していた。だが彼は、自分をワシントンに追いやる決定を教皇にさせようとする敵対者たちから、中傷されていた。

マスコミが「バチカン機密漏洩事件（Vatileaks）」と呼んだこの事件では、他の漏洩文書でバチカン銀行改革の動きに反対する利権集団の様々な試みも明らかになった。改革派が目指したのは、銀行取引の透明性を高め、マネーロンダリング(4)排除を目指す国際的取り決めを順守させることなどだ。反対派は、それを阻止しようとしたのだ。こうしたこと以外に、裕福な人や団体が教皇と謁見するために多額の金を払っている、というような話まで出てきた。

これらすべてが教皇ベネディクトに与えた衝撃は、破壊的なものだった。「彼は、以前の彼ではなくなった」。教皇と親しい人は語った。教皇は、枢機卿三人からなる委員会を設け、漏洩事件を調査させた。委員会は調査報告書をまとめて二〇一二年十二月十七日に教皇に提出した。彼はそれを教皇の住まいの金庫にしまい、取り扱いを後継者に託すことにした。その後、十月の有罪判決以来収監されている執事を訪れ、許しを与えた。クリスマスの三日前に執事は釈放された。

だが、バチカンの利己的な官僚機構が「自分たちの頑強な抵抗が、ベネディクト十六世を打ち負かした」と思ったとすれば、それは間違いだ。二月十一日朝、十一時半を過ぎた時、ある枢機卿たちのグループが教皇宮殿の「枢密の間（Sala del Concistoro）」に集まって、教皇が新たな聖人たちを発表するのを聞いた。彼はラテン語で話し、それを聞いた枢機卿の多くはすっかり当惑してしまい、ベネディクトが、これに続く言葉を用意していたのに気づかなかった。

教皇は自分自身で三百五十語の声明を書き、国務省のラテン語の専門家に送って、文法的に正しく書けているか確認していた。専門家はそれを秘密にすることを誓わされていた。

ベネディクトは、弱々しいがはっきりした口調で、（日常的に使われなくなったラテン語という）死語で書かれた言葉を読み上げた。教会を運営するために「心と身体がともに強靭でなければなりません。最近の何か月、私の力は衰え、私に委ねられた職務を十分に果たせなくなったことを認めざるをえなくなりました」。教皇は退出し、枢機卿たちは今聞いたことに確信を持てないまま、黙って顔を見合わせていた。

ベネディクトの辞任表明のニュースはあまりにも衝撃的で、ミラノ大司教に就任するはずだったスコラ枢機卿は、ローマの官僚から連絡を受けた時、それを信じるのを拒んだほどだった。ベネディクトは、バチカンの長官たちは辞任すべきだ、と判断したが、自分を何年も騙し続けてきた策謀家たちをバチカンから追い払う実行力を持っていないことも知っていた。それで、誰も予想しないような提案を持ち出した――自分自身も辞任する者の一人でなければならない。――こうした工夫を凝らすことで、彼は、彼らを完全に打ち負かしたのだった。

後世の歴史家は、ベネディクト十六世の辞任は教皇として明確に認められた行為であり、カトリック教会に対して行った最も偉大な仕事だった、との判断を下すだろう。中途で辞任した近世で初めての教皇となる一方で、彼は、教皇職を「使命」ではなく、時が熟したら辞めることのできる、特別な任務と目標をもった「役目」である、と再定義した。判断基準を作り、将来の教皇たちが「役目を果たせない」と悟った時、自身の自由な判断で、あるいは外部の圧力を受けて、職務から退けるようにした。このような教皇としての最後の行動が、結局のところ、これまでの彼の行動の中で、最も教会の現代化に貢献することになったのかも知れない。

「ベルゴリオ阻止」の文書が送られていなかったら、事の顚末は別のものになっていただろうか。教皇庁の全くの部外者の立場に置かれた教皇なら、そうでない場合よりも、策謀に立ち向かうことが易しかっただろう。優れた指導者として十年以上にわたって自分の教区を治めてきた（ベルゴリオのような）人物なら、ヨハネ・パウロ二世のようなカリスマ的な支配者の〝忠実な副官〟として何十年も働いた（ラッツィンガーのような）人物よりも、不可能と思われていたことを、うまく成し遂げたかもしれない。

バチカンを揺るがす出来事の間にも、ベルゴリオは一段と名を揚げていた。二〇〇五年の教皇選挙で第二位の得票を得る半年前に、アルゼンチン司教会議の議長に選ばれた。その二年後には、ブラジルのアパレシーダで開かれた第五回ラテンアメリカ・カリブ司教協議会総会で実行委員会の議長に選ばれ、大会の議長サマリー（要約文書）をまとめる責任者になった。

彼がまとめた議長サマリーは、ラテンアメリカにおける世俗化の進展が「五世紀にわたってこの地域の人々の生活に活気を与えてきた信仰を沈静させている」ことを遺憾とし、一九六八年にコロンビアのメデジン、一九七九年にメキシコのプエブラでそれぞれ開かれたラテンアメリカ・カリブ司教協議会の重要な集まりで、全司教大会の出席者たちが発表した「貧しい人々のための優先的選択」を強力に支持した。

「私たちは世界で最も格差の大きな地域に住んでいます。最も高い成長を誇っているにもかかわらず、貧困はわずかしか縮小していません」とベルゴリオは語った。「消費物資の不正な分配が続き、天に向かって声高に叫ぶ社会的不正義の状態を作り出し、私たちの多くの兄弟が満ち足りた生活を送れるようにするのを阻んでいるのです」。

議長サマリーは、目指すべき道を「貧しい人々の生活文化を中心に置き、信仰の伝達を力づけることのない、すべての一過性の仕組みを取り払うこと」である、とした。それによって、ラテンアメリカの人々は「意欲をなくし、打ちひしがれ、忍耐を欠き、不安を抱いた伝道者からではなく、自らの内にキリストの喜びを抱く聖職者たちから」福音を受けられるようになる、と訴えた。
そうした聖職者とは、「日々、人々に寄り添って歩む司教たち」や「担当の小教区で決められた計画通りに日々を送ることをせず、街中や貧困者たちのためのスープ・キッチンや学校に出向き、人々の労苦と直面するような社会活動や慈善活動に勤しむ司祭たち」を指す。「日々の生活の現実」の中でのみ、「キリストの現存の中で、信仰と喜びを分かち合うことができる」とサマリーは結論した。

会議は、三週間続いた。その間、ただ一度の説教が賞賛を浴びた。それはベルゴリオがミサの司式を任せられた時に起きた。会議の休憩時間中に、出席者たちは彼に話しかけ、〝名士〟と一緒に記念写真に納まろうとした。ただ、彼は人気ロック歌手でもなければ、伝説のスポーツ選手でもない。社会正義と貧しい人々の生活文化を結びつけ、福音書の良い知らせを教会の外の人々に広げるという、新しい教会のビジョンをはっきりさせた人物だった。教皇ベネディクトが日々弱っていく一方で、ベルゴリオはますます力を増していった。

おそらく、彼は心の中で、ベネディクト十六世の手にした〝毒入り聖杯〟を自分が手にしなかった幸運に、感謝したかもしれない。あるいはその〝聖杯〟を手にし、二〇〇五年の教皇選挙の結果が実際とは異なるものとなったなら、違った事態が起きていたかもしれない、と考えただろう。

彼の友人には、それほど確信がない。「ヨハネ・パウロ二世は、後を継ぐのが難しい方だった」と、ある枢機卿が私に語った。「聖霊は、大騒ぎになるまで待っておられました。神は『ねじれたひもを使って直線を書く』ことに長じておられるのです」。

度々のローマ訪問で、ベルゴリオはいつも、都心のスクロファ通りにある聖職者用宿舎、パウロ六世国際会館に泊まった。床は大理石で出来ているが、部屋はとても質素。バチカンから離れているが、ベルゴリオにとっては、丸石の脇道を歩き、商店や飲み屋、住宅や銀行、記念碑や教会のそばを通ることで、家事をしたり、仕事などで苦労したり、慎ましやかな親切や愛情を込めた振る舞いをしたりしている、この街の住民や訪問客の日常に触れる機会になった。胸に下げた十字架を黒いオーバーで隠し、枢機卿の赤い縁なし帽もかぶらず、町の人たちの一人になりきっていた。

バチカンの会議から帰ると、ローマを訪問している他の聖職者と同じテーブルで食事をしようとした。居合わせたほとんどの聖職者は彼をチラッと見るだけで、とくに気にも止めなかったが、彼が六十八歳の二〇〇五年教皇選挙で教皇になる機会を逸した「あと少し、の男（Nearly Man）(5)」であることを、皆知っていた。「二度目の機会を手にすることはないだろう」ということも。

「二〇〇五年に、彼の出番はありませんでした」。毎週、日曜の午後にローマのベルゴリオから電話を受けるブエノスアイレスの親しい友人は振り返った。「勇気を奮ってベルゴリオを選ぼうとする前に、事態がさらに悪化することが、カトリック教会には必要だったのです」。神はいつも、ベルゴリオがしていることを知っておられるのだ。

2

信心深い祖母の影響は今も

The Common Touch

新教皇をひと目見ようと集まった群衆は、ものすごい人数になった。サン・ピエトロ広場は、フランシスコを乗せた白の〝ポープ・モービル〟が何万もの訪問者との間に張られたロープに沿って走る間、叫び、笑い、前に突き進む興奮した人々で埋め尽くされた。沢山の国々の旗が打ち振られた。巡礼者や観光客が強風を受けてよろめきながら、歓声をあげた。教皇が目の前を通り過ぎる時、祝福を受けようと、親たちは、何も分からずに驚いている赤ん坊を抱き上げた。中には、教皇に、赤ん坊の髪をなでたり、頭に接吻したりしてもらおうと、（教皇のそばにいる）警備員に抱かせようとする親もいた。喜びは人から人へと伝わっていった。

教皇フランシスコがどのようにして、喧騒のただ中で、その人を見つけることができたのか謎だ。突然、運転手に車を止めるように言い、人々の列の前で降りて手を振り、差し伸べられた人々の手を握った後、皺くちゃな顔の黒い服を着た小柄な女性のところにやって来た。彼女は教皇の腕をつかみ、早口でしゃべり立てた。彼女からかなり離れたところにいたので、私には何語で話しているのか分からなかった。彼がその女性を知っていたかどうか、言葉が理解できたのか。いずれにしても教皇は、年老いた彼女の顔を大きな二つの手で包み、やさしく揺さぶったのだった。彼の祖母、ロサ・マルゲリータ・ヴァッサーロ・ベルゴリオは、彼が司祭に叙階された時は生きていた。教皇になった孫を見ることができたら、さぞ誇りに思ったことだろう。祖母が生きていたら、この女性のように喜んでくれた――彼はそう思ったに違いない。

彼に祈ることを教え、信仰の中で育てたのは、祖母のロサだった。彼女は一九二九年、イタリアからアルゼンチンに着いた。孫が生まれる六年前のことだった。一族に伝わる話では、彼女は蒸し暑い朝、狐の毛皮のつま先まで届くコート姿で、旅客船ジュリオ・チェーザレ号のタラップを降りてきた。南半球では一月が真夏だということを知らなかったわけではない。故郷のイタリア・ピエモンテにあった一族の家とカフェを売って作った全額をコートの裏地に縫い込んでいたからだった。

三等船室には、彼女の他に夫のジョバンニと息子のマリオ・ホセ・ベルゴリオが乗っていた。彼らは乗船するのが遅れた。ピエモンテの資産を処分するのが遅れ、出発を予定していたジェノバで切符を買い換えなければならなかった。だが、運命は分からない。乗るはずだったイタリア最大の定期客船、プリンチペッサ・マファルダ号が大西洋上で沈没してしまったのだ。三百十四名の犠牲者の大半は、ベルゴリオ一家が乗る予定の三等船室の乗客だった。

マリオがレジーナ・マリア・シヴォリという名の若い女性と出会ったのは、それから五年後のこと。ベルゴリオ一家が住んでいたブエノスアイレスのサン・アントニオ礼拝堂のミサに出ていた時だ。彼女の一家は、イタリアのジェノバ出身のアルゼンチン国籍だった。知り合って十二か月で結婚し、一年後の一九三六年十二月十七日に未来の教皇、ベルゴリオが生まれ、八日後のクリスマスの日に洗礼を受けたのである。

ベルゴリオはアルゼンチン人として生まれたが、パスタとイタリア人固有の文化、信仰の伝統の中で育てられた。マリオとレジーナの最初の子供で、毎朝、祖母のところに預けられた。自宅の角を曲がった祖母の家で日中を過ごし、結果として、五人の兄弟姉妹の中で「一族の伝統を最もよく受け継ぐことになりました」とベルゴリオは後に語っている。

祖父母が家でイタリア・ピエモンテの方言で話していたので、彼もそれを覚えた。「二人は私たち兄弟姉妹全員を愛していましたが、私には二人のイタリアでの思い出につながる言葉が分かる、という特権があったのです」。それが教皇フランシスコがスペイン語と同じようにイタリア語を流暢に話すことができるゆえんだ。ドイツ語、フランス語、ポルトガル語、英語も、ラテン語並みに、そこそこ話せる。遊び人だった大叔父のお陰で、ジェノバ方言の戯れ歌を口ずさむこともできる。

父の兄弟たちは菓子職人で、彼らが家に来ると、父はイタリア語で話した。子供たちにはアルゼンチン人になりきることを望んでいたので、イタリア語を話させなかったのだが。父と兄弟たちは第一次世界大戦で従軍経験があり、そのことや、父が批判的なムッソリーニの台頭について議論した。

父のマリオはイタリアでは公認会計士だったが、イタリアで取った資格がアルゼンチンでは通用せず、靴下工場の帳簿係に甘んじていた。稼ぎも少なかったが、辛さを見せず陽気に振る舞い、一家の暮らしは慎ましいながらも快適だった。「私たちにはゆとりがなく、車もなかったので、夏休みにどこかに行くこともありませんでしたが、何も欲しいとは思いませんでした」とベルゴリオは回想している。

五人兄弟の中で今も健在なのは、ホルへと十以上歳下の妹、マリア・エレナの二人だけだ。幸せだった幼い日々を覚えている。母親は五人目の子供を産んだ後しばらく体調を崩したが。ホルへと歳下の兄弟姉妹は料理を手伝った。学校から帰ると、母は台所のテーブルに食材を並べ、ジャガイモの皮をむいていて、彼らに料理の仕方を教えた。「私たちは（一般的な食材を）どう料理したらいいか、よく知っていました。少なくともミラノ風カツレツの作り方については」。身につけた腕前は、その後の生活に役立っている。神学院では、料理人が休みの日曜日に、仲間の学生たちのために料理を作り、ブエノスアイレスでは大司教として自分の食事を整え、教皇となった今、住まいであるサンタマルタの家の教皇居室にも、控え目ながら料理道具がそろえてある。

十三歳の時だった。父親に「働き始める時が来た」と告げられ、ショックを受けた。化学技師の資格を取るため、産業技術専門学校で六年間の職業訓練コースを受講し始めたばかりだった。授業は午前八時から午後一時までだったので、父親は彼に、午後二時から八時まで靴下工場で働くようにさせた。工場では二年間の清掃係を経て簡易な事務の仕事をさせられた後、食品衛生研究所に職を得た。

「そこには並外れた上司がいました。エステル・デ・バジェストリーノ・デ・カレアガという名の、パラグアイ人女性で、共産主義シンパでした」。ベルゴリオは二〇一〇年に、彼の自伝『イエズス会士（*El Jesuita*）』をまとめたフランチェスカ・アンブロジェティとセルヒオ・ルビンのインタビューに答えている。

エステルは彼に仕事について重要な教訓――仕事はきちんとする――を伝えた。「指示された分析の結果を渡した時、彼女は『あらまあ、随分早くまとめたわね』と驚いてみせた後で、『事前の試験をしてから分析しましたか』と聞きました。私が『どうしてですか。分析の前に全部試験をしたら、多かれ少なかれ、同じことを繰り返すことになるのではありませんか』と答えると、『違います。あなたは、すべきことをきちんとしなければなりません』と叱られました。

彼女は私に、『難しい仕事には真剣に取り組まねばならない』ことを教えてくれました。私は、この偉大な女性に、とても恩義を感じています」。彼はまた、父親がこのような臨時の働き口で色々な仕事をさせてくれたことを深く感謝している。「様々な場所で働いたことは、これまでの人生の中で最も素晴らしい経験の一つでした。中でも研究所では、私は人間の努力の良い面と悪い面を見ることができました」。

この経験は、「働くことがどのようにして個々人に『尊厳』を与えるか」についても彼に教えた。それは、彼が大司教として、教皇として、いつも繰り返すテーマだ。

「失業している人々は、自分たちが存在していないような感じを抱かされます」「尊厳というものは、家柄や一家の暮らしぶり、教育によってもたらされるものではありません。尊厳は、働くことによってこそ、もたらされるもの。各国政府が労働の文化を育むことはとても重要です」。

これはカトリック教会の社会教説[1]の重要な柱だが、仕事と生活のバランスを取ることも同じように重要だ、と彼は強調する。「告解を聴く時に若い親たちにする質問の一つは、『子供たちと遊ぶ時間を作っていますか、いませんか』です。多くの親は、子供たちが起きる前に仕事に出かけ、床に入った後で家に戻ります。週末になると、疲れ果ててしまい、子供たちに対してすべき注意をしなくなる。働きすぎは、人々から人間性を奪います。『人は仕事のためにある』のではありません。『仕事が人のためにある』のです」。

家族で楽しむ時間を持つことは、子供時代の彼にとって重要なことだった。大切にしている思い出は、土曜の午後、母親が子供たち皆を集めて、ラジオでオペラの全編を聞かせたことだ。「私たちをラジオの周りに座らせ、オペラが始まる前に、その内容を説明してくれました。母や兄弟姉妹と一緒に音楽を楽しむ土曜の午後は、素晴らしい時間でした」。彼は今も、就寝前のくつろぎにクラシック音楽を聴いている。ベートーベンがお気に入りだ。小説も読む。一番繰り返し読むのはボルヘス（ホルヘ・フランシスコ・イシドロ・ルイス・ボルヘス・アセベード。アルゼンチン出身の有名作家）とドストエフスキーなどだ。

だが、家族の中で培われた最大のものは「信仰」だった。ベルゴリオが洗礼を受けるとき、代母になることを望んだのは、祖母のロサだった。子供だった彼に祈り方を教えたのは彼女だった。二〇一二年のラジオ局のインタビューで、彼は「彼女は私の信仰に大きな影響を与えました」と語っている。祖父は彼に第一次世界大戦の話をしようとしたが、「祖母は聖人の話をしました。私の中に深い霊的な刻印を残してくれました」。

妹のマリア・エレナの記憶では、祖母は「日曜日に教会に行くだけの信者」ではなかった。「ロサおばあちゃんはとても熱心でした。ご聖体（イエス・キリスト）を、とてもとても熱心に礼拝していました。私たちは皆、おばあちゃんと一緒にロザリオの祈りを唱えましたが、とくにホルヘが聖母マリアさまに帰依していました」。兄が司祭を志す原因の少なくとも一つを作ったのは祖母だ、と彼女は確信している。

ベルゴリオは、十九世紀のドイツの詩人、フリードリヒ・ヘルダーリンが祖母に捧げた詩の一節を引用している。その最後の部分に「願わくは、人たるもの、幼時に立てた誓い裏切ることなきことを」とあるのだが、このくだりは、彼にとって「人生を歩み出そうとする時期に祖母が自分にくれた献身的な愛のゆえに、祖母に対して感じている特別の愛」を思い起こさせるのだという。ベルゴリオは、高齢者の社会に果たす役割が次第にないがしろにされ、「彼らを、『ポケットに防虫剤を入れてタンスにしまい込まれる古い外套』のように、老人ホームに押し込んでいる」ことを、いつも嘆き悲しんでいる。我々が祖父母とともにいることは、自分の過去と向き合うことにつながる、と彼は言うのだ。

ロサおばあちゃんは、自身の持つ信仰の力強さを息子のマリオに伝え、マリオはその息子のホルへに伝えた。マリオは夕食の前に家族を集め、ロザリオの祈りを唱えた。息子が小学校に通っている時、同級生よりも早く登校するように強く勧めた。その学校を経営するサレジオ会の司祭たちの一人、ウクライナ人のステファン・ジミルのミサに与れるようにするためだった。

ベルゴリオは後に、自分が受け継いだものの中に「宗教に対する非常に厳格な一線」があることを思い出した。ベルゴリオ家は、離婚あるいは別居した人々が自分たち家族の家に入ることを認めなかった。六歳の頃、ロサばあちゃんに、「救世軍から来た二人の女性はプロテスタントの信者だけれど、いい人たちだよ」と言われたことはあったが、一般のプロテスタント信者に対して偏見を抱いていた。

そのようなことはあったものの、ベルゴリオはとても信仰熱心な少年で、中学校に進学した時、「同級生に、初聖体を受けたかどうかを尋ねる許可」を学校側に求めた。四人が受けていないと知ると、十三歳のベルゴリオは彼らに、秘跡についての要理を教えた。同じ頃、ある家族の結婚式中に心臓発作で亡くなる人があり、知人が「神の存在に疑問をもった」ということを聞いてショックを受けたこともあった。

ベルゴリオが少年として抱いた宗教的な世界観は、安心と確かさにつながるものだった。神の存在は当然のことだった。信仰は、何を思うかと同じように、何をするかに関わるものだった。彼が少年時代に通った教会、ブエノスアイレスの中流家庭が多く住むフローレス地区にあるサンホセ教会は今も当時のままだ。

筆者は最近、土曜日の午後にそこを訪ねた。多くの信者で賑わっており、高い丸天井と、ロココ調の印象的で細かい彫刻と金で縁どりをした内装の、色彩と活気で弾けそうな教会だ。聖堂の正面には、二百人ほどが洗礼を受けるために集まっていた。司祭が洗礼の約束の儀式の中で、問いかけをすると、会衆が一斉に声を張り上げて答えた。

ベルゴリオが大司教区の若者たちのための恒例のミサで、大勢の子供たちと同じことをしていたのを見たことがある。皆が一斉に声を張り上げるのは、ブエノスアイレスっ子、つまり「ポルテノス」流のやり方だ。この呼び名は、もとは騒々しい港町で、港湾労働者が肩で風を切り、自信にあふれた雰囲気を漂わせていた、という歴史的な背景がある。ある男が笑いながら、私に言った。

「俺たちは、ラテンアメリカのニューヨークっ子なんだ」。

その聖堂の側廊では、あらゆる年齢の人々が思い思いに祈りを捧げていた。暗い告解室に出入りする人、壁画や陰鬱な感じの絵画、受難のキリストの十字架、金色の彫刻、明るい色の聖人像などが並ぶ廊下を黙想しながら歩く人など、様々だ。そして、教会全体は、ロザリオの祈りや連続九日間の祈り、巡礼、行列などの予定であふれた掲示板とともに、色彩と音響で活気にあふれていた。

聖堂の後ろの扉のそば、最も大切な場所に、アルゼンチンを守護する「ルハンの聖母」の像が置かれている。像にまつわる逸話は、この地の一般大衆に伝えられてきた信心というものを端的に物語る。上昇するロケットが吹き出すガスの帯のようにレースのガウンをたなびかせた聖母マリア像は、一六三〇年に実物がもたらされて以来、アルゼンチンの至る所にその複製が置かれ続けてきた。ルハンの聖母像はもともとブラジルで制作され、ブエノスアイレスの港に陸揚げされた。そこから内陸部サンチャゴの開拓移民のところへ運ばれる途中、荷車を引く牡牛がルハンで動かなくなり、それ以上歩ませることができなかった。やむなく像を荷車から降ろすと、牡牛たちは他の荷物を載せて旅を再開した。ルハンに住んでいた一人の農民は「その地に留まる」という奇跡のような決断を聖母マリアさまがしてくださった、と感動し、彼女を賛美して小さな「ほこら」を立てた。現在、年間百五十万人が巡礼に出かけている。

多くの知識人は、これを「迷信深い農民信仰の名残り」と片付けた。だが、ベルゴリオは同調せず、生じた亀裂は、後に彼がイエズス会アルゼンチン管区で取り組まねばならない難しい論争のひとつになった。

少年期に戻ろう。当時のベルゴリオにとって、「宗教」よりも「生活」の方が大きな関心事だった。小学校で彼を最初に教えたあるシスターによれば、サッカーに夢中で、「足にボールを置いていない時はなかった」という。父親は彼を、一家がブエノスアイレスに着いた後、最初に住んだアルマグロ地区の隣に本拠を構えるサッカー・チーム「サン・ロレンソ」[2]に入れようとした。もともと、街角にたむろしてトラブルを起こしていた子供たちの更生のために司祭が作ったチームだった。これをきっかけに、ベルゴリオは、このチームの生涯のサポーターになり、何年も試合観戦に出かけた。大司教区の責任者としての仕事が忙しくなると、通常の事務処理をしている間にラジオの中継を聞いた。二〇一一年には、チームのためにミサを捧げ、ミサ後には、選手たちと一緒に彼らが着用するジャージを掲げて記念写真に収まった。そして二年後、ベルゴリオが教皇となった後の土曜日、チームは、用具一式の中央に新教皇の写真を掲げ、次の試合に向けて気勢をあげた。

ティーンエージャーのベルゴリオは、ダンスに熱をあげた。アルゼンチンの国民的ダンス、タンゴが得意だったが、好きなのは、タンゴよりも歴史が古く、テンポも速いミロンガ(3)で、少女たちのグループと楽しんだ。妹のマリア・エレナによれば、彼は九月のある朝予定されていた学校主催の「学生の日」ピクニックで、グループの一人にプロポーズしようと計画していた。ところが、その前に「ある事」が起きて〝計画〟は中止になった。

一家の教会であるサン・ホセ・デ・フローレス教会のそばを歩いていた時、ふと思いついて、お祈りをしようと中に入った。そこで、これまで会ったことのない新任の司祭に出会った。ベルゴリオは、この人のもつ深い霊性に強く心を打たれ、告解を聞いてくれるよう頼んだ。

「告解をしている時に、私に不思議なことが起きました」と、彼はルビンとアンブロジェッティに語っている。「私にはそれが何か分からなかったが、私の生き方を変えたのです……不意打ち、思いがけない出会い、ずっと自分を待っていてくれた『誰か』と出会った驚きでした。神は、私たちを第一に探し求める方(であり、それが『誰か』だったの)です」。告解を聴いた司祭は、それから一年も経たないうちに亡くなった。

後に、彼はその時のことを、自分が(司祭としての道を歩むように)選ばれた瞬間だったと、回想している。司教になったとき、彼は司教の紋章に付ける標語として「miserando atque eligendo」を選んだ。この言葉は、ベーダ・ヴェネラビリス[4]が聖書の一節について加えた注解がもとになっている。（マタイ福音書の第九章九節の）イエスが、人々から軽蔑されている徴税人のマタイに会うくだりだ。英訳すると「unworthy but chosen」（不相応ながら選ばれた）となるが、ベルゴリオはもう少し込み入った訳し方――「by having compassion and by choosing」（憐れみを持って、選ぶことによって）を好む。その標語の中に、自身の天職を見出した瞬間を織り込んでいるのだ。

「それが、（私が祈りを通して神と）対話をしている間、神が私をご覧になっておられるのを、私がどのように感じているか、なのです。それが、神が『いつも他の人々に顔を向けるように』と私にお求めになるやり方なのです。沢山の憐れみをもって、神のために彼らを選んでいるかのように。誰も除け者にせず、すべての人は神の愛によって選ばれているのだから。……それは、私の宗教体験の最も重要なものの一つです」。宗教は、そうした「驚き」の体験によって深められる。

「何が起きたのか、分かりません」。後に、アルゼンチンのラジオ局で語っている。「しかし、司祭にならねばならない、ということは分かりました」。

予定していたピクニックには出かけず、プロポーズしようとしていた少女にも会うことなく、家に帰ったのだった。

だが少年は、それから四年間、決心を行動に移さなかった。「宗教だけに関心を持っていたわけではありません。政治にも関心がありました」と語った。ベルゴリオ少年は、政治に強い関心を持っていたが、小学校の時、彼の教会人としての人格形成につながる出来事があった。母方の祖父は大工だった。週に一度、ヒゲをはやした「エルピディオ」という男が、祖父のところにアニリンの染料を売りに来た。家のパティオで世間話をしている二人に、祖母はワイン入りのお茶を出した。ある日のこと、彼が帰ったあとで、祖母はベルゴリオ少年に「あの人は誰か知っているの」と尋ねた。彼はエルピディオ・ゴンザレス。アルゼンチンの副大統領にもなったことのある人だったのだ。地位を利用して汚職に手を染めることもせず、染料売りに戻って、わずかばかりの収入に満足している、彼の正直で高潔な人柄に、ベルゴリオは感動した。「私の〝政治の世界〟に何かが起きたのです」。彼は回想する。「それは思いもよらないことでした」。

十代になったベルゴリオは、政治に熱中するようになった。ゴンザレスがアルゼンチンの急進党の党員となったが、少年は共産主義の思想の方に好奇心を抱いた。「私には〝政治〟について確たる考えがなかった」と後に語っている。それは、彼にとって、世界についての知的探訪を深める一環でもあった。

共産党の定期刊行物を熱心に読み、特に、有名な文化評論家レオニダス・バルレッタの論考に影響を受けた。「そのことは〝政治教育〟の助けにはなりましたが、私は決して共産主義者にはなりませんでした」。それでも、高校では、共産主義者の先生をとても大切にしていた。「私たち生徒は、彼と素晴らしい関係を持っていました。彼はあらゆることを問いかけ、私たちの役に立ちましたが、決して嘘をつかなかった。自分がどこの出身か、自分の解釈、世界観を、いつも話してくれました」。

だが、年とともにアルゼンチンの政治状況は両極化していき、左翼が無神論、反聖職者に傾いていくにつれて、ベルゴリオはこれと対極にあるペロン主義(5)に傾倒していった。強い権威主義をもって、軍と労働組合とカトリック教会を、国民一致のビジョンのもとにまとめよう、というアルゼンチンの〝政治的な混合物〟のような考え方だった。彼は長い間、ペロン主義に惹かれ、制服にペロニストのバッジを着けたために、学校で罰を受けたことも一度あった。

こうしたことも含め全ての経験を通して、ベルゴリオは、自身の天職への自覚を固めていった。化学技師の資格をとって産業技術専門学校を卒業したとき、母に、薬学を学びたい、と語った。彼女は喜び、我が家のテラスを見下ろす屋根裏部屋をきれいに片付けて、「兄が、私たちから離れ、安心して勉強できるようにしました」と、妹のマリア・エレナは思い出を語った。

毎日、研究室で朝の勉強をし、家に戻り、屋根裏の部屋に引きこもって、熱心に勉強を続けた。ところがある日、彼が朝の仕事に出かけた後、掃除をしようと部屋に入って、母は驚いた。そこには解剖学や薬理学の教科書は一冊もなく、多くがラテン語の神学の大冊だけが置かれていたのだった。

彼女は家に戻ってきたホルヘを問い詰めた。

「あなたは薬の勉強をしている、と言っていましたね」と、動揺しながら聞いた。すると、「嘘はついていません」と落ち着いて答えた。「僕は確かに薬の勉強をしていました。ただし、〝魂の薬〟です」。

母は怒り、すっかり取り乱してしまった。そして、聖職者になるというような重大な決断は大学を卒業するまで待つように、と説得した。二十一歳になった時に、彼は神学院に入ることを決め、まず父親にそのことを言い、父から母に伝えてくれるようにした。父は厳しい顔をしていたが、ベルゴリオには、自分の判断を喜んでくれるだろうということが分かっていた。だが、母はこれを聞くと動転して、彼が神学院に入るときに、付いて行くことを拒んだ。

ベルゴリオは後になって、父母の反応の違いを理解することができるようになった。父は移民で、住み慣れた土地を離れることから来る辛さとともに、それを乗り越える強さを持っており、息子と別れるのを受け入れることができた。だが母は、父とは対照的に「息子が奪われてしまうように感じたのです」。そして、母が息子の決断を受け入れるようになるまで、四年の歳月を要した。さらに八年後、彼が司祭に叙階され、母が自分の前に膝まづき、祝福を求めた時、ようやく自分の判断を完全に受け入れてくれたことを知った。

彼が司祭への道に入ったのは二十一歳と、当時としては遅い方だったが、ブエノスアイレスのサンミゲル神学院に入ってほどなく、イエズス会に入会した。十代の彼の霊的指導者はサレジオ会のエンリケ・ポッソリ神父だったが、二十一歳のベルゴリオは、十六世紀に創設されたイエズス会の軍隊的な厳しさに惹かれたのである。

この修道会は、軍人だったイグナチオ・デ・ロヨラが戦場で受けた傷を癒し、神秘主義者に転向して設立した。ロヨラは、「戦いの最中に瞑想」することを、会の霊的な賜物として取り入れていた。ベルゴリオは言う。「私は、軍隊の言葉でいう『最前線』に（教会活動の）身を置く、という会の姿勢に強い魅力を感じました」。彼はまた、イグナチオを奉じる人々の知的かつ精神的な厳しさと、宣教活動を重視する姿勢に好感を持ち、イエズス会宣教師として（聖人となったフランシスコ・ザビエルのように）日本で活動することに憧れを持つようになった。

しかし、思い通りには進まなかった。神学院に入って間もなく、二十一歳の若者は原因不明の熱病にかかり、三日三晩、死線をさまよった。治療に当たった医師たちは、右肺に出来た三つの嚢胞が肺炎を引き起こしていることを突き止め、肺の上部を切除することで、命を取りとめた。活力を取り戻しはしたが、肺活量が減ったために、海外で働くことは無理になった。

治療中の苦痛は大変なものだった、と彼は後に語っている。肺に差し込まれた排膿のためのチューブもとても不快だった。見舞い客は月並みの慰め方で元気づけようとしたが、（ベルゴリオが幼い時に）初聖体の準備を指導したシスター・ドロレスが見舞いに来てくれるまで、彼が慰められることはなかった。「シスターからは、本当に心にしみるような言葉をいただきました」と彼は振り返る。「私の心を安らかにしてくれたのです。『あなたは、キリストの似姿をしています』と」。

死と向き合った体験が、「人生で何が重要で、何が最終的に重要でないのか」を識別する力を強めた。信仰を強めた。後で分かったことだが、それは、苦痛を通して与えられた、充実した人生のための贈り物だったのだ。

「苦痛それ自体は徳ではない」が、「苦痛を耐え忍ぶことで、徳を高めることができるのです」。

厳しい経験ではあったが、身体的な能力が大きく損なわれることはなかった。ただ、呼吸に起きた若干の障害で、背中の下の部分に痛みが残った。彼が現在、特別の靴を必要とし、時たま杖をついて歩くのはそのためだ。

病は癒えたが、その後の天職への歩みに揺らぎがなかったわけではない。神学生の時、ある家族の結婚式で出会った若い女性に、すっかり心が惹かれてしまったのだ。「彼女の美しさと聡明さに心が打たれて……すっかり取り乱してしまった。式が終わり神学院に戻ってからも、祈ろうとすると、すぐに彼女が思い浮かんで……一週間も、まともに祈ることができませんでした。私は、（司祭になるという）選択について、もう一度、考え直さなければならなかったのです」。結局は司祭になる、という決意を新たにすることになったのだが。「ただし」と彼は付け加えた。「このようなことが起きないというのは、普通ではありませんよね」。

ロサおばあちゃんは、一九七〇年代半ばに亡くなる前、そして亡くなった後も、ずっとベルゴリオの励まし手、支え手だった。祈禱書は、彼が朝一番に開き、夜最後に閉じるものだ。その祈禱書の中に、二枚の紙片が挟まれている。その一枚は、祖母が一九六七年、彼が司祭に叙階される二年前に書いたもので、イタリア語とスペイン語が半々に書かれている。彼が司祭になる前に自分が死んでしまうといけないと思い、（自分が死んでも）叙階の日に彼の手に渡るように用意しておいたものだ。幸いなことに、彼女は叙階に立ち会うことができ、自分で手渡すことができたのだが……そのの内容は次のようなものだ。

この素晴らしい日に、あなたは救い主キリストを、聖別された両の手で抱いています。深遠な使徒への広い道があなたの前に開かれています。私はあなたに、とても小さいけれど大きな霊的な賜物を、ささやかなプレゼントとして渡します。

さらにこの言葉とともに、遺言状の書式で、彼女自身のためにしたためた個人的な信条が、次のように書かれている。

私の孫たちが、長く幸せな人生を送り、悲しみや病いに見舞われたり、愛する人を亡くしたりして悩み苦しむ時も、最も偉大で高貴な殉教者（キリスト）の聖所、主の十字架の足元に伏している聖母マリアの眼差しに向かう「吐息」が、傷を癒してくださるように。

ベルゴリオは、彼女が自分に伝えた霊的な行動様式に、今も忠実であり続けている。そのために、イエズス会のような理性を重んじる修道会に所属する者として、「民間信心の迷信に迎合している」といった批判と折り合いを付ける方法を、見つけなければならなかった。

アルゼンチン人のイエズス会士でローマのグレゴリアン大学教授のウンベルト・ミゲル・ヤネス

は、ベルゴリオはその方法を見つけた、と考えている。「彼はいつも、民間信心に好意的な態度をとっていました」「これに対して『信仰ではない、迷信の要素も含まれている』という見方をする人もおり、反発する司教たちもいた。だが、ベルゴリオは、そうした信心業を、人々を信仰生活と結びつける重要な手段と見ており、そうした彼の影響力によって、アルゼンチンの司教たちの間にこれまでと違う文化が生まれ、自分の教区の司祭たちも、そのように接するようになっていきました」。

「包容力のあるカトリック教会」に向けた動きの一つ一つが、教皇となるベルゴリオにとっての重要な出発点になった。ベネディクト十六世は、民間信心に対して、彼よりもずっと強い疑念を抱いていた。だが、(その教皇の下にある大司教として)ベルゴリオは二〇〇七年、ブラジルのアパレシーダに集まったラテンアメリカの司教たちに向かって力説した。

「信仰は、それ(民間信心)を通して人の心に入っていくものです。心情、習慣、感じ方、日常生活の一部を形成していきます」「信仰は(人々の)肉となり血となります。そのことが、大衆的な信心がカトリック教会の財産であることの理由なのです」。

同時に注意を与えることも忘れなかった。「しかし、このようなことも知っておかねばなりません。教会活動への積極的な参加とは程遠い(あるべき信仰の形から)逸脱した形の大衆的な信心業は、混乱をもたらし、生活にしっかりと根を下ろした内面的な生きた信仰とはかけ離れた、うわべだけの宗教行為を助長してしまう、ということです。非理性的な方向に傾き、(あるべき教会の)外に留まってしまう可能性がある。大衆的な信心業は、常に清められ、中心を向いていなければならないのです」。

ベルゴリオは常に、教会関係者の疑念を抑えることで、良い結果を生み出してきた。デオリンダ・コレオに対するアルゼンチンの庶民の信心は、「民間信心がアルゼンチンの教会で受け入れられている好例」とヤネスは言う。コレオは一八四〇年ごろにアルゼンチンのサンファン州で亡くなったが、「戦いに駆り出された夫の後を追って、赤子を連れて砂漠地帯に入りました。飢えと渇きで命を落としたのですが、乳房から出る乳が赤子の命を救った」。

彼女の亡骸は何日か後に、近くで馬を追っていたガウチョ（南米の先住民とスペイン人の混血の牧童）たちに発見されたが、驚いたことに、その赤ん坊は、死んだ母の両の乳房からあふれ出る乳によって、奇跡的に生きていたのだった。彼女を熱心に讃える人々は、今や何十万人にも増え、今なお、さらなる奇跡が起きるように（主なる神に）取りなしてくれている、と信じている。「彼女に対する崇拝は、何年もの間、カトリック教会の認めるところとはなりませんでした」とヤネスは言う。「しかし、今では、司教たちは、崇拝を妨げてはいません」。

こうした対応の変化は、ベルゴリオの影響によるところもある。彼は、こうした信心業を通して、一般民衆は自分たちの霊性を表現し、カトリック教会はその一部をなすもの、と考えている。ヤネスによれば、ベルゴリオは信仰と文化の関係に関する国際会議を計画したことがあった。「ベルゴリオは、デオリンダ・コレオの後を追うような人々の姿勢が、信仰と文化の出会いの場所を作り上げる、と考えていたのです」。

ベルゴリオが頻繁に「悪魔」に言及することも、信仰と文化の二つのアプローチを容易に結びつける彼の姿勢を示すものだ。第二バチカン公会議後、多くの聖職者と神学者が「悪魔」を使わず、「悪」をもっと抽象的な表現でとらえるようになったが、ベルゴリオはそうしなかった。彼は、あるイエズス会士が言ったように、「素朴な信心に重きを置きながら、ずっと現実的な人物」だったが、イエズス会の創設者、聖イグナチオ・デ・ロヨラは、悪魔を「ペルソナ、堕ちた天使」だと本気で考えていた。

そうした考え方は、カトリックの霊性の一部として残っているが、イエズス会士の中にはそれを人一倍、強調する者もいる。「ベルゴリオの大衆的な信心に対する態度は、他人が判断したり、干渉したりする類いのものではありません」。ベルゴリオが院長を務めたマクシモ神学院で教鞭をとる教区司祭、アウグスト・ザンピニ神父は言う。「一般大衆の信仰を軽視することは、貧しい人々が選ぶことのできるものを軽視することにつながります。ベルゴリオならこう言うでしょう。『聖霊とともに、事をなすべきです。聖霊に反することなく、聖霊とともに働きましょう』と」。

アルゼンチンの人々のカトリック信仰は、民族宗教の数々の実例に満ちている。この国の神学者はこれを「民衆の神学」と呼ぶことを好む。車のバンパーには、「車を運転する人を守ってくれる」とされる十八世紀の伝説的な人物、ロビン・フッドのアルゼンチン版「ガウチョ・ヒル」のお守札が貼られている。聖カエタノは、パンと労働に関わる人を守り、聖エクスペダイトは、課題解決に迫られている人を助け、医師であり殉教者の聖パンタレオンは、腹痛やインフルエンザなど冬にかかる病気から皆を守ってくれる、という具合だ。

「聖人の祝日を並べたカレンダーには、健康を守る聖人、労働を保護する聖人、などが列挙されており、ベルゴリオはこれらのすべての方を敬愛しています」と、ブエノスアイレス大司教区で八年間、彼のスポークスマンを務めたギシェルモ・マルコは説明する。

この町のスラムを訪問する外国人は、パラグアイから来る人はカークペの聖母、ボリビアから来る人はコパカバーナの聖母、ペルーから来る人はクスコの聖母、というように、自分がお守りにしている聖母マリアの像を持ってやって来る。聖人たちと聖母マリアに対する信心は素朴な民衆から支持されている。彼らは、ベルゴリオのかつての担当教区のスラム街に住む女性のように、約束事をする。その女性は自分の家を礼拝所に改装し、毎日四十人のお腹を空かせた子供たちに食事を振舞っている。彼女が聖カシェタノに「夫に職を見つけてくださったら、このような事をいたします」と約束したからだ。

これら全てを通して、ベルゴリオが「大衆の信心業にとても愛着を抱いている人」だということが分かる、とイエズス会コロンビア管区長のフランシスコ・デ・ルー神父は説明する。「彼は、大衆信仰の人。大衆の慣習、祭列、ほこら、待降節の九日間の祈り、といった純朴な行為の中に、神の実存を体験する。彼にとって、カトリック信仰の強さは、純朴な人々の信仰生活の送り方にあるのです」。このような彼の姿勢は、アルゼンチンの高名な金細工師、ホアン・カルロス・パシャロルスが教皇フランシスコにふさわしい模様を工夫する銀の聖杯に集約される。聖杯には、ルハンの聖母、結び目を解くマリア、イエズス会の徽章、アルゼンチンの聖画が刻まれるだろう。

だが、これら全ては、民衆の傍にいようとするベルゴリオの〝戦略〟ではない。彼の存在の核心に及ぶものだ。無原罪の御宿りの聖母のフランシスコ修道士会という名の小修道会が、教皇フランシスコが選ばれた後、会のホームページに次のような内容を載せた。それは、十年前、ローマのサン・ピエトロ大聖堂に近いテベレ河岸にある彼らの小さな教会「受胎告知の聖母マリア」に、毎朝九時に中年の男性が来ていた、というものだった。

彼らの関心をひいたのは、来訪時間の時計のような正確さ――ベルゴリオはとても時間に厳格な人だが――だけではなく、彼がいつも、幼きイエズスの聖テレジアの像のところに真っ直ぐやってきて、その前で心を込めて深く祈っていたことだった。ホームページにはこう書かれている。「祈り終えると、多くのお年寄りの女性――この国では、しばしば軽蔑の対象になっているのですが――がしているように、像に手を触れ、接吻されたのです」。そうしてある日のこと、彼らは、その人がバチカンでの会合に出席する途中に教会に寄っていること、聖職者用の平服に赤いボタンを付けていることを知った。たった一人、誰からも注目されない、ベルゴリオ枢機卿、ブエノスアイレス大司教は、ロサおばあちゃんのやり方で祈りを捧げていた。

「私は、祖母から韻を踏んだ祈りを二つ教わりました」。ベルゴリオは、親友のアルゼンチンのユダヤ教のラビ、アブラハム・スコルカ師との対話集「天と地で」で語っている。

知りなさい。神があなたを見守っていることを。

知りなさい。彼があなたを見守り続けていることを。
知りなさい。あなたが死なねばならないことを。
そして、あなたは、その時を知らない。

「彼女は、ベッドの脇の、ガラス板を載せた小さなサイドテーブルの横にかがんで、このように唱えていた。眠りに就こうとする時いつも、声を出して唱えていました。あれから七十年たった今も忘れることはありません。もう一つは、彼女がイタリアの墓地で唱えていた、と言っていたものです」。

人は歩き、
止まり、そして考える
歩く速さ、階段、そして最後の一歩について。

「全てのものには必ず終わりがある、全てのものは整然と去っていかねばならない、という彼女の自覚に、私は心を強く打たれました。キリスト教徒の人生の歩みで、死は道連れです。私自身も、毎日、死に向かっていることを考えます。そうすることで、取り乱したりはしない。主と命が私に適切な準備をさせてくださっているのですから。先人の方々の死を見てきましたが、今、私に順番が回ってきました。いつ、その時を迎えるのか。私は知りません」。

彼は先輩教皇に思いを巡らした。「ヨハネ二十三世は、死の瞬間まで、『片田舎の農民』であり続けた。田舎の風習に従って、臨終の床で、妹さんが酢を浸した冷たい布を彼の頭に載せました」。ベルゴリオも、同じように、彼の信仰の源にある民衆の霊性をしるすことになるだろう。

3 イエズス会管区長の〝闇〟

Jesuit Secrets

厳密には、支持表明とは言えないものだった――。新教皇の名前が発表された時、インターネットはメールのやり取りで大騒ぎになった。「ホルヘ・マリオ・ベルゴリオって誰だ」「どんな人物なんだ」。特にイエズス会の会員たちは質問攻めにあった。幹部の一人で、ラテンアメリカのアルゼンチン以外の国で管区長を務めている司祭は次のような返事をしている。

私はベルゴリオを知っている。彼は、会の中で多くの問題を起こし、彼の国でもひどく物議を醸している。アルゼンチンの軍事独裁政権時代に二人のイエズス会士の逮捕を認めたとして訴えられ、管区長として忠誠心を引き裂くことをやった。彼を〝崇拝〟している者もいるが、彼と関わりを持ちたくない者もいて、ベルゴリオは彼らに口もきかない。困った状態だ。彼はよく訓練され、とても能力があるが、争いの種を撒き散らすような、一部の人を熱狂させる個性の持ち主でもある。力を得るための霊的なオーラがある。教皇座に就けば、カトリック教会にとって破滅的なことになるだろう。彼は、管区のイエズス会士を分裂させ、組織を破壊し、財政を破綻させて、イエズス会アルゼンチン管区を離れた人物なのだ。

教皇フランシスコ選出に対して世界中から送られた賞賛——傷ついた教会に一致を取り戻す、貧しい人々のための、素朴で謙虚な教皇という——に対する、これは極め付きの反論だ。しかも、このような否定的な評価は、彼が五十歳になるまで育ち、指導者の一人となったイエズス会の中で、ごく限られた会士に限られたものではない。新教皇発表から何時間も経たないうちに、ローマのイエズス会本部から全世界の管区に指示が出された。「(彼に関する) 過去を振り返るときには慎重に言葉を選ぶように。新教皇に関する不幸な思い出は胸にしまっておくようにされたい」と。だが、そのような指示があっても、イエズス会の指導的な会士の中に、批判的な意見を実名で表明する者が出た。

年長のイギリス人イエズス会士、マイケル・キャンベル・ジョンストン神父——オスカル・ロメロ大司教(1)が殉教したエルサルバドルで、軍事独裁政権に迫害された教会の〝古参兵〟——は、『タブレット(2)』に、ベルゴリオが社会正義の問題について、この地域の他のイエズス会士たちと、どのようにして袂を分かったのか、について寄稿した。そして、著名なスペイン人神学者のホセ・イグナチオ・ゴンザレス・ファウスはスペインの代表的な日刊紙『エルパイ』に「大司教時代のベルゴリオは、希望のための大きな基礎を提供したが、イエズス会士として活動した時代には——人を魅了する素晴らしい才能を持つ一方、権力志向がとても強く——正真正銘の恐怖を引き起こした」と語った。

史上初のイエズス会士の教皇を、自分たちの仲間として拍手喝采して迎えると考えられていた人々の間に、何がこのような強い反感をもたらしたのだろうか。

＊＊＊

一人前のイエズス会士となるには通常、十五年に及ぶ勉学と準備が必要だ。それからみると、ベルゴリオは異例に早い出世を遂げたと言っていい。一九五八年三月十一日に修練者として入会した後、チリで一年間、人文学を学び、ブエノスアイレス州のサン・ミゲル市にあるマクシモ神学院（サン・ホセ）で二年間、哲学を学んだ。

サンタフェ市にあるイエズス会運営のインマクラーダ・コンセプシオン学園で三年間、文学と心理学を教えた。この学校は、子弟が伝統的な教育を受けることを望む金持ち家庭に人気があった。また、ブエノスアイレスの名門、エルサルバドル学園でも教鞭をとった。彼に教えを受けた人々によれば、ベルゴリオは、受け持ちの学生たちの名前や住所、知人、興味について驚くほどの記憶を持つ、厳しく、熱心な先生だった。授業を活気のあるものにするために、外部からありとあらゆるやり方を教室に持ち込んだ。最も有名なのは、偉大なアルゼンチン人小説家、ボルヘスに、神から授かった〝超能力〟で、学生たちの短編集の前文を書いてもらったことだ。

その後の一九六七年から三年間は、マクシモ神学院で神学を学び、途中の一九六九年十二月十三日、三十三歳の誕生日を前に、ラモン・ホセ・カステラーノ大司教の手で司祭に叙階された。周りには、彼の質素な生活様式に気づき始めた人もいた。彼が何を考えているのか分からない、という評判も立った。仲間の神学生たちは、レオナルド・ダビンチの名画「モナリザ」にちなんで「La Gioconda」（モナリザの別称）というあだ名を彼につけ、からかった。「何を考えているのか知るのは不可能」というわけだ。

正式なイエズス会士となるための第三修練を、一九七一年から翌年まで、スペインのアルカラ・デ・エナレス大学で過ごした。仲間や上長から高く評価され、修練を終えてアルゼンチンに帰国する途中で、最終誓願前としては異例の修練長に任命され、短期間だがマクシモ神学院の院長も務めた。三か月後の一九七三年四月、三十六歳で最終誓願を果たし、アルゼンチンの全イエズス会士を統括する管区長に就任した。

彼が管区に持ち込んだ精神的な緊張は、アルゼンチンのイエズス会士が〝ベルゴリオ〟と〝反ベルゴリオ〟に分かれて対立する事態に発展した。主な対立点は宗教的な問題と政治的問題。宗教的な対立は第二バチカン公会議を巡るものだった。ベルゴリオは後に、この公会議後に叙階された全世界の司祭として初の教皇となるのだが、この段階での一挙手一投足は、外見も中身も「公会議以前」だった。公会議が示した様々な新たな方向をどのように実際の行動に移したらいいのか、カトリック教会の世界中の教区、修道会などが検討していたが、アルゼンチンのイエズス会では、進歩派と保守派の対立が起き、その溝は深くなっていった。

この国ではもう一つ、対立が起きていた。政治問題である。ベルゴリオを理解するために、アルゼンチンの政治についてある程度の理解を持つ必要がある。ベルゴリオを、彼自身の国民的背景を抜きにして理解することはできないからだ。左派と右派についての類型的な見方は、あまり役に立たない。アルゼンチンの政治には「ペロン主義」が色濃く反映していた。それは、軍と労働組合とカトリック教会が正常な関係でなく、おかしな形で融合したものだ。ホアン・ドミンゴ・ペロン将軍が一九四五年から十年にわたってアルゼンチン大統領を務め、大衆の人気をとる手練手管にたけた政治家として、妻エビータとともに何十年も、この国の政治を形作り、今もなお、アルゼンチンの政治のひな型であり続けている。

ペロン主義は、カトリック教会の社会教説の一つ、「クアドラジェジモ・アンノ（四十年目の年に）」と呼ばれる回勅に、起源をもつ。回勅は、これに先立つ「レールム・ノバールム（新しい事柄について）」発布四十周年を記念して教皇ピオ十一世が一九三一年に出した。一八九一年に出た「レールム・ノバールム」は、資本主義と共産主義の間の第三の道を求め、社会正義を強調する一方で、カトリック労働者と社会主義運動を進める他の労働者との連携を断ち切らせることを狙っていた。一九三一年までに、ピオ十一世は「資本主義以外に選択肢はない」との結論に達し、資本主義者たちに暗黙の祝福を与え、責任をもって行動するよう呼びかけた。

だが、彼が「クアドラジェジモ・アンノ」を出した二年後の一九二九年、ニューヨーク証券取引所の株価大暴落をきっかけに世界の金融市場が崩壊状態となり、世界的な大不況とそれに伴う労働者の大失業に対応が必要となった。このような事態を治める方法としてピオ十一世が提示したのが、経営者と労働者の階級対立を解消し、企業家と専門家の調和のとれた連携を推進する社会秩序再建のための大団結構想だった。問題は、一九三〇年代にその構想を実現する手段として、イタリア、ドイツ、スペインで台頭したのが、ファシストによる運動だったことである。

第二次世界大戦でファシズムが否定されたにもかかわらず、その基本的な信条は、戦後もアルゼンチンで、カトリック教会、労働者、軍部とのペロンの〝神聖同盟〟となって生きながらえた。同盟は、「クアドラジェジモ・アンノ」を基礎に置いたものであると、ペロンは言明した。彼が取ろうとした政策は、景気加速のための新工業化、国営化、そして新たな労働者階級が確実に恩恵を受けることのできる富の実質的な分配で、軍部の物理的な力と教会の道徳的権威がそれを補強する役割を果たした。だが、彼の政策は、実際には、そうした政策に反対する人々や報道の自由に対する抑圧も伴っていた。

不幸なことに、ペロンは自分の取った政策で、アルゼンチンに不景気、国の官僚機構の肥大、インフレ、国民の生活水準の低下、失業増大の五重苦を招き、一九五五年に、軍部によって大統領の座を追われた。国外で亡命生活を送り、一九七三年に帰国して大統領に復帰したものの、一年後の一九七四年に亡くなった。

後に南北アメリカ出身の初の教皇となる人物の政治的な世界観を理解するために、知っておくべき決定的な要素が一つある。

ペロン主義者たちは自分たちを社会主義者と考えていたが、彼らが進めた政策の多くは、ムッソリーニ統治下のイタリアやフランコ統治下のスペインのファシズムに近いものだった。主義主張にまとまりがなく、様々な派閥に分裂した。モンテネロス派として知られた極左主義者たちは、毛沢東やフィデル・カストロ、チェ・ゲバラから着想を得、反聖職者、反カトリックの立場を強めた。右派は、国家と私有財産、カトリックを無神論者や共産主義者の群れから守る弁護者を自認していた。右派の中でも極右の集団には、アルゼンチン反共同盟（ＡＡＡ）や、東方キリスト教の守護者を名乗ったルーマニアの国家主義者、ファシスト、反共産主義者、反ユダヤ人運動団体から名を取った「鉄衛団」が含まれていた。

このようなペロン主義者たちは、単に意見を異にするだけではなかった。極端な例としては、自分たちに反対する者に狙いをつけて殺してしまおうと通りを徘徊する暗殺団まで作られた。そして、ある時点で、後で見るように、ベルゴリオは鉄衛団の精神的な助言者となった。そこに彼を追いやったのは、彼の人生で体験したもう一つの大きな分裂だった。ラテンアメリカ全域のカトリック信徒の間で生じた宗教上の亀裂である。それは特に、アルゼンチンとイエズス会アルゼンチン管区内部で激しかった。「解放の神学」を巡るものだった。

一九六二年から一九六五年にかけて、カトリック教会は第二バチカン公会議によって根底まで揺さぶられた。それ以前、カトリック教会はミサ聖祭など秘跡を中心とした内的生活を大事にする内向きの存在だったが、第二バチカン公会議はそうした教会の窓を外に向かって大きく開き、世俗社会と積極的に触れ合い、影響を与えることを求めた。ラテンアメリカでは何人かの神学者が、公会議が決定した教説をどのように現実の社会に当てはめていくかについて、模索を始めた。

ごく少数の司祭が、公会議の教説を実践しようと「悲惨な村（villas miserias）」――アルゼンチンの人々が使う、スラム街の一般的な呼び名――に移り住んだ。彼らは自分たちの運動を「第三世界のための司祭たちの運動（Movimiento de Sacerdotes para el Tercer Mundo）」と呼び、「福音は、貧しい人々に良い知らせをもたらすことを述べたもの」と主張し、スラムに住む教区信者たちの権利を守ろうとした。イエズス会士はその先頭に立った。先駆者の一人は、前アルゼンチン管区長のホアン・マルコス・モーリア、亡くなるまでの二十年間、スラムで奉仕活動を続けた。

この運動は、一九六八年、ブラジルの神学者、ルベム・アルベスが『解放の神学に向けて』を著したのを契機に、大きなうねりとなった。この著作が運動の思想的基盤を提供し、さらにペルーのグスタボ・グチエレス、ウルグアイのホアン・ルイス・セグンド、エルサルバドルのホン・ソブリノそしてブラジルのレオナルド・ボフなどの思想家がその基盤を発展させた。彼らの共通基盤は、自己の利益を図るためにエリート階級が資源や労働者を搾取する開発途上国と、そうした国と交易する先進国によってもたらされている経済的、政治的、社会的不正義からの解放、だった。

このことは、グチエレスが、運動に強い影響を与えた著作『解放の神学』の中で、「貧しい人々のための優先的な選択」と呼んだことに集約されていた。聖書の中で、神は、貧しい人、社会の片隅に追いやられている人、抑圧されている人の側に立ち、目をかけてくださっている、という（当時としては）急進的な考え方だった。そしてこのような考え方は、一九六八年にコロンビアのメデジンで、続いて一九七九年にメキシコのプエブラで開かれたラテンアメリカ・カリブ司教協議会総会で是認された。メデジン総会で採択された文書は、貧困の「制度化された暴力」に言及した。ただし、アルゼンチンの司教たちは、圧倒的に伝統主義者と反動的な人々で占められており、熱意に欠けているのがはっきりしていた。

保守派の人々が特に嫌ったのは、解放の神学が、貧しい人々の立場からの、現実の社会やカトリック教会に関する批判を認めたことだった。それだけではない。解放の神学は、キリスト教徒の基礎共同体のこれまでとは逆の形、(聖職者ではなく)一般信徒の手で、聖書の解釈や典礼を作り上げようとする方向を提示していた。カトリック教会のような上意下達の組織の中では、ひどく反発を買う考え方だった。

バチカンは、解放の神学とともに、解放神学者がマルクス主義的な社会分析手法を用いることに反対し、「カトリック教会は、階級闘争のような考え方を認めない」と言明した。中でも、解放の神学の熱狂的な支持者たち幾人かによる「福音書は、貧しい人々による金持ちに対する武力闘争を正当化する根拠を与えている」という考え方をきっぱりと否定したが、そのような見方をする解放神学者はかなりの人数にのぼっていた。

メデジン総会の直前に、「第三世界のための司祭たちの運動」に参加する千五百人の司祭が、「上流階級による暴力」「国家による暴力」を第一級の暴力として糾弾する、教皇パウロ六世あての文書に署名した。その表書きで、彼らは「貧しい人々による暴力は、理解できる対応である」と訴えた。

解放の神学の根本に対する理解には、バチカンの幾人かによる「極めて意図的な誤まり」が混入されていた。大部分の解放神学者は革命の必要性について語る時、「弱者を搾取する経済・社会構造の完全な転換」を主張していたのだが、敵対者たちは「武装暴力を肯定するものだ」と誇張した解釈を加えた。

大部分の解放神学者は「貧しい人々が銃を取るべきだ」などという主張はしていなかった。彼らが求めていたのは、カトリック教会が貧しい人々の側に立ち、交渉能力を得るために労働組合や生活協同組合を組織するのを助けること、本来目指していたのは、貧しい人々に不正な関係を改めるために闘う優先権を与え、（経済・社会的不正義をもたらしている）構造に変革をもたらし、カトリック教会が、それに連帯の立場をとることだったのである。

しかし、時はまさに冷戦の時代。ソビエト連邦、そしてラテンアメリカではキューバのフィデル・カストロが、第三世界と呼ばれていた地域に共産主義革命を輸出しようとしていた時代だった。ラテンアメリカのエリート階級は、解放の神学を「大陸がマルキシズムに向かって地すべりを起こす最初の印」と見なしていた。

米国も同じ見方をとり、中央情報局（ＣＩＡ）の要員をこの地域に展開して、カトリック教会が保守派と進歩派に割れるのを強く刺激した。ＣＩＡは保守陣営を支援し、バチカンに関わる課題を担当する特務班まで設置する力の入れようだった。

ローマは喜んで協力した。解放の神学を「カトリック正統派の慣行とバチカン支配階級の権力に対する脅威」と見なしていたからだ。教皇パウロ六世は、解放の神学を抑える必要がある、という強い説得を受けた。そして、コロンビア人で「オプス・デイ」のシンパだったアルフォンソ・ロペス・トルヒーヨ司教を、この問題の責任者に任命した。ラテンアメリカ教皇庁委員会の委員長だったアントニオ・サモア枢機卿には、「貧しい人々の新しい神学」の影響力を削ぐことを目的とする教皇庁とラテンアメリカ司教団の連絡調整の仕事が与えられた。

こうした宗教的、政治的な違いの深刻さを先鋭化させたのは暴力だった。一九六六年、アルゼンチンで起きた軍事クーデターによって、独裁者のホアン・カルロス・オンガニアが権力の座に就き、ミニスカートや男性のロング・ヘアとともにペロン主義を禁止し、市民が（この後に続く「恐怖政治」との対比で）「ソフトな独裁政治」と呼ぶものを持ち込んだ。対して、「第三世界のための司祭たちの運動」は、革命的な社会主義者運動を支持する宣言を出した。ブエノスアイレス大司教代行のファン・カルロス・アランブルは彼らが政治的な宣言を発することを禁じた。そして、オンガニアの政権は、動揺と不満、デモが渦巻く大混乱の中で「今後十年のうちに選挙を実施する」と言い残して退陣してしまった。

亡命先から一九七三年に帰国し、政権に復帰したペロンに、騒乱の鎮静化が期待されたが、実際には全く逆のことが引き起こされた。ペロン主義者の左派と右派の反目を解消することもできず、殺人、誘拐、爆破を伴う、あからさまな戦闘状態がもたらされた。左派ゲリラが政府に戦いを挑み、右派の殺人部隊は街路を巡回し、無法状態の中で殺人を繰り返した。

犠牲者の中に、「スラムの司祭たち」の第一人者で殉教者となったカリスマ司祭のカルロス・ムヒカがいた。サン・フランシスコ・ソラーノ教会でミサを終え、外に出てきたところを、「アルゼンチン反共同盟」のメンバーに射殺された。若い男女と彼らの結婚式について話している最中だった。

一九七三年から七六年にかけて、事実上の内戦がブエノスアイレスの街々を支配した。歴史家の中には、この三年間に亡くなった人の数が、七六年に軍事クーデターが起きた後のいわゆる「汚い戦争」の期間中に亡くなった人の数に匹敵するほど多数にのぼった、とする見方もある。実際のところ、陸軍がクーデターで政権奪取した時に、多くの市民が安堵のため息を漏らしたほどのひどさだった。

ベルゴリオのイエズス会アルゼンチン管区長への就任は、中南米におけるカトリック精神の真価を試す壮大な戦いの最中で行われた。前任者はリカルド・〝ディック〟・オファレル神父。〝ベルゴリオ〟という名がイタリア人の系図を連想させるように、彼の名は、アルゼンチン移民の〝るつぼ〟の中でアイルランド系であることを示していた。

オファレルは第二バチカン公会議がもたらしたカトリック教会の変化を進んで受け入れようとする社会学者だった。解放の神学を含めた新しい考え方に前向きで、基礎共同体を支持した。オーランド・ヨリオ神父とフランツ・ヤリクス神父のようなイエズス会士がスラム街で貧しい人々とともに働くのを激励した。だが、そのスラム街から、二人は軍部の手で誘拐され、ベルゴリオの管区長としての職務に、暗い影を投げかけ続けるのだ。

オファレル管区長の下で、イエズス会士を志願する人数が劇的に減少した。一九六一年に二十五人いた修練者が、一九七三年にはわずか二人となった。激減の理由を巡って論争が起きた。イエズス会士で歴史学者のジェフリー・クライバーは「第二バチカン公会議後に起きた『司祭志願者減少の危機』という世界的な流れを、単に反映したものだ」という見方をとった。

ブエノスアイレス大学で「社会と宗教」の講座を担当しているフォルトゥナト・マリマッチは「『オプス・デイ』の会員にリクルートされた何千人ものエリートの一人だった独裁者オンガニアの政権に対し、イエズス会が知的支援をしたことに反発」して、多くのイエズス会士が会を去っていったことが背景にある、と指摘した。

だが、当時、マクシモ神学院で神学を学んでいたマリナ・ルビノは別の見方を取る。「修練者の激減は、オファレルと教授陣が原因です。教授陣にはヤリクスとヨリオも入っていました。彼らは第二バチカン公会議とメデジン総会によって始まった教会の変化を真面目に受け止め、古い様式を好む保守的な神学生たちを追い払ったのです」。

解釈はどうであれ、後にアルペ・イエズス会総長（当時）の代理として現地視察のためにアルゼンチンに送られたキャンベル・ジョンストン神父によると、イエズス会アルゼンチン管区は大混乱に陥っていた。「アルゼンチンのイエズス会士たちは、沢山の問題を抱えていました」「多くの人が会を離れ、それればかりか司祭を辞める者も出た。毎年、十人から十五人が会を去っていった。これは極めて異例のことでした」。

はっきりしていたのは、第二バチカン公会議後のイエズス会の急激な変化を心良く思わない会士が多くいた、ということだ。彼らは、創設者聖イグナチオの霊性の中で重点の置き方が変わるのを好まなかった。イエズス会士たちは「行動の中で瞑想する者」と考えられていた。

古い保守派は行動よりも瞑想を好んだが、新しい進歩派はその優先順位を逆転させた。進歩派のイエズス会士は、アルゼンチンの次世代エリートを教育するという、会の伝統的な役割を抑制、あるいは放棄し、粗末な街区に住み教育を受けられずにいる貧しい人々とともに働くことを希望した。保守派はそれに同意しないばかりか、スラムで政治的な活動をしている進歩派の動きが、「全てのイエズス会士を右翼や反共産主義者の殺人部隊の標的にしてしまう」ことを恐れた。

そして、予想外の事態が起きた。保守派が〝反乱〟を起こし、オファレル管区長についての不満をローマ本部の総長に直接ぶつけたのだ。彼らは管区長の解任を請願し、アルゼンチン管区で起ころうとしている分裂を恐れた本部は請願に応じた。管区長の任期は六年とされていたが、オファレルは四年に満たずに任務を解かれた。そして、一九七三年七月三十一日、ベルゴリオが後任の管区長となった。オファレルは、年下のベルゴリオと職務を交替し修練長となれ、という屈辱的な命令を受けた。その修練長のポストも一年半後には去らねばならなかった。

十五のイエズス会施設を管理し、百六十六人の司祭、三十二人の修道士、二十人の神学生を指導する責務を負うアルゼンチン管区長として、ベルゴリオは就任早々、オファレルが実施した改革の数多くを以前の状態に戻す作業を開始し、イエズス会士として自分が育てられた、第二バチカン公会議以前の価値観と生活様式に戻そうと動き始めた。

オファレルはマクシモ神学院の礼拝堂を改装していた。公会議の熱烈な信奉者だった彼は、伝統的な建物を、荒野に張ったモーセの天幕の中にいる実感を得られるようにと、大きな黒い十字架以外には全く装飾のない、巨大な白い洞窟に変えた。今でもマクシモ神学院を訪れる人が目にするように、息を呑むほどの変容だった。礼拝堂の入口に立つと、まるで漆喰で塗り固められたカタコンベ(3)に入って行くような錯覚に陥る。

ベルゴリオはこれを嫌ったが、礼拝堂を元に戻すための多額の予算は正当化できないと考え、代わりに、聖母マリア像や荘厳な聖櫃を急いで設置した。だが、それは〝復古事業〟の始まりにすぎなかった。

イエズス会の修練院長の仕事は、修練者が純粋な使命感を持っているか否かを試すこと。その方法は院長によって様々で、穏やかなやり方を取る者も、厳しい鍛錬をする者もいた。ベルゴリオは後者だった。修練院長兼務となった彼は、管区長としてやっていることと同じやり方をした。

まず典礼に手をつけた。それまで使われていた現代的な第二バチカン公会議後の聖歌を取りやめ、公会議以前の聖歌、(中世から歌われていたラテン語の)グレゴリオ聖歌に戻した。聖務日課に「朝の祈り」を導入した。これはイエズス会の伝統にはないもので、多くのイエズス会士は好まなかった。

「彼は私たちに、もっと修道士らしく振る舞わせようとし、伝統的な袖の広い白衣をまとい、聖務日課を歌わせようとしました」。一九七三年にイエズス会に入り、一九八四年にベルゴリオの手で司祭に叙階されたミゲル・モム・デブシが、当時を回想する。修道院長としてベルゴリオは「神学生たちのためにオルドと呼ばれる日課を導入し、共同作業に力仕事を入れるように強く求めました」。当時の神学生で今はローマのグレゴリアン大学で倫理神学の長を務めるフンボルト・ミゲル・ヤネスは記憶している。

オファレルは、聖職者が日常生活で身につける衣服についても現代的にしようとし、神学生や司祭に、伝統的な聖職者が身につけているものを着なくてもいいことにした。だが、ベルゴリオはそれをやめさせ、以前のローマン・カラーの付いた聖職者用の服を日常的に着るように求めた。彼自身はいつも、「スータン」とよばれる伝統的な黒い修道服を着ていた。年配のイエズス会士しか日常的に身につけていなかったものだ。

教科の内容にも変化が起きた。ベルゴリオは、オファレルが任命した倫理神学の教官たちに対して、ラテン語で書かれた昔の教科書を使うように指示した。「このことは問題を起こしました。多くの修練者が何年も前にラテン語を学ぶのを止めており、ラテン語で祈る事も止めていたからです」。ベルゴリオの管区長就任当初の状況について、デブシは語る。「私たちは四十五歳以上のイエズス会士のところに行って、現代語に翻訳してもらわねばなりませんでした。教官は進歩的な人で、新管区長の指示に従いはしましたが、反発したいのを必死に抑えるように、唇を噛んでいました」。

ベルゴリオは尊敬を受けていなかった。進歩的すぎると判断した教官を退任させ、保守的な一般信徒の大学教授を外部から連れてきた。退任させられた教官の中には、神学の講師をしていたヨリオ神父がいた。後に軍部によって誘拐され、拷問にかけられた二人のイエズス会士の一人である。ヨリオは、ベルゴリオを教えた教官の一人だった。彼とともに誘拐されたヤリクスも、ベルゴリオに哲学を教えたが、ヤリクスの著作群は神学院の図書館から取り除かれ、神学生向け講義でヤリクスの著作を教材に使っていた教官は、教材のリストから外すように求められた。

「それより、ずっと前に」とデブシ。「ベルゴリオは、モレノ空軍基地から超保守派の従軍司祭を教官に連れてきた。その人は、第二バチカン公会議が出した諸教令を何も知らないようでした。聖トマス・アクィナスと古い教父たちの教えが全て。私たち神学生は（解放の神学に関連した高名な学者である）グチエレスやボフ、フレイレの著作を一冊も学びませんでした」。

「実際、解放の神学は禁じられていました」。ベルゴリオに神学生として教えを受け、現在はコルドバ・カトリック大学の学長を務めるラファエル・ベラスコ神父は語る。「解放の神学に関心を持つと、ベルゴリオから強い疑いの目で見られたのです。ですから、解放の神学に関する著作を読むまで長い間、待たねばならなかった」。

哲学にも同じように規制が加えられた。従来の哲学の講義はソクラテス以前の哲学者たちから始まり、デカルト、カント、ヘーゲルを経て現代に至る形で進められていた。「ところが、（ベルゴリオ院長の下で）ニーチェで止められました。ニーチェについて少しばかりの批判的な分析がカトリック的見地から示されましたが、キルケゴールとハイデッカーについては、ほんのわずか触れただけ」。デブシは続ける。「マルクス、エンゲルス、サルトル、フーコー、構造主義者、ポスト構造主義者、ポストモダニストについては皆無でした。伝統的なカトリックの教義と信条に、ほんの少しでも反論する者はいなかった。全員が、ベルゴリオの厳格な規律の下に置かれたのですから」。

第二バチカン公会議で始まった教会改革に対して、アルゼンチンの最も知的な修道会でこれに反対する運動が起き、その旗を振ったのがベルゴリオだった。

オファレルは神学生たちに、履修義務のある哲学、神学以外にも、社会学や政治学、人類学、工学、あるいは太陽光利用工学などを幅広く学ぶように促したが、ベルゴリオは修練生から教官に至るまで、そのような路線をとるのを放棄させた。「イエズス会士たちには社会学と同じように政治学を学ぼうとする伝統があります」とベラスコ。「その伝統がベルゴリオによって完全に崩されたのです」。


ベルゴリオがもし、アルゼンチンのイエズス会士たちの間に残った解放の神学の痕跡を消し去ろうと望んだとすれば、貧しい人々との絆を彼らが維持することに熱心だったことを、どのように説明すればいいのだろうか。ベラスコによると「月曜日から金曜日まで私たちは学院で学び、週末には貧しい人々が住む地域を含む教区に出かけるように言われましたが、唯一の任務は信心深くあること。私たちは労働組合、協同組合あるいはカトリックのNGO（非政府組織）ともつながりを持ちませんでした」。

神学生たちが出先で、なすべきことに気付くと、ベルゴリオは速やかに対応した。一九七五年にイエズス会に入ったヤネスは、ベルゴリオが彼を貧しい人々の住む地域に送り出し、家庭を訪問し、彼らが求めていることを見つけるようにしたときのことを記憶している。彼の進言を受けて、管区長は早速、その地域に住む二百人の子供達のための〝スープ・キッチン〟を開設した。だが、ベラスコによれば「ベルゴリオと貧しい人々の関係は、司牧であり、少々、恩着せがましいところがあった。彼がやったのは、不正義や貧困の原因と取り組んだり、貧しい人々の力を与えたりするよりも、不正義の影響を弱める、ということでした」。当時のベルゴリオはそのような指摘に同意しただろう。一九七四年に開かれた管区長就任初の管区総会で、出席したイエズス会士たちに、彼が言うところの「現実に合わない抽象的なイデオロギー」を避けるように言い渡した。

管区のイエズス会士の多くは彼に同意し、彼による変化が役に立つと認識した。「彼は、第二バチカン公会議後に脇に置かれた私たちの共同体活動の持ついくつかの要素を復元しようとしたのです。公会議前に全てを戻すのではなく、現実を反映することを考えたからでした」とヤネス。「当時は、定型の計画表のようなものによって、過去に逆戻りさせられてしまうように思われたのですが、ベルゴリオの狙いは一定の規律をつくることだった。力仕事に取り込むことは、実際の貧困に対する現実的なやり方、との印象を持ちました」。

神学生たちは、自由を持っていたが、自分の生活に一貫性を持つようにと、ベルゴリオから言われていた。当時の他の神学生は、匿名を条件にこう語る。「聖職者用の〝制服〟の復活は大きなことではありませんでした。一九七〇年代のアルゼンチンでは、弁護士も医師も司祭も、誰もがその職業に合った服装をしていた。決して、古臭くはなかった。当時は適切なものだったのです。人々は、神学生の時からローマン・カラーを付けることを聖職者に期待していました。ベルゴリオが

〝統制狂〟だと思ったことは一度もありません。管区長として、それは統制ではなく権威の問題です」。

後にベルゴリオが大司教となり、教皇となった時、多くの人は彼の個人的なライフスタイルに感銘を受けた。ベラスコによれば「とても質素。いつも同じ服を身に付け、贅沢な飲食を避けていた」。古い友人で人権弁護士のオリヴェイラは、ベルゴリオが「司祭の立ち振る舞いは（神の）御言葉に合わせなければならない」と考えていたと回想する。

「イエズス会が金持ちのための学校、ブエノスアイレスのエルサルバドル学園を経営していた当時のことです。私の息子たちもそこに通学していました。そこには、一つの校舎に別々の入口のある二つの学校――学費が払える生徒用と払えない生徒用の――が入っていました。ベルゴリオが管区長になって、学費無料の学校を閉鎖し、貧しい子供たち全員を（学費無料のまま）金持ち向けの学校に移したのです。彼はそのことを親たちには言いませんでした。誰も知らない。彼はいつも貧しい人々を気にかけていました」。

三十代が終わる前に、ベルゴリオは既にカリスマ的な人物になっていた。「彼の指導力は彼の個性に基づくものでした」。ベラスコは語る。「彼は修練生たちを教えるのを愛していました。権威主義的な態度は取らなかった。父親よりも兄弟として振る舞いました。皆、『彼のそばに居たい』と思ったものです」。新管区長は、マクシモ神学院に大型の新図書館を素早く建設するような天性の行動力も、持っていた。「素晴らしい指導者でした」と、アイルランド人イエズス会士のジェームス・ケリー神父は振り返る。ブエノスアイレスで聖書学を教えていた当時、その建物で日々を過ごしていた。「実際のところ、彼の指導力の質の高さは驚嘆すべきものでした。優れて霊的で、謙虚だが、強い確信を持ち……会士減少の危機を迎えて、多くの若者をイエズス会に惹き付ける責任があったのです」。

しかしながら、彼のカリスマ的な指導力は、多くの問題も引き起こした。「ある人が彼を気に入れば、彼もその人を気に入る、そして、その人は有利な立場になる」。ベラスコの見立てだ。「もしも、彼に気に入られなければ、その人は何がしかの問題に巻き込まれました。そして彼に同意しなければ、権力の輪の外に置かれてしまったのです」。

それは、デブシの身に、実際に起きたことだった。「一九七三年から管区長の最初の四年間、ベルゴリオと本当に良い関係をもっていました。彼はよく私を運転手に使ってくれた」。後にブエノスアイレス大司教として「地下鉄やバスを利用している」と賞賛されたベルゴリオが、若い管区長として運転手付きの乗用車を乗り回すことを喜びとしていたことを、暗に辛辣な皮肉を込めて……。「十ブロックしか離れていない教会にミサを捧げに行く時にも、私に『車で送ってくれ』と頼みました。聖職者としての立ち居振る舞いも、当時は質素とは言えなかった。第二バチカン公会議前に流行った金の縫い取りのあるビロード仕立てを身に付け、『一般人はエビータ(4)の感触を好むものです』と語っていました。それればかりでなく、あの当時、色々なことを彼から直接耳にしました。例えば、彼の弟が『オプス・デイ』の会員になっている、という事実を好まなかったことなどです。それでも私たちは、当時はとても親密でした。その後、ベルゴリオが急速に保守化するにつれて疎遠になってきましたが……」。

対照的に、ヤネス神父は今もベルゴリオと親しくしている。彼にインタビューする直前にもフランシスコ教皇から電話を受けていた。管区長当時のベルゴリオは、二つに割れたアルゼンチン管区を修復しようと懸命になっていた、とし、「左派と右派の対立が何年も続いていましたが、彼はほとんどの問題で中立を保っていた」と言う。だが、他のイエズス会士は「若い管区長の『政治を避けよ』という命令は、はっきりと一方に加担するものだった」と反対の見方をしている。

彼にインタビューしたアンブロジェッティとルビンに彼自身が認めたことだが、ベルゴリオは「政治的生き物」だった。十代の少年として、信仰と共産主義の関係について興味を持っていた。だが、アルゼンチン社会が、無神論で反教会の左派と、教会とその価値を守ろうとする右派に割れる中で、ベルゴリオは右派の世界観に、駆け引きなしで引き込まれていった。

デブシは、彼を乗せてブエノスアイレスの街を走りながら、ベルゴリオが政治的に転向したことを感じていた。「私は左派ペロン主義者でしたが、ベルゴリオは右派ペロン主義者だった。彼は、さまざまな権力を乗っ取る戦略を進める因習的で右翼的、教条主義的な集団である『鉄衛団』とつながりを持っていました」。

ただし、アルゼンチンの鉄衛団は、その名前のもとになった暴力的なファシスト集団、ルーマニアの「鉄衛団」(5)とはあまり共通点がなかった。アルゼンチンの鉄衛団は、従順と知的厳格さ、禁欲的な規律――イエズス会の特質だが――によって特徴づけられる秘密集団と考えることを好む、はみ出しの集団だった。その行動哲学はレーニン、神秘的なルーマニア出身の哲学者のミルチャ・エリアーデ、それと十六世紀に中国で宣教したイエズス会士のマテオ・リッチの寄せ集めだったが、階級の調和を説くことで、極左、極右の暴力的な活動家のどちらでもない第三の道をアピールした。

そしてそれがベルゴリオを惹きつけた。ペロン主義の中に「経済的な動揺と政治的な混乱」という、この国特有の問題を解決する最善の道がある、と判断したのだ。鉄衛団の元メンバーたちはベルゴリオが一九七二年以来、鉄衛団の助言者になっていたことを認めている。

団の創設者であるアレハンドロ・アルバレスは、後にベルゴリオもつながりを強めたイタリアのカトリック信者の運動「聖体拝領と解放」(Comunione e Liberazione)と連携した。弁護士のアリシア・オリベイラはベルゴリオの鉄衛団とのつながりを認めている。「彼は鉄衛団と関係を持っていた。精神面で支援していました。しかし、鉄衛団の多くの人々が口にしていた愚かなことを彼が言うのは、聞いたことがありません」。当時のイエズス会総長、ペドロ・アルペ神父の判断で困ったことにならなければ、ベルゴリオの経歴の中で、鉄衛団は単なる〝風変わりな脚注〟にとどまっただろう。

ところが、ベルゴリオが管区長に任命される二十日前にローマの本部から来た通知が事態を一変させた。それは、第二バチカン公会議開催中に開かれたイエズス会第三十一回総会議が、カトリック教会の男女の一般信徒との関係を見直す決定を出し、決定を受けた総長は、アルゼンチンでイエズス会が持っていた二つの大学のうち一つを一般信徒に委ねることを決めた、という知らせだった。前任者から管区長の職務を引き継いでいる最中のベルゴリオは、その決定に対応したが、その内容が物議を醸した。ブエノスアイレスのサルバドール大学の経営を「神の国の成長を加速する」ために、鉄衛団に委ねることを決めたのだ。一九七四年八月、ベルゴリオは新学長に、鉄衛団幹部の一人、ピニオンを指名し、団長のロメロら他の幹部にも大学の主要ポストを与えた。多くのイエズス会士がこの決定に強い怒りを示した。

三年後、軍事独裁政権の〝汚い戦争〟で拷問を主導したエミリオ・マッセラ将軍に、この大学が名誉学士号を授与したことで、その怒りはさらに強まった。ベルゴリオはその記念式典に参加しなかったが、副管区長のビクトル・ソルシンを式典に出席させた。「彼は大学を鉄衛団に引き渡した」。ブエノスアイレス大司教区でベルゴリオの広報官を八年務めたマルコは語る。「これが、多くのイエズス会士が彼を絶対に許さない所以なのです」。

だがアルゼンチン管区のイエズス会士たちの意見対立はさらに激しくなり、ベルゴリオに焦点が当たった。アルペ総長は第三十一回総会の翌年に三十二回目の総会議を招集した。総長は、会の最高決定機関であるこの総会議で、イエズス会士が「第二バチカン公会議のビジョンをどのように実現していくか」検討することを期待していた。それは、イエズス会の四世紀にわたる歩みが、今や分岐点に来ていることをはっきり示すものだった。

総会では、「キリストの十字架の旗の下に、我々の時代の重大な戦い――信仰を求める戦い、正義を求める戦い――に挑む」というイエズス会士の使命が、議論の対象とされた。イエズス会は「カトリック信仰を守り、広めることを主たる使命」として設立されたが、総会冒頭の問題提起では、「我々の住む現代社会では、隣人愛と正義への渇望に心を向けることなしに、神の愛への真の回心は成り立たない」としていた。正義の推進は、福音を広めるために欠かせない。イエズス会は、一人ひとりが識別力を持つ共同体だが、最終決定は「責任の重荷を負う人に委ねる」。言い換えれば、総会議は、これまでの方針を変更し、参加者全員がそれに従う、ということだった。

アルペ総長は、予定されている諸決定が議論を呼ぶことを知っていた。会として社会正義のための活動を公約することが、会員である司祭や修道士の間に対立をもたらし、中でも「社会正義」を「東西冷戦下の共産主義者の陰謀」とみる米国に支持された右翼独裁政権が力を振るうラテンアメリカ地域で激しい対立を呼ぶことを、強く自覚していた。

彼はその年の初めに、教皇の指示を受けて、アルゼンチンの北西部、ラ・リオハ教区長のエンリケ・アンシェレリ司教の〝事件〟を調べるために現地に飛んだ。アルペはサンタフェ大司教のビセンテ・サスペとともに、教皇パウロ六世から、アンヘレリ司教の行動がきっかけになって起きている教区内の紛争を解決するよう求められていた。司教は地方の労働組合の設立を助け、これに反対する地主や商人が彼の教会でのミサを妨害する、という問題が起きていたのだ。アルペら二人は司教を支持したが、貧しい人々の側に立つカトリック教会によって怒りが引き起こされるであろうことは、明らかだった。

だが、二人に随行したベルゴリオは、二人との出会いの初めから、力点の置き方が違っていた。彼が後に述べたところでは「ラ・リオハでは多くの社会階層の人々が、貧しい人々の中で働くイエズス会士たちについて、おおっぴらに不満を漏らしている」と認識していた。

ベルゴリオを含む多くのイエズス会士たちは、第三十二回総会議に総長が提案した会の変革は「会を政治にあまりにも関わらせすぎることになる」と感じていた。

スペインのある保守派のグループはその提案に強く反対し、古い伝統を保持する新たな集団――〝会の中の会〟――の結成を認めるように求めることを決めた。彼らは列車でローマに出発した。総長は、彼らの教皇庁への直訴が会の内部対立を決定的にすることを懸念し、人を送って彼らをローマに着く前に列車から降ろし、総会を分裂させないよう、スペインに戻るように説得しようとした。

スペインからの〝抗議団〟がローマに到着する直前に、ベルゴリオがアルゼンチン管区の代表団を率いて到着した。総長は、〝抗議団〟が懸念を共有するベルゴリオに話を聞こうとしていることを知っていたので、彼にテルミニ駅に出向き、グループにそのままスペインに戻るように説得するよう指示した。ベルゴリオは、自らの意見を胸にしまったまま、総長の指示に忠実に従い、彼らを説得して、スペインに戻らせた。心中は穏やかではなかったが、イエズス会士にとって最高の徳である「従順」を守った。

第三十二回総会議での、「今日の我々の使命（第四教令）」に関する論戦は熾烈で、採決は最終日の一九七五年三月七日にずれ込んだ。教令には、イエズス会員たちの主たる活動をエリートの教育から貧しい人々への奉仕に改める、という決定的な変更が盛り込まれていた。この重大な変更は出席した世界の管区代表の圧倒的多数で支持され、決定された。ベルゴリオは、総会が決めたこの方向に満足していなかった。いくつかの重要な変更、特に社会正義に関するこの条項については「マルクス主義と〝浮気〟をしている」ように感じ、反対だった。

ただし、ベルゴリオはアルペ総長とは良い関係を保っていた。同世代のイエズス会士が回想する。「彼はいつも公けの場で、総長を讃えるように気を遣っていました。意見が一致することも多く、イエズス会が外の世界の問題に取り組むようにする戦略も共有していた。貧しい人々のための選択も、二人にとって欠くべからざるものでした」。だが、「貧しい人々のためにイエズス会が何を、どのようにすべきか、について意見が一致することはなかった」という。ベルゴリオは、貧困という症状を緩和することを主張したが、総長は「貧困そのもの」に異議を唱える考えを変えなかった。

ベルゴリオは総長に表向き従順で、「正義を追求し、貧しい人々を守り、手当てするよう司祭たちを督励するように」という総長の指示を引き受けて、アルゼンチンに戻った。しかし、彼は帰国後、管区の幹部たちに「暴力の犠牲になるのは、いつも最も弱い人々です」と（総会の決定や総長指示とはニュアンスを異にする）警告をした。修練生たちは「第四教令」が自分たちの学習の特記事項になっていないことを知った。「私たちは、『第四教令』について全く何も教えられませんでした」とデブシは振り返る。司祭も神学生も、週末にマクシモ神学院を出て一般信徒の司牧に携わったが、（貧しい人々と働く）新基礎共同体よりも、従来からの小教区で働くように言われた。

多くのイエズス会士にとって、ベルゴリオの「慎重で保守的な対応」に対する疑問は一年後に晴らされた。スラム街で働くことが反発を招くのではないか、という恐れは間違っていなかった、と証明されたのだ。一九七六年、陸海空三軍のトップで構成する軍指導部が政権を握り、間髪を入れず、彼らが政敵とみなす人々の〝恐怖の摘発〟が始まった。何万人もの人々が彼らの誘拐、拷問、殺害作戦で姿を消した。犠牲者の中には百五十人のカトリック司祭、何百人もの修道女や一般信徒の伝道師が含まれていた。


いわゆる「汚い戦争」の間のベルゴリオの物議をかもす行動は、次の章で詳しく検討するが、これらすべてがアルゼンチンのイエズス会士たちに大きな衝撃を与えた、ということは指摘しておいていいだろう。

イエズス会のアルゼンチン管区の内部対立はさらに激しくなっていった。軍事政権の組織的な暴力行為によって、伝統主義者たちは「司祭が政治に巻き込まれることは誤りであり危険だ」という認識をさらに強めた。だが、進歩派は、国による突然の衝動的とも言える暴力行為によって、チリやブラジル、エルサルバドルその他の国で軍事独裁政権の下で活動する司祭たちのように、アルゼンチンのカトリック教会にも〝預言的〟に現実に目撃したことを語る責任が大きくなっている、と受け止めていた。このような対立が続いた結果、イエズス会士の歴史家、ジェフリー・クライバーの言を借りれば「アルゼンチン管区はラテンアメリカの他のイエズス会管区と一致して行動することはなかった」のだった。

内部対立は、ローマにも知れ渡った。一九七七年、本部のアルペ総長は何人かの補佐役をアルゼンチンに派遣し、ベルゴリオと会うように指示した。キャンベル・ジョンストン神父の役目は、「調査と社会行動センター（ＣＩＡＳ）」として知られたイエズス会の社会問題研究所のメンバーとして、世界中を回り、実情を探ることだった。「私は、社会使徒職の分野のアルペ師の代理でした。仕事は、各地のセンターと連絡をとって活動することでしたが、当時、チリやブラジル、アルゼンチンなどは激烈な右翼軍事政権による支配下にあり、『国家安全保障国家』と呼ばれていた。各地のセンターも弾圧を受け、本部の支援を必要としていました」。

このような国々の軍事政権は「国際共産主義運動との闘い」を口実に、教育、メディア、労働組合、司法制度など国民の公的生活に関わるあらゆる部門を統制下に置いた。「現状に疑問を呈する人は、誰もが『破壊活動分子』と見なされ、令状なしに逮捕され、当たり前のように拷問にかけられました。多くの国で、イエズス会のセンターも弾圧を受け、迫害されたのです」。


イエズス会が各地に設けたセンターは、社会科学系の専門家――経済学者や社会学者、政治学者など――で構成されていた。通常は、三人から五人のイエズス会士と一般信者の学者たちがおり、初めは土地改革問題などに取り組んでいたが、貧困層の問題への関わりを深めていった。

イギリス人のイエズス会士は語る。「ラテンアメリカ全域のセンターで働くイエズス会士たちは、現地の政権にとても批判的でした。それで、多くの会士は隠れ住み、地下で活動を続けました。ただ、アルゼンチンの場合は、政府を批判したり反対しなかったので、自由に活動することができた。でもそのために、社会正義に反する問題について、アルゼンチンの研究所は触れることも意見を述べることもできませんでした」。

キャンベル・ジョンストンによれば、「当時、アルゼンチンには推定六千人の政治犯、さらに二万人の〝行方不明者〟がいた」。そして「拷問と暗殺が行われている広範な証拠がありました。にもかかわらず、アルゼンチンのセンターは、こうした問題について全く沈黙していた。私はこの問題について、ベルゴリオ神父と時間をかけて話し合いましたが、彼は自分の立場を守り、カトリック信者である軍部と反カトリック世俗主義者の左派グループの間に挟まれて、客観的な見方ができなくなっていた。アルゼンチンのセンターが他のラテンアメリカの研究所との協調体制をどれほど乱しているかを理解してもらおうとしたのですが……。長い話し合いでしたが、結局、見解が一致することはなかった」。

ベルゴリオに後悔はなかった。センターの予算を削り、管区長を辞める時には、後任のアンドレス・スウィンネンに自分にならうよう説得しようとした。ある時点で、彼はセンターの閉鎖を試みた。イエズス会本部が介入し、閉鎖を認めなかったが、センターの職員は解雇された。デブシは、一人の教授は通告も受けずに職を解かれた、と言い、「ベルゴリオがその教授の部屋を片付けるのを手伝ったのですが、引き出しに、教授がローマに送ろうとしていたベルゴリオ弾劾の文書が残されているのを見つけました」。他のイエズス会士たちのベルゴリオに関する苦情は、本部の総長室に確かに届けられたのだが……。

ベルゴリオの姿勢は年を経るごとに教条的になっていった。彼の補佐官だったデブシによれば、ヨハネ・パウロ二世が教皇になってからは、その傾向がさらに強くなった。アルゼンチン管区で彼に反対する動きは、イエズス会の第二バチカン公会議後の姿勢が固まるにつれて強まった。そして、一九八三年に文民政権が軍事独裁政権に取って代わり、「汚い戦争」下の人権侵害の調査が開始されるに及んで、その動きは一気に加速した。「教授陣で彼に反対する人々は、哲学と社会的問題を扱うのに新しい手法を積極的に採用しました」とベラスコ。「ベルゴリオに反対する人は、一九八〇年代までに多数を占めた。彼はマクシモ神学院長を続けてはいたが、全く孤立していました」。

そして、神学院長の任期も一九八六年に終了した。アルゼンチン管区内部の対立はベルゴリオ派と反ベルゴリオ派という具体的な形で現れ、ベルゴリオに敵対する会士たちは、ベルゴリオ支持者たちを「時代遅れの無用の長物」と揶揄した。

この時までに、ローマのイエズス会本部の首脳が交替した。アルペ総長が退任し、ペーター・ハンス・コルヴェンバッハが新総長となった。新総長は、ベルゴリオの残したアルゼンチン管区の内部対立の後遺症を心配した。

「ベルゴリオが去った後、管区の行動様式が彼の時代と違ったものになったのは、疑いのないところです」。十年間以上にわたってベルゴリオを見てきたヤネス神父は控え目に説明する。「新総長は、アルゼンチン管区のやり方は少々、保守的にすぎる、刷新する必要がある、と感じました」。だが、ブエノスアイレス大学のマリマッチ教授はヤネス神父よりも率直に語る。「ベルゴリオが去った時、アルゼンチン管区は大きな危機を迎えました」。

二十年経っても、まだ傷は癒えていない、とある関係者は、言う。フランシスコ教皇が選ばれた時、高名なイエズス会士神学者のホセ・ゴンザレス・ファウス神父は、スペインの新聞に寄稿し、こう述べた。「彼はアルゼンチン管区を二つに割り、それは未だに修復されていない」。

確かに、ベルゴリオが神学院長を辞任した時点で、ローマの総長は彼の辞任に何が関係しているのか知らなかった。「アルゼンチンをしばらく離れるのが一番いい」という判断だった。ベルゴリオはドイツに送り出され、フランクフルトのザンクト・ゲオルゲン哲学・神学大学院で数か月、彼の博士論文で取り上げることのできる課題について専任教授たちに意見を求めたりして過ごした。

そうして何か月か過ごしたあと、アルゼンチンの仲間のイエズス会士たちが予想していたよりもずっと早く、コピーと本の山を抱えて、ブエノスアイレスに戻った。何冊もの本の中に、イタリアで生まれドイツで育ったカトリック哲学者、ロマーノ・グァルディーニ神父の著作が含まれていた。一九三〇年代に書かれた本の中で、イエスについてのナチの見方を批判し、イエスがユダヤ人であることを強調し、アルゼンチンにおけるベルゴリオの最近の恐怖の経験を想起させざるを得ないような形で、宗教と暴力の結びつきを批判していた。また、第二バチカン公会議で決められた典礼改革の基礎を築いたことでも知られていたが、ベルゴリオは典礼改革などについての自分の判断がまとまらないまま帰国した。

＊＊＊

ドイツ滞在中、彼はアウクスブルクのザンクト・ペーター・アム・ペルラッハ教会で、十八世紀の絵画「マリア、結び目を解く方」に出会った。彼は深く感銘して、教会の売店でその絵の絵葉書を買い、アルゼンチンに持って帰った。バイエルン州での暮らしは幸せではなかった。それは彼が後に述懐したように、ふるさとのブエノスアイレスから遠く離れ、ホームシックにかかっていたため、だけではなかった。論文のテーマを探す合間に、彼は空港のそばの墓地の中を夕刻に散歩した。出会った人が「ここで何をしているんですか」と聞くと、「飛び立っていく飛行機に合図しているのです。『アルゼンチン行きの飛行機』にね」と答えたという。

ベルゴリオがめでたく帰国を果たした後、アルゼンチン新管区長ソルシン神父は、彼をブエノスアイレスのイエズス会の共同体に入れた。サルバドール神学院に非常勤の職を得、マクシモ神学院に週に一度、講義に出かけた。

だが、ほどなく共同体に緊張が生じた。ベルゴリオは、自分がもはや管区長でも、神学院長でもないことを忘れてしまったようだった。同僚の学校運営に反対の声を上げ始めた。批判は、講座のあり方から管理体制まで、微に入り細にわたっていたが、同僚のイエズス会士たちは、ベルゴリオのそのような妨害行為は歓迎されない、と彼にはっきり伝えた。管区長も、ベルゴリオが「彼にとって好ましくない、ないしは望ましくない状況に陥りつつある」と判断し、この「他人に干渉したがる司祭」を学校から出し、「もっと静かな場所」――ブエノスアイレスから四百マイル離れたアルゼンチン第二の都市、コルドバに送った。

彼の仕事は、ミサをたて、告解を聴き、彼を求める一般信徒の霊的指導者となり、博士号取得のための勉強を続ける、という単純なものだった。彼は管区長の命令に従ったが、同僚によれば、思い悩んでもいたようだ。イエズス会のアルゼンチン管区の中心人物として十五年も活躍したのに、会の中核から外され、見くびられてしまった、と感じたのだろう。本部のコルヴェンバッハ総長は、彼が他のイエズス会の施設を訪問するのを禁じようとした。「コルドバは、ベルゴリオにとって、謙遜と屈辱の地でした」と八年にわたってブエノスアイレス大司教区の広報担当官を務め、大司教時代のベルゴリオの右腕だったマルコは回想している。

ベルゴリオの扱いがはっきりしない間、彼に対する〝個人崇拝〟がアルゼンチン管区を引き裂き続けた。コルヴェンバッハ総長は、管区に深く刻み込まれた困難な諸問題を解決するために、新たな管区長と修練長をアルゼンチン管区以外から送り込まねばならなかった。

コロンビア人で総長の補佐官だったアルバロ・レストレポは、アルゼンチン管区長として着任するまで「アルゼンチン管区は保守派と進歩派に分裂している」と思っていたそうだ。だが実際は、そうではなく、ベルゴリオを取り巻く個人崇拝をめぐって、激しい内部対立が起きていたのだ。レストレポは語る。「ホルヘ・マリオのやり方に倣う人もいました。そうでない人たちは、別の世代だった」。レストレポは管区の亀裂を修復するために懸命に働いた。対話を促し、公平に、意見を異にする人々を一緒に働かせたが、ベルゴリオの存在そのものが、管区内部の深い亀裂の原因となっているのは、はっきりしていた。

ベルゴリオのコルドバでの不本意な日々は突然、終わりを告げた。一九九二年、ブエノスアイレス大司教のクアラッチーノ枢機卿が彼に救いの手を差し伸べ、自分の補佐司教の一人としてバチカンに推薦したのだ。以前、ベルゴリオが管区長を務めアントニオ・クアラッチーノがアベジャネーダ司教だった時、ベルゴリオはアベジャネーダの司祭たちのために静修黙想を指導した。「クアラッチーノはベルゴリオの霊性の深さと賢明さに感銘を受けました」とマルコ。「コルドバでベルゴリオが苦しい目に遭っているのを聞いて、彼を救おうと決めたのです」。

スペイン語雑誌『イエズス会士（*El Jesuita*）』のアンブロジッティとルビンによるインタビューで、ベルゴリオは、どのようにしてブエノスアイレス駐在のローマ教皇大使、ウバルド・カラブレシ大司教に会い、司教候補について助言しようかと考えていたのに、「ブエノスアイレス補佐司教になるのは君だ」と言われたか語っている。

このことはまた、イエズス会アルゼンチン管区に新たな亀裂を産んだ。ヤネスは振り返る。「彼が司教になることは、全く予想していませんでした。私たちイエズス会士は、司教になるのを防ぐためにできることをするのが務め。しかし、教皇がそれを必要としていることを公けにすれば、それに従いました」。イエズス会士の義務の一つは、個人的な野心を徹底して犠牲にすること。その一つが、高位聖職者に就くのを避けることだ。だが、多くの人々は、ベルゴリオがそのような義務を回避することは問題解決につながる、と見ていた。「彼がイエズス会を離れ、司教になったことで、皆の苦痛が去った」とベラスコ。「彼自身も、イエズス会も、ほっとしました」。

しかし、ベルゴリオが司教となっても、彼とイエズス会の間の修復困難な物語は終わりを告げなかった。司教としてブエノスアイレスに戻ってきた時、彼は大司教区の建物でなく、イエズス会のアパートに居を構えた。当時の同僚によれば、そうすることで、彼はまたしても些細な事柄について干渉を始めたのだ。

彼と同室となったイエズス会士は、匿名を条件に、イエズス会の支持者がプレゼントとして彼らの住まいに送ってきた菓子包みを巡るトラブルについて話した。「ベルゴリオはその包みをつかんで、台所に来た。そして、居合わせたメイドとコックが、恩恵に預かったというわけです」「ですが、どのように菓子を分けたらいいか指示するような司教は、我々には必要なかった」。

何か月か経ち、何人かのイエズス会士が「いつ住まいを出るつもりなのか」と、ベルゴリオに問いかけを始めた。そして、イエズス会が、彼に住まいを出るように公式に要請した。

「絶対に笑みを見せない男」。ベルゴリオについて苦情を述べるイエズス会士のEメールが、そうした問題の根深さを説明しているのかも知れない。それが、彼がその後二十年もの間、何故、ローマを数え切れないほど訪れたにもかかわらず、同じ町にあるイエズス会の建物に一度として宿泊することがなかった理由、なのかも知れない。

4

〝汚い戦争〟で起きたことは

What Really Happened in the Dirty War

ＥＳＭＡという名が六年間、ブエノスアイレスの人々を恐怖におののかせた。以前は海軍整備兵の訓練所――the Escuela de Mecanica de la Armada――の略称にすぎなかったこの名が、一九七六年の軍事クーデターで民主政権が倒れた後、邪悪な存在を表す名に変わった。「ＥＳＭＡ訓練センター」は軍事政権の下で、三百四十か所も作られた強制収容所の一つ、何万もの人々が送り込まれ、大半が二度と生きて出る事のなかった強制収容所の一つになった。

ある五月の日曜の朝、イエズス会のヤリクス神父とヨリオ神父の二人が六年間活動していたスラム街で拉致され、覆面を被せられ、手足を縛られ、おびえ切って連れて行かれたのは、まさにその〝訓練センター〟だった。彼らを地下に引きずり下ろし、衣服を剥ぎ、頭巾以外は裸にして、五日にわたって拷問を続けた。だが、権力を握った軍事政権が根絶すると決めた左翼ゲリラと二人が結託していることを、白状させることはできなかった。

ベルゴリオにとって事態をさらに悪くしたのは、誘拐事件の発生が、二人の上長であるベルゴリオ管区長が自分たちを裏切った後だった、と彼らに確信させたことだった。

今では、バス・ツアーでこの建物を訪れることができる。白い漆喰壁に赤タイルを施した柱が並ぶ建物、コロニアル様式よりも壮麗な、すっきりと刈り込まれた庭、ペンキで塗られた縁石、刈り込まれたマツやモミ、扉の脇の美しい濃いピンク色のハイビスカスの花々。そこから、殺されようとする人々が入って行ったのだ。二人がこの建物に連れ込まれたのは五月、南半球の秋、リンゴとクリの木が豊かな実をつける季節だった。

私がこの元収容所を訪れたその日、軍事政権の（刑事責任を問う）訴訟が、来訪者のガイドを務める静かな口ぶりの哲学科学生によって起こされた。「彼らが連れ込まれたのはここです」。上部と下部に黒の鉄板を巻いた頑丈な木製の支柱をもつ優雅な玄関を指しながら語った。「写真撮影は禁じられています。ここは今でも〝犯行現場〟なのです」。

この建物で最初の犯罪が行われてから三十年経ったが、捜査はまだ終わっていない。軍部の免責特権が剥奪され、刑事訴追はなおも続いている。アルゼンチン社会に刻まれた傷は、いまだに癒えていない。それがベルゴリオをめぐる論争が今も続き、怒りが続くゆえんだ。一般人と外国人の訪問者のための案内付きの博物館になっているＥＳＭＡを嫌う人々は多い。彼らにとって、この建物を打ち壊し、「社会が（忌まわしい過去を）忘れることのできるように」、ゴルフ場付き公園にすることが望ましいのだ。ベルゴリオをめぐる論争が示すように、アルゼンチンには、今でも過去を受け入れられない人が多く生存している。

目隠しされた〝囚人〟たちは、大理石の階段を四段上って、床が杉綾模様の寄木細工で作られた「黄金の間（El Dorado 南米アマゾン河畔にあると言われた黄金郷）」に足を踏み入れる。この部屋のある中央棟は、かつてはトレーニングに来た海軍将校のための娯楽センターとして使われていた建物だ。ＥＳＭＡが監禁、拷問センターになった時、この部屋に電話ボックスが置かれ、〝行方不明者〟たちは、親兄弟に電話をかけ、「いい待遇を受けている」と話すように強要された。その部屋の左手には階段が、右手にはエレベーターが、いずれも拷問が行なわれる地下とつながっていた。今は両方とも見ることができない。虐待の報告を受けた米州人権委員会が現地調査に赴いた時、軍部が証拠を隠すために建物に手を加えたためだ。監禁・拷問されていた人々は、委員会の外国人メンバーがやってくる前に、かつてブエノスアイレス大司教の週末用の別邸があったラプラタ川の「沈黙（El Silencio）」という名の島に、まとめて送り込まれた。

ＥＳＭＡに監禁された五千人の〝囚人〟――生存者は百五十人しかいなかった――の罪状は、陸軍のビデラ将軍、海軍のマッセラ提督、空軍のアゴシ准将から成る軍事独裁政権によって押された「破壊活動分子」の烙印だった。

「国家再編成プロセス（Proceso de Reoriganizacion）」は、国際社会が「汚い戦争」と呼ぶようになったものに対して、軍事独裁政権自身が付けた名だ。当時、米国とソ連の関係は若干好転してはいたが、この二つの超大国は自分たちで始めた「冷戦」の舞台を自分たちが直接関わらない「代理」

同士の戦いに移していた。アルゼンチン、チリ、ブラジル、ボリビア、パラグアイ、そしてウルグアイの軍事政権が一緒になって——米国の支援のもとに——「コンドル作戦」と呼ばれる計画を立てていた。中南米大陸全域でテロに関係した疑いのある人すべてを殺害、投獄することで、共産主義者を大陸から一掃するのが、狙いだった。

アルゼンチンの軍事独裁政権は、自分たちが第三次世界大戦の先陣を切ると信じた。彼らは、アルゼンチンの一般大衆が過去三年にわたる極左と極右の暴力による抗争に強い恐怖を抱いており、左翼の問題を起こす連中の根絶に賛成する、と都合よく解釈していた。夜中に人々を自宅から引きずり出し、あるいは白昼堂々、街中で人々を捕まえ、アルゼンチンの秘密警察が好んで使う「所属のマークの無い中型セダン、フォード・ファルコン」に押し込んで連れ去った。恐怖がアルゼンチン全土に瞬く間に広がった。

「南半球を共産主義者の陰謀から守るために、必要な数の人々が、アルゼンチンで命を落とすだろう」。軍事クーデターを起こす一年前に、ビデラ将軍は、陸軍の司令官たちにこう語っていた。「国家再編成プロセス」を〝浄化〟のプロセスであるとみなし、それが完了した後、矯正された市民の手に政権を戻す、とも言明していた。だが、軍事独裁政権の他の幹部たちは、軍が政権を握り続ける半永久的な体制だと考えていた。

手始めに左翼の武力闘争集団や活動家の拘束に踏み切ったが、じきに、労働組合員、学者、学生、芸術家、文筆家、ジャーナリスト、心理分析専門家に対象を広げた。そして、二年後には、たまたま軍事政権から見て「誤った時に誤った場所」にいた不運な人々——ヤリクスとヨリオのように、貧しい人々の中で働いていただけで破壊活動とは無縁の司祭——まで捕らえるに至った。

玄関ホールから続く大理石の階段を下りると、厚い鉄製の扉にぶつかる。扉の反対側から閉開を管理する警備兵が「開け」の指示を受けるまで、囚人たちはそこで待つことになる。扉が開かれ、囚人たちは目隠しをされたまま、よろめきながら中に入り、コンクリート製の大きな梁に頭をぶつけ、その度に警備兵たちが陰気な笑い声をたてた。そしてその先に、容赦のない拷問が待ち受けている……。

広い地下のフロアは、いくつもの独房に仕切られていた。右側の独房は、殺人部隊用に身分証明書を偽造する特殊技能を持つ囚人用。偽造身分証明書は新たな犠牲者を捕らえるために左翼グループに潜入し、相手を信じさせるために使われた。

「（人権団体の）『五月広場の母親たち』に潜入した海軍将校、アルフレド・アスティスのようなスパイのために、ここで、偽の身分証明書が作られたのです」とガイドが説明する。「五月広場」の女性たちは「母親たち」と「祖母たち」の二つのグループに分かれて、三十年にわたって毎週木曜日午後、ブエノスアイレスの都心の広場に集まり、行方不明になった子供たちや孫たちの消息に関する情報を交換する活動を続けてきた。

アスティス元大佐[1]は、男前で、「金髪の死の天使」として後に〝有名〟になる。（そして後に、フォークランド紛争中、英国軍に短期間拘束された。）偽の身分証明書を携帯し、「自分の兄弟も行方不明になっている」と偽って、集まりに入り込んだ。狙いをつけた女性たちを探し当てた時、新約聖書に「側近の使徒でありながら、イエスを敵に売り渡した裏切り者」として登場するユダがやったように、隠れて見ている殺人部隊に分かるように女性たちに接吻した。女性たちは何のことかわからないまま、殺人部隊に飛びかかられ、車に押し込められ、連れ去られた。

ガイドが説明を続ける。「あの男の犠牲者の一人は、エステル・カラゲアです。彼女は、ベルゴリオが少年時代に食品衛生研究所で働いていた時のボスでした」。彼女は、一九七七年にサンタ・クルス教会で仲間の母親たちと行方不明者の名簿を印刷中に、連れ去られた。その前に、娘のアナ・マリアの解放に成功し、ブラジルに逃がしたが、本人は娘の懇願にもかかわらず、アルゼンチンにとどまることを強く希望した。「他の母親たちの娘が解放されていないのに（私だけが国外に脱出するわけには行かない）」とアナ・マリアに語ったという。

「彼女はＥＳＭＡに連行され、十日間、拷問された」。二〇〇二年に解禁された米政府の報告書によると、彼女はフランス人修道女二人、行方不明の娘をもつ母親たち四人とともに連れ去られ、裸にされ、ヘリコプターに乗せられたあげく、大西洋に投げ落とされた。海岸に流れ着いた時、判別不能なほど遺体は傷んでいた。遺体が彼女のものと確認された時、ベルゴリオは、彼女が連れ去られた教会の庭に埋葬した。

「何年もの間、『五月広場の母親たち』のメンバーは、ベルゴリオに個人的に会ってくれるように求めましたが、彼は拒み続けました。ところが、教皇に選ばれて一か月も経たないうちに、『五月広場の祖母たち』の代表者であるエステラ・カルロトに会ったのです」とガイドが教えてくれた。

ガイドに同行した若い政治家、カバンディエは、自分を身ごもった母親が拉致され、ＥＳＭＡに監禁された後、そこで生まれた。ガイドによると「妊婦も拷問から逃れることはできなかったが、多くの妊婦は隔離され、出産のために小部屋に移された。生まれた赤ん坊たちはすぐに母親たちから取り上げられ、司祭や修道女たちによって、軍事政権に同調する家族の養子にされた。赤ん坊の多くは、拷問者などＥＳＭＡの職員に引き渡された」という。カバンディエは、自分の〝父親〟がそうした忌まわしい行為に関係したと知った時、関係を完全に絶った。「被害者たちはフランシスコ教皇に対して、カトリック教会の持つ関係記録文書を公開するよう求めました。そうすることで、行方不明になっている知人の足取りをつかむことができると考えたからです。願いを聞いてくれるよう期待しています」。

地下の中央には、囚人たちを監禁、拷問する部屋が並んでいた。第十一室から十五室に向かう壁には、残酷な皮肉を込めて「幸福通り」と書かれているのが読めた。そこで、二人のイエズス会士、ヨリオとヤリクスは、どこにいて誰に拷問されているか分からないように目隠しをされ、それ以外の全ての衣類を剥ぎ取られ、手かせ、足かせをつけられたまま、五日にわたって酷い拷問にかけられた。

溺死寸前まで水につけたり、通電した牛追い棒で電気ショックを与えたりするのが、代表的な手口だった。拷問は、善悪の迷いを捨てさせた。ガイドは、酷い拷問で壊れた電気棒を修理する部屋に私たちを案内した。「彼らは、囚人の電気技師を連れてきて修理させようとしました。電気棒が自分に使われると知った電気技師は、勇敢にも修理を拒んだので、拷問者たちはむき出しの電線を使ったのです。その方がずっと危険だったのですが」。電気技師は自分が置かれた立場に苦悶した。電気棒を直せば自分が拷問にかけられるのではないか。だが直さなければ、皆がもっと酷い苦しみを味あわせられるのではないか……。結局、彼は修理を引き受けることになった。

ガイドは淡々と説明を続けた。「拷問はものすごく効果がありました。皆、口を割ったのです。しゃべったこと全てが真実とは言えませんでしたが。囚人たちは拷問が止まるなら、何でもしゃべった。モンテネロの左翼ゲリラたちの中には、拷問を受けて同志を裏切ることのないように、ポケットに青酸カリを忍ばせている者もいました。厳しい拷問で口を割らされてしまうことを知っていましたから。人によっては、拷問を逃れるために、反政府活動とは何の関係もない知人の名を言ってしまうこともありました」。

拷問者たちは、サディスティックな手法も考え出した。夫たちの前で妻たちを、両親の前で子供たちを拷問にかけたのだ。犠牲者のうめき声が外に漏れないように、監禁室を卵を入れてあった紙パックで覆うことまでした。

だが、ヤリクスとヨリオには自白するようなものは何もなかった。ヨリオは、精神錯乱に陥らせて口を割らせるために自白剤を打たれたが、〝自白〟したのは「神」と「イエス」だけだった。五日経って、拷問者の一人はヨリオに「お前が暴力的でないことは分かった。お前はゲリラじゃない。だが、貧乏人たちと暮らそうとした。貧乏人たちと暮らすことで、彼らを結束させてしまう。貧乏人たちを結束させることが、反政府行為なのだ」。

「死」は、それが訪れるとき、「移送」と呼ばれた。囚人たちを地下の拷問室に入れない場合、屋上の空間に作られた棺桶サイズの木製の独房に横たわらせた。午前五時、警備員たちは、「移送」する人々の名簿を読み上げる。呼ばれた人々は地下へ連れて行かれ、注射を打たれ、歩くことのできる程度に意識もうろうにされる。次に、眼球を強く圧迫するように綿を詰め込んだ黒い目隠し頭巾を被せられる。体を洗うことは許されず、堪えがたい悪臭を放つ。そして、今では建物の歴史を物語る、灰色、クリーム色、明るい青色のペンキが層になって塗り重ねられた壁に沿って、階段を十一段引きずり上げられ、中庭に出て、「最終目的地」に連れて行かれるのだ。

彼らのうち、ヤリクスとヨリオのような、ごくわずかの人だけが、他の収容所――二人の場合、ブエノスアイレスから三十マイル郊外のドン・トルクアトの邸宅だった――に移された。二人はそこに、目隠しの頭巾をかぶせられ、手枷、足枷をはめられたまま、五か月にわたって監禁された。拷問は受けなかったが……。そして、ヘリコプターに乗せられ、麻薬で意識もうろうにされ、裸のまま、郊外の野原に落とされた。

それでも二人は生き残れただけ、まだ幸運だった。囚人のほとんどは、歩くことはできても抵抗できない程度に麻薬を打たれ、トラックに乗せられた。空港に着くと、飛行機かヘリコプターに乗せられ、意識が混濁したまま、大西洋かプレート川の河口の上空で突き落とされた。そうして命を落とした犠牲者の数は、隣国ウルグアイの軍事独裁政権が、自国の海岸に流れ着く遺体の多さに苦情を漏らしたほどだった。

＊＊＊

ベルゴリオは、ヨリオとヤリクスが釈放されたときに主張したように、これらすべての共犯だったのか。この問題を理解するためには、当時のアルゼンチンのカトリック教会が果たした役割と、軍事独裁政権が作り上げた制度の中で、教会がそれを支持、結託した衝撃の広がりについて、知っておく必要がある。

軍部が権力を握ってすぐに始めた「抑圧」は異常なほど組織的に行われた。事前に明確に準備されていた。「敵」については、活動分子、潜在分子、協力者、同調者というように、境界線が敷かれた。「抑圧」行為は分野ごとに組織化され、軍隊の中で役割が分けられた。海軍はペロン主義者を捕えてESMAに送り込む、陸軍は左翼主義者――共産主義者、毛沢東主義者、トロッキスト、ゲバラ派など――を拉致、拷問するといった具合だ。

ESMAには、「戦利品」というラベルが貼られた保管庫さえあった。ガイドは語る。「殺人部隊が家に踏み込み、容疑者を連行する時、〝掘り出し物〟を手に入れようと家中、荒らし回った。洗濯機から冷蔵庫まで、何でも持って行きました」。家具だけではない。当局は、誘拐した人々の家を、自前の不動産屋を開業して売り払ったのだ。そして、ESMAの拷問施設だけで、軍人、民間人、そして修道女、司祭まで、四百人が交替で働いていた。

自らの命をキリストに捧げた人々に対して、どうすれば「拷問施設で働け」などと、説得することができただろうか。このことを理解するには、当時の政治的なイデオロギーがどのようなものであったか、から始めなければならない。

東西冷戦の中で、米国では「国家安全保障」の概念が台頭した。もともと国防総省で発想されたが、ＣＩＡ（米中央情報局）によって変節され、南北アメリカ大陸に広まった。共産主義との戦いを「全面戦争」と定義し、米国にとって最良の同盟国は、ワシントンと軍事的、経済的な利害が一致する右翼軍事独裁政権、と見なすようになった。「コンドル作戦」と呼ぶ大陸規模な作戦が立てられ、巨額の資金が投下された。ＥＳＭＡの別の建物が、アルゼンチン軍の訓練施設となり、フランスと米国から派遣された軍事顧問がアルジェリアとベトナムの戦いで習得した尋問や拷問の手法を含む暴徒鎮圧の戦術を伝授した。だが、こうした動きの中心になったのは、アルゼンチンの軍部だけではなかった。カトリック教会も、「無神論・共産主義から西欧キリスト文明を守る」という大義名分に引き込まれた。

ラテンアメリカでの共産主義の重要な足がかりの一つが「解放の神学」だ、と考えられた。貧しい人々を力づけようとするこの神学は一九七三年から一九七九年にかけて、ＣＩＡとバチカンから総攻撃を受けた。ＣＩＡは、カトリック教会と共同行動をとるための特別専従班を作り、巨額の資金を協力者の司教、司祭に提供しただけでなく、何百人もの急進的な司祭、修道女に関する情報を提供した。彼らはそのために、軍事独裁政権の犠牲になった。アルゼンチンでは、軍事政権とカトリック教会の間で上層部同士の話し合いが行われた。軍事クーデター発生の一九七六年三月二十四日、軍の幹部たちは、アルゼンチン司教団議長で軍隊付き司教のアドルフォ・トルトロ・パラナ大司教と長時間、話し合った。会議を終えたトルトロは、〝同胞〟の市民に対して、「前向きなやり方」で新政権に協力するよう強く求めた。

それから二か月後、全国の司教たちが集まって、状況分析の会議を開いた。二〇一〇年になって、ベルゴリオはルビンとアンブロジェッティのインタビューに答えてこのように語っている。「外部の社会と同じように、教会も、何が起きつつあるのか、徐々に理解するようになったのです。最初は誰も、何が起こっているのか、はっきりとは分かりませんでした」。

だが、機密解除された文書が明らかにしたところによれば、一九七六年五月十日の司教会議出席者のうち十人が、自分たちの教区で起きている司祭たちへの迫害、脅し、根拠なしの逮捕、拘留者の家での略奪行為、そして拷問が起きていることさえも詳細に報告した。

会議では、対応について採決が行われ、十九人の司教が「政権を糾弾する公式声明を発表すべきだ」と主張したものの、三十九人が反対。結果、この司教会議は、軍事政権に対する理解を求める「国家と共通善」と題する声明を出すことになった。声明は「平時のように『化学的な純度』をもって行動することを公安当局に求めるのは誤りだ。現在は、人々が表通りで誘拐され、殺されるという非常時だ」とし、司教たちは「〝時〟が求めている。多少の自由は犠牲にされることを」とまで言い切った。

五十七人の司教のうち、四人がこれに同調せず、軍事政権下で起きていることを公けに非難した。その一人、アンヘレリ司教は、口を閉じようとしなかったという理由で、交通事故を装って殺害された。アルゼンチンのカトリック教会関係者の圧倒的多数は沈黙した。教会指導者の中には、恐れを抱く者もいた。礼拝中心の生活に引きこもって時を待つのが一番いい、と考えた者もいた。反教会・無神論者の激しい攻撃からカトリシズムを守る必要性について〝懸念と世界観〟を軍部と共有する者もいた。

しかし、これは、アルゼンチンのカトリック教会がとった諸々の行動の中で最悪なものではなかった。司祭たちの中に、恐怖の支配を続ける軍事政権と結託した者がいた。民主政治が取り戻された後に行われた裁判で、元独裁者のビデラは「教会は、行方不明者に何が起きているか知っていた」と述べ、「教会上層部に意見を聞いた」とさえ証言した。

元ペロニストの教育相、エミリオ・ミニョネは敬虔なカトリック教徒で、娘が自分の目の前で陸軍の拉致部隊に連れ去られた後、人権運動の先頭に立ったが、「教会と独裁政権」と題する著書の中で「『汚い戦争』のルールが、軍部と軍隊付きのトルトロ大司教の間で取り決められた」と断言した。また「軍事独裁政権はそのルールに基づき、司祭を拘留する前に、高位聖職者にその旨通知し、司教の中には率先して『青信号』を出す者がいたこと」にも言及した。これが、ベルゴリオに向けられた告訴の内容だった。

軍事独裁政権による恐怖政治の下で、司祭や修道女の中に積極的に加担する者がいたことは疑う余地がない。ＥＳＭＡなどの収容所で拷問者が使うテクニックの一つが、「暴力の時間」が終わった後、収容所の別の場所にある部屋で、拷問の被害者を司祭と面談させることだった。司祭の中には、精神分析医の資格を持った者もいた。中でも最も悪評が高かったのは、収容所付き司祭のクリスチャン・フォン・ウェルニヒだろう。この男は、アルゼンチン警察の警部の肩書きを持ち、頻繁に各地の秘密拷問施設を訪れ、政治犯たちに、拷問を逃れるために情報を提供するよう働きかけることまででした。

働きかけを受けた一人、ベラスコはフォン・ウェルニヒを被告人にした裁判で次のように証言した。「拷問の後で、『神父さま、お願いです。私は死にたくありません』と訴えました。すると、フォン・ウェルニヒから『息子よ。人の命は、ここでは、神のご意志とお前ができる協力にかかっているのだ。生きていたいのなら、何をすべきか、分かっているだろう』と冷酷な答えが返ってきたのです」。フォン・ウェルニヒは七人の殺人、四十二人の拉致、三十二人の拷問に関わった共犯で有罪となり、終身刑の判決を受けた。

別の裁判では、海軍大佐、アドルフォ・シリンゴが、三十人に麻薬を打ったうえ、生きたまま空から海に突き落としたことを自白したのに加え、「こうした行為は『キリスト教徒にふさわしい死に方』として、教会上層部の同意を得ていた」と陳述した。さらに陸軍、海軍付き司祭が、殺害の実行者たちに「あなたがたの行為は、『もみ殻から小麦を選り分ける聖書の例え』をもとに、正当化される」と語っていたことも明らかにされた。

カトリック教会は、拉致された時に妊娠しており「行方不明」になった女性の産んだ赤ん坊の〝略奪〟にも関与した。収容所付きの司祭や修道女は、赤ん坊を母親から取り上げ、養子を求める「善良なカトリック信徒の家庭」を見つけて引き渡した。ビデラの証言によれば、カトリック司教たちは、赤ん坊たちが「次世代のテロリスト」になることのないように、このような行為を認めた。五百人もの赤ん坊が、このようにして実の親から奪われ、出生証明を書き変えられ、そして、母親は殺されたのだった。

犠牲者や親しかった人々が、このような〝犯罪〟に関わったカトリック教会に強い憤りを持つのは、当然のことだ。だが、ベルゴリオは後に、友人のユダヤ教ラビ、スコルカとの対話集の中でこのように語っている。「当時、私は三十九歳、一九七三年からイエズス会のアルゼンチン管区長を務めていました。修道会の管区長は、司教職とは管轄が大きく異なっていたので、起きている問題について得られる情報も、極めて限られていたのです」。

これらが事実なら、ベルゴリオは（軍事独裁政権の）どのような犯罪に、どの程度関わったと言えるのだろうか。

＊＊＊

ベルゴリオがイエズス会のアルゼンチン管区長になる三年前に、前任者で当時の管区長、リカルド・オファレル神父はブエノスアイレスのバホ・フローレス地区に新設するイエズス会共同体を祝福した。ヤリクス神父、ヨリオ神父、ルイ・ドゥロン神父、エンリケ・ラステリニ神父の四人の司祭が、新興の低所得者向け住宅地域に設けた共同体で活動することになった。この地域は「リバダビア」という名で知られ、市の役人が番号を付けただけの、「スラム一・一一・一四」という貧しい小屋の並ぶ地域と隣り合っていた。週日はこれまでどおり、大学の講師や文筆家をして働き、週末に、隣のスラムにいる、社会から忘れ去られた人々の司牧に当たった。スラムで彼らと一緒に働く者の中に、恵まれない人々の中で活動するマルクス主義の傾向を持ったグループ「ペロン主義ベース（Peronismo de Base）」のメンバーがいた。

これに対し、「イエズス会士は、そのような（スラムに住む人々やそこで働く人々と）関係をもつべきでない」という判断を下したのが、一九七三年にアルゼンチン管区長のポストに就いたベルゴリオだった。新任の管区長がそのような判断をした理由は二つあった。そこで働くことが、そもそも危険であること、「暴力を働く者たち」の関心をイエズス会士に引き寄せてしまうこと、だった。だが、これは彼だけの判断でなかったようだ。イエズス会における「解放の神学」に類する思想や行為の〝粛清〟が、彼を管区長に任命した上層部の狙いでもあったのだ。

彼は考えた。貧しい人々を政治に目覚めさせ、力づけるために聖書を使うことは、「貧しい人を優先する行為」であり、「伝統的なイグナチオ的霊性をおとしめるもの」と受け止める保守的なカトリック教徒に、物議をかもさせることになる——と。そして、前任者が任命した四人の司祭たちにスラムでの活動中止を命じたのだった。

問題は容易に片がつかなかった。ベルゴリオは二人の上司だ。だが、四人の司祭のうち、ヤリクスとヨリオの二人は、若干三十六歳で指導者になったベルゴリオより年上だっただけでなく、彼のイエズス会士としての養成期に先生を勤めていた。ヤリクスは哲学を、ヨリオは神学を彼に教えた。一年以上も続いた内部手続きの後で、ベルゴリオは二人に彼らが活動していたリバダビアの共同体を閉鎖するよう命じた。ヤリクスとヨリオは拒否した。

一九七六年二月に問題は山場を迎えた。ベルゴリオは二人に会い、共同体を解散するよう、「ローマとアルゼンチンの教会当局から猛烈な圧力」を受けている、と説明した。イタリアでは、バチカンの反「解放の神学」攻勢が頂点に達しつつあり、イエズス会総長に対し「ペロン主義ベース」のようなマルクス主義者と協力する神学者たちを厳しく取り締まるよう圧力をかけている。それで「アルペ総長が、リバダビアの共同体かイエズス会かどちらか選ぶように命令してきた」とベルゴリオは二人に話した。ヨリオは、ローマから本当にそのような命令がきたのか疑った。一か月後の一九七六年三月十九日に彼らはもう一度、会った。そこで何が起きたかについては議論がある。

ヨリオとヤリクスはその後も、「管区が自分たちに除名を申し渡した」という認識を変えなかった。ベルゴリオは「私は提案はしたが、ドゥロン神父と同じように、彼らは自分でイエズス会を辞めたのだ」と言い続けた。彼によれば、ヨリオとドゥロンの退会願いは受理されたが、ヤリクスについては受理されなかった。「終生、会に留まる」という最終誓願を立てており、教皇以外には誓願を解き、退会を認めることはできなかったのだ。つまるところ、ベルゴリオが「リバダビアを離れないなら、イエズス会を退会したものと見なす」と通告したのが、この面会の真相と思われる。

主張の食い違いはもう一つあった。ベルゴリオによれば、二人は新しい修道会の設立を希望し、自分に会則の写しを渡した、という。ヨリオはそれは事実ではない、と否定した。彼がベルゴリオに渡した文書は、新修道会の設立を求めたものではなく、「二人がイエズス会士としてのやり方に合わないことをしている」というベルゴリオの指摘に対する反論を述べたものだった。

文書は、「イエズス会内部では続けられない場合の修道生活の枠組み」を述べただけで、会を離れることを希望したものではなかった、とヨリオは説明している。ベルゴリオにとって、このような見解の違いはどうでもいいことだった。彼は面会を警告で締めくくった。「切迫したクーデター発生の噂があり、十分、注意するように、と言いました」。

それから五日後、軍部が、選挙で支持された文民政権を倒した。「クーデターが起きることは皆、知っていました」。人権弁護士のオリベイラは回想する。彼女は、ベルゴリオが管区長になる前からの友人で、教皇になってからも連絡を取り続けているブエノスアイレスの住民の一人だ。「新聞各紙は一か月前から、軍事政権が出来たら誰が閣僚になるか、ということまで書き立てていました。文民政権は、本当に酷かった。クーデターが起きた時、国民のほとんどが喜びました。しかし、ベルゴリオも私も、全くうれしくなかった。クーデターの結果が本当に酷いものになる、と感じていたのです」。

二人は、「相手を敵・味方に区別したがる軍の傾向」と彼女が呼ぶものと、軍事政権の政治的、社会的、宗教的活動とテロリストの反乱を見分ける能力の恐るべき欠如を、早い時期から見抜いていた。「クーデターの前に何週間か話し合う中で、ベルゴリオに恐怖感が高まっているように見えました。とくに、ヨリオとヤリクスに関してでした」。これより二年前に、貧しい人々に読み書きを教えていたイエズス会士、ホアン・ルイス・モヤノ神父が治安警察に逮捕され、釈放される、という事件があった。そして右翼の「トリプルA」殺人部隊がスラムで活動していたカルロス・ムヒカ神父を殺害した。同僚のイエズス会士たちは、ベルゴリオは地元警察をよく知っており、軍の襲撃に関する秘密情報も入手して、同僚に襲撃を逃れるように警告することもあった、と語っている。

オリベイラは回想する。「彼とはよく会い、情報を交換していました。私の友人は、スラムでヨリオとヤリクスと一緒に働いていた。彼女はカテキスタでした。[2] 私は彼女に、ベルゴリオが二人に言ったのと同じことを言いました。『スラムから離れなさい』と。彼女だけでなく、一緒に働いている貧しい人たちも危険にさらすことになる。彼女がそこにいるだけで、殺されてしまうかもしれない、と忠告したのです。忠告を聞いて、彼女は夫と共にスラムを去りました。でもヨリオとヤリクスはそうしなかった。そして私たちは、何が起きたかを知ることになりました」。

ベルゴリオの忠告を受け入れた者の中に、スペイン人のイエズス会士、ホセ・カラビアスがいる。民主政権が崩壊する直前にブエノスアイレスで活発に活動していた。パラグアイで森林労働者の組織化を助けたとして、ストロエスネルの独裁政権の手で投獄され、四年前にアルゼンチンに避難してきた、という経歴の持ち主だった。ブエノスアイレスのスラムで働いていたある日、「ベルゴリオがやって来て、『トリプルA（殺人部隊）が君とヤリクスの処刑を決めた』と教えてくれました。私は、ここで英雄になる価値はないと考え、スラムを去りましたが、ヤリクスは勇敢にもスラムにとどまり、命を危うくしかけたのです。ベルゴリオは私に、スペインに行くように勧めました。私がアルゼンチンを離れれば、彼は安心する。ベルゴリオは、私が貧しい人々を組織化するような活動をするのに同意しなかった。恐らく、警察当局が彼に、私に懸念を抱かせるような情報を伝えていたのでしょう。でも彼は立派な人でした。私を助けてくれたのですから」。

だが、ヨリオとヤリクスは、先行き不透明な状態に置かれていた。リバダビア共同体は解散させられたが、二人はイエズス会から公認を取り消された地域で活動を続けた。教会法の下で、彼らに必要なのは、他の修道会に助けてもらうか、司教の権威の下に置かれるか、だった。二人は、第二バチカン公会議に「教父」として参加した経歴をもつモロン司教のミゲル・ラスパンティに接触した。司教は、イエズス会の管区長が二人に「適切な言及」をすることを条件に、自分の管轄下に置くことに同意した。彼は二人が所属する小教区さえ用意した。ベルゴリオは二人に「適切な言及」をすると約束した。だが、書類が届けられた時、司教は強い懸念を抱いた。書類では、司祭職の遂行に二人が不適格であることを意味する申し立てがされていた。別の書類では、ヨリオは複数の女子修道会の会員たちを堕落させた共産主義者だ、とされていた。ヨリオはベルゴリオに強く抗議したが、管区長はそのような指摘をしたことは全くない、とし、「身元保証の書類は全く好ましい内容だ」と説明した。年配のラスパンティ司教は、このような情報に困惑したようだ。

ベルゴリオが提出した書類の内容がどのようなものであったにしても、ラスパンティ司教は、管区長の人柄を確かめるために、彼のいるマクシモ神学院に出かけることがまず必要、と考えた。モロン教区のカテキスタ、マリナ・ルビノは当時、この神学院で神学を勉強していたが、ベルゴリオに会おうとやって来た司教に偶然出会った。司教は彼女に「とても気がかりなことがある」と言った。司教は以前、ドゥロンについて適正な身元保証書を受け取りモロン教区への転属を認めたことがあったが、ヨリオとヤリクスの身元保証書は受理しなかった。ルビノによれば「ベルゴリオから届いた好ましくない身元保証書では、二人を自分の教区に受け入れることはできない、と司教はおっしゃいました」。ヨリオとヤリクスはルビノを指導したことがあり、彼女は司教に「お二人は非の打ちどころのない、素晴らしい司祭です」と説明した。だが、それは司教の心を、さらにかき乱しただけだった。「とても取り乱しておいででした。『二人の司祭を聖職者としての何の権威もなく立ち往生させることになる』のを知っておられたからです」。

ラスパンティ司教は彼女に、「このように重大なことを述べた身元保証書を撤回するように、ベルゴリオに言いに行く」と言った。「そうしなければ二人の司祭は、監督者や高位聖職者の保護もなく、宙に浮いてしまう。消されてしまうかもしれない」。そして、何日か後、彼らは本当に「消されて」しまった。

このような事態に至るには、他にも要因があった。二人がイエズス会を自ら退会しようと退会させられようと、ヨリオとヤリクスはもはやイエズス会の会員ではない、とベルゴリオは考えていた。彼は、二人からミサ司式の権利を剥奪したことを、ブエノスアイレス大司教のホアン・カルロス・アランブルに報告した。ヨリオが後に語ったところによれば、彼がＥＳＭＡに捕らえられた際、こう言われたという。「この報告は、二人のイエズス会士に対して、軍部が必要と判断する措置をとってもいい、という『青信号のようなもの』だった」と。ミサ司式の権利を奪われた三日後に、二人は海軍の暗殺団に拉致されたのだ。

二人の拉致は、一九七六年五月二十三日の日曜日に行われた。その前日、ヨリオはベルゴリオに電話を入れ、通常の日曜のミサについてどうすればいいか聞いている。ベルゴリオは、自分の家で個人的にミサを捧げることはできる、と答え、教会のミサのために別の司祭、ガブリエル・ボシニを送った。その教会のミサの最中、バヨ・フロレス地区に二百人の海軍の強襲部隊が突入し、家にいた二人、カテキスタ四人とその夫のうち二人を捕らえた。ボシニ神父はそのまま残された。当時この地域を巡回していたドゥロン神父は自転車でなんとか拉致を逃れた。二人とともに拉致されたカテキスタたち六人の姿は、二度と見ることができなかった。

ベルゴリオはその日、バヨ・フロレスの住民からの電話で六人が拉致されたことを聞いた。拉致の責任者たちは海軍、と言われた。彼は語る。「彼らが拉致されたことを知った、まさにその晩、私は行動を開始しました」。すぐにローマのイエズス会本部にいる総長に、（盗聴されるのを避けるために）大司教館の執務室の電話ではなく、「コリエンテス通りの公衆電話」を使ってこのことを知らせた。アルゼンチンの高位聖職者にも電話で知らせた。それからヨリオとヤリクスの家族に連絡し、自分が取ろうとしている行動について説明した。彼は後に、ヨリオの兄弟のルドルフォに宛てた手紙に書いている。「私はあなたの兄弟を釈放するよう、何度も政府に働きかけました。これまでのところ、釈放に成功していませんが、早期釈放の希望を捨てていない……。私はこの事件を私自身に起きたことのように考えています。宗教活動に関するあなたの兄弟と私の問題は、釈放を求める気持ちと何の関係もありません」。

一九七六年九月十五日、二人が行方不明になって四か月以上たったある日、ベルゴリオはヤリクスの家族に同じような内容の手紙を書いている。「私はあなたの兄弟を自由にするために、たくさんのことを試みてきましたが、これまでのところ成功していません……」。書き始めはほとんどラテン語。「だが、私は、あなたの兄弟が速やかに釈放されるという希望を失ってはいません。このことは私自身の仕事だと確信しています」。そして、ヤリクスとの対立についてほのめかしながら、「宗教活動上のあなたの兄弟と私の問題は、現在の状況とは何の関係もありません」。そして、ドイツ語で付け加えている。「フェレンケは私にとって兄弟も同然です……ドイツ語で書き始めるのを申し訳なく思っていますが、これが私の思いの表現なのです……私はあなたの兄弟に、キリスト教徒的な愛を抱いており、彼が自由になるように全力を尽くします」。

ベルゴリオと親しい人たちは、拉致事件は彼をひどく困惑させた、と言う。「ヨリオとヤリクスが行方不明になってから何か月も、ホルへは本当に心配していました」と語るのはオリヴェイラだ。「彼は、二人を釈放するために、たくさんのことをしました。軍事政権トップで陸軍のビデラ将軍を訪ね、将軍から『あれは海軍がやったことだ』と言われて、海軍トップのマセラのところに足を運んだ。ローマのイエズス会本部にも、教皇庁にも話しました。自分は十分に努力をしていない、といつも反省し、気が狂ったように働きかけを続けました」。

ベルゴリオは、ビデラとマセラのところに二度、出かけた。二〇一〇年の公判で彼らとの話し合いの詳細を明らかにしている。公判で、ベルゴリオはＥＳＭＡ拷問施設で行われた人道に反する八百件近い罪で起訴された六十八名の裁判の証人となった。彼は、事実上の大統領となっていた陸軍参謀長との初めての話し合いについてこう陳述した。「話し合いはとても格式張ったものでした。彼は記録をとり、いくつか質問がある、と言いました。私は彼に『二人が海軍の手にある、と言われているが（事実なのか）』と聞きました。二度目の話し合いで、私は最高指揮官の邸宅でミサを捧げている軍付き司祭は誰なのか確かめました。その司祭に、病気を理由に、私が代わりに邸宅に出向き、ミサを捧げられるようにしてください、と頼みました。それがうまくいって邸宅でミサを捧げた土曜日の午後、ビデラの家族全員の前で彼と話しました。話し合いを通して、彼が行動を起こそうとしており、事態をこれまで想像していたよりもずっと深刻に受け止めている、という印象をもったのです」。

海軍司令官のマセラとの話し合いは、これよりも問題が多かった。「最初の話し合いで、彼は私の話を聞き、それからその問題を検討しよう、と言いました。私は、『二人の司祭はいかなる問題活動にも関わっていない』と説明し、彼は『追って返事をする』と答えた。しかし返事はなく、何か月たって、二度目の話し合いを求めました。この時までに、海軍が彼らを捕らえていることをほぼ確信しました。二度目の話し合いは実現しましたが、とても不愉快なものだった」。

マセラは「トルトロに対して、自分が知っていることは既に伝えている」と高位聖職者に失礼な言い方をした。トルトロ大司教はアルゼンチン司教会議の議長であり、軍の指導司教だ。ベルゴリオは「モンシニョール・トルトロです」と述べ、彼の言葉を訂正した。言い方を直されて不快に思った彼は「いいか、ベルゴリオ」と話しだそうとしたが、ベルゴリオは、二人がどこに捕らえられているか知っており、解放することを望んでいると繰り返す前に、「いいですか、マセラ」と彼と同じような言い回しをした。

この話し合いにおける一字一句のやりとりは、一九九九年のアルゼンチンのジャーナリスト、ベルビンスキーとのインタビューで、ベルゴリオ自身の口から明らかにされた。当時、ベルビンスキーは、ブエノスアイレス大司教に任命されたばかりのベルゴリオについて好意的な記事を書いていた。その後、彼はベルゴリオに対して、最も厳しい批判を展開することになるのだが……。彼は二〇一三年に書いている。「最大の権力を持ち、最も残忍な政府要人の一人との話し合いの中身を知っても、彼らが本心を言っているように感じたことは一度もなかった。仮にベルゴリオを拉致したとしても、何の良心の呵責を覚えることがなかった男たちの話すことだ」。

二人のイエズス会士が自由になるまでに、五か月かかった。一九七六年一〇月二十三日、マクシモ神学院の管区事務所の電話が鳴った。ヨリオからだった。ベルゴリオは後に、ESMAの犯罪に関する裁判の公判で陳述している。「私は彼に言いました。『君が今どこにいるか、この電話で言ってはいけない。今いる場所を動かないように。こちらに人を送って、私たちが会える場所を知らせて欲しい』と。当時は、できる限りの警戒をせねばならなかったのです」。

それから、彼は駐ブエノスアイレスの教皇大使、ピオ・ラギ大司教と連絡を取り、ヨリオとヤリクスを警察本部に連れて行ってくれるように頼んだ。ラギは海軍長官のマセラとテニス仲間だった。アルゼンチンにおける教皇の首席代理が同行して、「警察本部にいれば、悪いことは何も起こりませんから」とベルゴリオはＥＳＭＡの公判で説明した。

二人の扱いについて、国外に出るのが最も好ましい、との判断が下された。ヨリオは教会法を学ぶためにローマに旅立った。ヤリクスは米国に行き、母親と暮らすことになった。その後、彼はドイツの黙想の家に移り、イエスの祈り――主イエス・キリスト、神の御子、罪人の私を憐れんでください――を使った黙想を指導する専門家になった。この祈りを何度も繰り返すことで、ヤリクスは拷問施設での数か月を精神的に耐えることができた。ドイツで、その経験を生かすことになったのである。

行方不明者のほとんどが殺害される中で何故、二人が釈放されたのかについては、さまざまな見方があった。ベルゴリオの友人たちは「彼の介入が決定的な影響を与えた」と言い、人権運動家のエミリオ・ミノンの未亡人は「夫が二人の解放を確実にしたのです」と主張する。彼がローマの関係者と連絡を取り、アルゼンチンの軍事政権に解放するよう圧力をかけさせた、と言うのだ。また、ヨリオの兄弟、ロドルフォは「二人が解放される数日前に、軍事政権の経済担当相と教皇庁高官との会合があった」としている。

だが、アルゼンチンの多くの人は、ＥＳＭＡのボス、マセラ提督に名誉称号が与えられたことが関係している、と見る。二人のイエズス会士が解放されて一年後、エルサルバドル大学（アルゼンチン）――鉄衛団が運営を任され、ベルゴリオが関係を持っていた――が、マセラに名誉教授の称号を与えた。一九七七年十一月、教皇パウロ六世謁見の栄誉を受けてローマから帰国したマセラは、名誉教授就任の記念式典で、風変わりな演説をした。演説で、私有財産の「不動で揺るぎのない」神聖な本質を賞賛する一方、マルクス、フロイト、アインシュタインのもつユダヤ的性格が「偉大な西欧キリスト教の伝統の一部をなしていない」ことを理由に、「大学の履修課目から除くべきだ」と訴えた。

ベルゴリオは後に、称号授与への責任を否定している。「式典に招待されましたが、参加しませんでした。さらに申し上げれば、この大学はイエズス会が経営しているわけではなく、私には何の権限もなかった」。

だが、問題は終わりはしなかった。一九九五年、ヤリクスは『瞑想の手法（*Meditation Exercises*）』と題する本を出版し、本の中で、拉致される前にベルゴリオに抗議していたことを、明らかにした。「極右の政治的思想を持っている多くの人々が、私たちのスラムでの存在に不快感を持っていました。彼らは、私たちがそこに住むことがゲリラへの支持を意味する、と解釈し、私たちをテロリストとして告発すべきだ、と叫んでいた。私たちは風がどこから吹いているのか、誰がそのような誹謗中傷を流しているのかを知っていたので、当事者と思われる人――ベルゴリオ――のところに話に行き、『あなたは私たちの命をもてあそんでいる』と抗議しました。ベルゴリオは『私たちがテロリストでないことは軍部も知っている』と保証した。しかし、その後の当局者による声明と私が入手した三十点の書類から、彼が約束を守らなかっただけでなく、その正反対のこと、軍部に誤った報告をしていたことは、全く疑問の余地が無い、と見ています」。

ヤリクスはさらに続けて、ベルゴリオは、彼とヨリオの生活が生死に関わる危険な状態に置かれているることを「信頼の置ける筋の情報」によって知っていたに違いない、とも書いている。だが、この本の中で、ヤリクスは、被り続けた苦痛から自分を解放するために、一九八〇年に関連の書類を全て焼き捨ててしまった、と言う。

ヨリオも、同様の訴えをローマのイエズス会本部に文書で送っていた。軍事独裁政権が「解放の神学」の運動体の〝浄化〟を図ろうとする最中にベルゴリオのとった行動は、二人のイエズス会士に死刑を宣告するにも等しいものだった、と。本部に送った文書の中で、ヨリオは、自分たちがしていたことは、すべて、第二バチカン公会議が決めた方針に沿ったものだ、と訴えていた。ヨリオはまた、「（監禁された拷問施設で）管区長だけが知ることができたと考える『神学的な情報』と『霊的告白』に基づいて、尋問を受けた」とも、友人たちに語っている。そのような経過から、一九九二年にベルゴリオが司教になった時、ヨリオは大きなショックを受け、生涯を終えることになるウルグアイに移った。

一九九六年、新総長に就任したコルヴェンバッハは、ヨリオにイエズス会に戻るよう提案した。ヨリオは、自分をベルゴリオが批判した文書を閲覧できるのであれば、新総長の提案を受け入れる、と答えた。新総長は、応じられない、と返答した。ヨリオは、心的外傷による疾病で何年も苦しんだ末、二〇〇〇年に心臓発作で亡くなった。ＥＳＭＡの犯罪を裁く法廷で、ベルゴリオは、ヨリオが「体験しなければならなかった苦痛によって、彼は（運命を）決定づけられました」と陳述した。陳述に込めた彼の憤りが証言を支えるのか、突き崩すのかは、判決の内容に関わる。

この悲劇の中に、さらなる〝ねじれ〟が存在した。二〇〇五年、調査報道を得意とするジャーナリスト、ベルビンスキーは、アルゼンチン外務省の記録保管庫で、ある調査記事を書こうと、たくさんの箱に納められた古い文書を次から次へと調べた。そして目当ての文書を探し当てた。一九七九年十二月四日日付けの、ベルゴリオの押印と署名のある、イエズス会のレターヘッド付きの文書だ。ヤリクスは当時、ドイツにいたが、母国ではまだ独裁政権が続いていた。彼のパスポート――ハンガリー生まれだがアルゼンチンの市民権をとっていた――は期限が切れようとしていたが、更新のために安全にブエノスアイレスに戻れるとは思わなかった。そこで、管区長だったベルゴリオに安全を保証してくれるように依頼した。

ベルゴリオは外務省に要請書を郵送し、（ヤリクスが）長時間の多額の費用のかかるドイツからの旅をしなくても済むように、パスポートを更新してくれるよう頼んだ。だが、保管庫で見つかったこの要請書のフォルダーには、もう一枚、外務省カトリック担当課長、アンセルモ・オルコシェンの署名付き覚書が添付されていた。そこには、ヤリクス神父が、従順を守らない女子修道会で反政府活動に関与し、ゲリラ集団と連絡をとった疑いでＥＳＭＡに拘束されたこと、が書かれていた。これは、ベルゴリオによる説明を基にしたものであると思われた。何故なら、その内容はヨリオやヤリクスが事情聴取で述べた内容ではなく、ベルゴリオの見方そのものだったからだ。

覚書には、このようにも書かれていた。「二人は小さな共同体に住み、一九七六年二月にイエズス会の責任者によって解散させられた後も、命令に従わず、イエズス会則に基づいて退会を求められた。ヨリオは退会させられたが、ヤリクスは会士として終生誓願をしていたので、退会しなかった。アルゼンチンのどの司教も二人の身元を引き受けようとしなかった……」と。そして、この覚書は、ベルゴリオは、これら全ての情報をオルコシェンに提供した――彼は公判で、覚書を手渡したことを認めている――と締めくくっている。同時に、この覚書は、パスポートの更新申請却下を適当とする口頭の勧告がされたことも、明確にしていた。

ベルビンスキーにとって、この二枚の文書が意味するところは明確だった。彼は書いている。「この二つの文書によって、軍事政権に対して、ベルゴリオがどのような態度をとっていたかの問題に片がついた、というのが私の見方だ」「ベルゴリオは、表向きは（外務省に）ヤリクス神父に便宜を図るよう求めたが、ヤリクスが自らに死をもたらすような活動をしている、と彼の背後で非難していた」。そして、ベルゴリオがパスポートについてしたことは、「ヨリオとヤリクスの扱いについて彼が始めからしてきたことの延長」だったとし、「ベルゴリオは二人を助けているように見せながら、背後で彼らを非難していたのだ」と結論している。

ヨリオとヤリクスの件でベルゴリオのとった悪しき行為についてのベルビンスキーの告発は、彼の意に沿わない形で結末を迎えた。ベルビンスキーが新聞に記事を載せて一か月後に、この内容は、教皇ヨハネ・パウロ二世の後継者を選ぶ二〇〇五年の教皇選挙に先立って（選挙権を持つ）多くの枢機卿に送られた「ストップ・ベルゴリオ」文書の中心テーマになった。

ベルゴリオは、ルビンとアンブロジェッティのインタビューで、明確な答えを出した。「（ヤリクスのパスポート更新の）要請書を受け取った役人は、ヤリクスがいきなり国外に出ることになったのは何が原因なのか、と私に聞きました。私は答えました。『彼と友人はゲリラ戦士だと告発を受けています』。しかし、彼らはそのようなことと何の関係もありません』と」。その役人は、ベルゴリオの答えの前半を書き留めたが、後半部分は書き留めなかった。ベルゴリオは彼に、ヤリクスのパスポート更新を認めるつもりがないなら、なぜ彼についてわざわざ質問するのか尋ねた。「ヤリクスのために、危険を承知で要請書を送ったのです」。

以上のことから言えるのは、ベルゴリオの行動について判断するための「唯一の証拠」が「幾通りもの解釈ができる覚書」だ、ということだ。おそらく（覚書に署名した）役人はメモをとる時に十分な注意を払わなかった、おそらく彼は誤解したかベルゴリオの言ったことを過剰に解釈した、おそらく彼は上司が気に入るように意図的に言葉を選んだ、おそらく彼には他に動機があった……。

これでは、教皇になろうとする人物として適当かどうかを判断する決定的な証拠には、どう見てもならない。他に答えを見つけなければならないのだ。

＊＊＊

「汚い戦争」が続いている間、ベルゴリオが軍事政権の暴力から人々を守ろうと多くのことをしたのは疑う余地がない。実際、軍事クーデターが起こる前から、罪を着せられそうになった人々に手を差し伸べていた。ブエノスアイレスの繁華街、ボゴタ通りにあるイエズス会アルゼンチン管区本部に、隣国ウルグアイの独裁政権から逃れてきた人々を保護した。軍部が政治権力を手にする数週間前、治安部隊がその建物を襲撃の対象にしていると聞いて、閉鎖を決め、隠れていた避難民を、そこから十マイル以上離れたマクシモ神学院に移した。そして、イエズス会士たちに「誰かに聞かれたら、『新たに入会した者たちが三十日間の黙想をするのです』と答えてください」と注意した。ベルゴリオは、軍部がイエズス会の高等教育機関の建物に干渉しない方に賭けたのだった。

ウルグアイからの避難民の一人、兄弟がイエズス会士だが自分は聖職者ではないゴンザロ・モスカは回想する。「気を紛らそうと小説を読んだり携帯ラジオを聴いたりしていましたが、ベルゴリオがプエルト・イグアスの町に飛行機で脱出するように手配してくれている四日間、神経が張り詰めて眠ることができませんでした。でも彼のお陰で、その町から国境を越えて、ブラジルに行くことができたのです。ベルゴリオは自分で車を運転して、私を空港まで連れて行き、飛行機に乗り込むまで一緒にいてくれました」。モスカは、その後、無事に欧州まで行くことができた。「ベルゴリオは、筋金入りの勇気の持ち主でした。アルゼンチン軍事政権の抑圧政策はひどかったので、彼が自分のしていることの危険性を分かっているのか、心配になりました」。

その段階で分かっていようといまいと、ベルゴリオはすぐに、その危険性を知らされることになる。軍事クーデターから六か月も経たないうちに、アルゼンチンの司教の一人、独裁政権を批判したエンリケ・アンヘレリが、故意に仕組まれた自動車事故で殺された。

ベルゴリオは、アンヘレリの神学校にいた神学生三人を素早くかくまった。彼らは、ヨリオやヤリクスと同じように、スラムで働いたことで独裁政権から〝有罪〟とされていたのだった。その一人、シビタは、ベルゴリオが教皇になり、軍事独裁政権下で軍部に協力したという噂が流れた後も、自信を持って彼のとった行動を支持した。ベルゴリオは、ラ・シビタと友人たちを、国外脱出のための書類が整うまで、マクシモ神学院にかくまった。

シビタは語る。「誰かが私に言ったことではありません。私自身が目撃し、経験したことなのです。イエズス会は国外に脱出する人々を助ける組織を持っていました。ベルゴリオは私たちの父のように振る舞い、アンヘレリ司教を失った私たちの心の空洞を埋めてくださった。監視の下に置かれた私たちを保護してくれました。ベルゴリオ神父は、自分が軍部に協力したという批判に対する反論に時間を費やすことはしなさいませんでした。真実は、その批判の逆なのですから」。ベルゴリオが独裁政権に協力していた、というような噂は「噂を流している人の倫理観の欠如を示す、野蛮な行為です」と言い切っている。

人権弁護士のオリベイラも同様の証言をする。「イエズス会は、『聖イグナチオの家』という名の黙想のための施設を持っており、毎週末、ベルゴリオはいつも私を招待してくれました。ベルゴリオの保護を受け、国外に脱出する方々の送別会も、よく開かれました。つつましいミサと食事を終えると、彼らは去っていくのです」。ベルゴリオは、ルビンとアンブロジェッティとのインタビューで、「自分に似た国外脱出希望者に、どのようにして自分の身分証明書を提供したか」について語ったが、オリベイラは、さらにこう付け加えた。「ベルゴリオはその人に、司祭服を着せ、首にローマン・カラーを付けさせ、司祭の外見を整えたうえで、自分の身分証明書を渡した。それで、彼は司祭と偽って、ブラジルに逃れることができたのです」。

オリベイラは続ける。「ベルゴリオは、彼らを支援する意思表示をし、自分ができることをしました」。彼女は軍事クーデター前は判事をしていたが、軍が政権を握ると同時に罷免された。それだけではなかった。「私の四歳の子供に、見ず知らずの男たちが言いました。『お前の母さんを殺すぞ』。その二日後、『あなたは判事として素晴らしい仕事をした』というメッセージ付きの花束が贈られてきました。署名はありませんでしたが、ベルゴリオの筆跡でした」。ベルゴリオは彼女に、マクシモ神学院に避難するよう勧めたが、彼女は受けなかった。オリベイラはシングル・マザーだったが、ベルゴリオは、その後間もなく彼女の次男に洗礼を授けた。「これは（安全を確保するという）公的な保証というようなものではありませんでしたが、個人的にとても大きな励ましになりました」と彼女は言う。

ベルゴリオによる抵抗は、大半が独裁政権の目に付かないように行われた。彼の前の上司、エステル・デ・カラへアから「自分の義母に終油の秘跡を授けてくれないか」という電話を受けた時もそうだった。ベルゴリオは、彼の義母も含めて家族がカトリック信者でないことを知っていたが、それでも出かけて行った。エステルの家に着いた時、エステルは、義母の娘が最近逮捕されており、自宅を捜索されることを恐れている、と説明した。治安部隊が捜索すれば、マルクス主義関係の書物が何冊か見つかるに違いない……。「ベルゴリオはそうした本を取り出し、マクシモ神学院の新図書館に隠しました。本の中には『資本論』もありましたね」とオリベイラは笑った。

エステルは後に、ベルゴリオのところに別の女性を連れてきて、助けを求めた。「彼女には息子が二人いた。二人とも共産主義者で戦闘的な労働者たちの代表で、拉致されていました」とベルゴリオ自身が回想した。「彼女は未亡人で、息子たちは皆、別々に住んでいました。彼女がどれほど嘆き悲しんだことか。その姿を忘れることができません。私は幾つか質問しましたが、無駄でした。何もできない自分を恥じました」。

ベルゴリオは暗がりで（独裁政権の弾圧に）抵抗した。例えば、神学生たちに、神学院の大理石製正面階段の脇のロビーで見張っている当局の捜査員と顔を合わさないように、人目につきにくい裏の階段を使うように注意したのも、その一例だ。

当時は神学者で現在、マクシモ神学院で教えるホアン・カルロス・スカノーネ神父は振り返る。「とても緊張を強いられる時期でした」「一挙手一投足に注意を払わねばならなかった」。スカノーネは自分のことを「解放の神学者」と呼ぶが、マルクス主義者とはつながりを持たない。「汚い戦争」の間、彼は「悪意の誤解から自分を守るため」、解放の神学についての草稿を出版前に、しばしばベルゴリオに見せていた。ベルゴリオは彼に、草稿を送る際、実際の住所ではなく別の住所から送ったようにすることを求めた。軍部によるイエズス会関係の郵便物の検閲を懸念したためだが、彼自身はスカノーネの草稿を点検しようとしなかった。そして、貧しい人々の間で働いているスカノーネや他の司祭たちに、「当局に拉致されないように、暗くなったら一人で戻らないように」と注意を与えた。

「だが、表立って出来ることは極めて限られていた、と思います」。ベルゴリオは、後にブエノスアイレス市の人権オンブズマンとなるオリベイラに語っている。彼女はベルゴリオに、軍事独裁政権を恐れずに、もっと表立って発言するよう強く迫ったが、「彼は苦痛に満ちた表情で『それはできません。易しいことではないのです』と言いました」。

ベルゴリオが当時、数々の限界に直面していたことを考慮することが重要、とスカノーネは語る。「彼はまだ、司教にもなっていなかった。イエズス会アルゼンチン管区のトップとしての権限の範囲でしか動けなかったのです。彼の仕事は、イエズス会士たちを守ることであり、全てのイエズス会士が軍事独裁政権下で生き抜けるようにすることでした。彼は自分のすべき仕事をしたのです」。

＊＊＊

重大な告発はほかにもある。アルゼンチンの「汚い戦争」中にベルゴリオがとった行動を裁く際に考えねばならないものだ。何万人にものぼる行方不明者の中に、約五百人の妊婦がいた。彼女たちは、出産までＥＳＭＡのような施設に監禁された。赤ん坊が生まれると、すぐに母親から取り上げられ、（軍事独裁政権に協力する）司祭や修道女を通じて〝良いカトリックの家庭〟（右翼軍事政権を支持する人々を婉曲的な表現でこう呼ぶ）に引き渡された。

このようにして自分の産んだ子を奪われた女性たちの一人、エレナ・デ・ラ・クアドラは、当時二十三歳、一九七七年に拉致された時、妊娠五か月だった。エレナの父、ロベルトは筋を通す人だった。息子たちをペドロ・アルペ・イエズス会総長に会いに行かせ、力になってくれるよう頼んだ。総長は、アルゼンチン管区長に連絡を取り、クアドラの家族を助けるよう指示した。一九七七年にベルゴリオはエレナの父に二度会い、軍事政権とつながりをもつラプラタの補佐司教、マリオ・ピッキあてに〝外交的〟な表現を使った手紙を託した。

ロベルトによれば、それは簡単な内容だった。「彼（ロベルト）が、あなたに助けていただきたいことについてお話しします。あなたがなさるいかなることにも、感謝いたします」。数か月後、補佐司教はクアドラ家に「エレナが女の子を産み、洗礼を授けられた」ことを知らせた。洗礼名はアナ・リベルタ（自由のアナ）という皮肉に満ちたものだった。さらに補佐司教は、「女の子は〝良い家族〟のところにいる」「この決定は撤回できない」と付け加えた。我が子を奪われたエレナは、消息不明になった。

二〇一〇年、アルゼンチンの人類に対する犯罪を裁く法廷に、既に枢機卿になっていたベルゴリオが証人として出廷した。「乳児たちが奪われ、母親たちが殺されていたことを知ったのは、今から十年前でした」と陳述するベルゴリオに、「本当に十年前、なのですか」と検察官は質した。ベルゴリオは答えた。「おそらく、二十五年前かも知れません。いずれにしても、民主政権に戻った後です」。そうだとしたら、エレナ・デ・ラ・クアドラの事件はどう考えたらいいのか。彼女の家族は、一九七七年の日付のあるベルゴリオの手書きの手紙の複写コピーを持っている。ベルビンスキーはただちに枢機卿を非難した。「証人宣誓をしていながら嘘を言っている」。

またしても、証拠は決定的なものではなかった。ベルゴリオの手書きの手紙は、エレナについても、彼女が妊娠していることにも、言及していない。単に、父、ロベルトの説明する事柄について彼に話をしてくれ、と司教に頼んでいるだけなのだ。「彼は私に、自分の娘が拉致された、と言いました」。

枢機卿は法廷で証言した。「娘さんが妊娠している、と私に言ったかどうかは、思い出せない」。だが、多くの新聞、雑誌が一九七〇年代末に報じたところによれば、「盗まれた赤ん坊たち」の問題は、当時のアルゼンチン社会で広く知られていた。エレナの姉妹の一人、エステラは法廷で証言した。「ベルゴリオがこのことを知らなかったなどということは、考えられません」。

ベルゴリオが納得のいく説明をしていない、と多くの人は受け止めている。イエズス会の同僚たちは、ベルゴリオが一九七〇年代に管区長の立場で、「鉄衛団」の友人からの秘密情報も含めて、多くの情報を得ていたこと、軍の襲撃が切迫していることについても警告を受けていたことについて語っている。ベルゴリオの友人、オリベイラも認めた。「私と情報を交換する時、いつも彼の方が多くの情報を持っているようでした」。

アルペ・イエズス会総長の補佐役、キャンベル・ジョンストン神父は、イエズス会社会問題研究所の業務について指示するために一九七七年にブエノスアイレスに派遣されていたが、「子供や知人が行く方知れずになっている四百人以上の母親や祖母たちが連名で提出した、教皇宛ての嘆願書」を受け取るためにローマに戻った。嘆願書は「アルゼンチン軍事政権に（子供たちを返すように）圧力をかけて」くれるように訴えていた。

オリベイラは筆者に語っている。「イエズス会の聖イグナチオ黙想の家の向かいに、拉致された妊婦を出産させるための秘密の産婦人科病院がありました。そこで生まれた赤ちゃんは、お母さんから取り上げられ、お母さんたちは〝消えて〟しまったのです」。

これらの〝推測〟を確実に証明する証拠はない。それでも、アルゼンチンの多くの人は、プロテスタントのルーテル派の第一級の神学者、リサンドロ・オルロフと同じ見方をとっている。彼は、他のあらゆる面で「汚い戦争」の間にベルゴリオがとった行動を弁護しているが、この点に限っては、「ベルゴリオの答えるべき問いが集約されている」と言う。「『何が行われていたのか知らなかった』とは、あの時期に(アルゼンチンに)いた人なら、誰も言えない。行方不明になった子供たちについて知らない、とベルゴリオが言い続けることはできません」。


「汚い戦争」の犠牲者の多くの家族がベルゴリオに問いただした。「司教として、大司教として、枢機卿として語ることのできる時期に、何故多くの人の疑問に答えないのか」と。彼は、教皇になって初めて、彼は「五月広場の祖母たち」と会うことに同意した。彼女たちはベルゴリオがブエノスアイレスにいる間じゅう会見するよう求め、行方不明になった孫たちの行方をたどり、再会実現の助けとなる教会の保管文書を公開するよう、嘆願しようとしたが、徒労に終わっていたのだ。

独裁政権下で軍部にあからさまに敵対することは、危険すぎてできない、というのは分別ある判断だったかもしれない。アンヘレリの身に降りかかったことを見れば分かる。だが、独裁政権に与して違法な政治犯の投獄と拷問に深く関わった司祭たちの犯罪的行為が糾弾に値するとして、ベルゴリオが当時とった〝控え目な姿勢〟を、何と説明するのか。

二〇一〇年のESMA裁判で証人として出廷するよう求められた時、ベルゴリオが高位聖職者の出廷拒否権を認めるアルゼンチンの法律に基づいて拒否したことは、彼の名声に何の影響も与えなかった。裁判官があきらめて大司教事務所から戻る際、検察役の弁護団は、ベルゴリオのそっけない返答に挫折を感じている、と繰り返し語った。検察役の一人、人権弁護士のミリアム・ブレグマンは、「誠実に答えていない」としてベルゴリオを非難した。「ベルゴリオの控え目で手短かな答え方は、独裁政権崩壊後の全期間を通じてのアルゼンチンのカトリック教会上層部の沈黙、隠蔽の姿勢と首尾一貫しています。彼らは関係書類や文書を手渡すことを組織的に拒んだのです」。

ベルゴリオの主張の証拠とされるビデオや調査書類を見れば、彼の態度が責任を回避しているようには見えない、と判断するのは難しいだろう。ベルゴリオはまた、「ヤリクスとヨリオが釈放された際、まだ拉致された人々がESMAに収監されているという報告を受けたが、何も手を打たなかった」ことも認めた。ただし、ESMA裁判で裁判官を務めた一人、ヘルマン・カステリは後に述べている。「ベルゴリオが二人の司祭を引き渡した、というのは全くの誤りだ。われわれはこの件について審理し、提出された証拠書類を分析したうえで、ベルゴリオの行動に法的に問題とされるものはない、という結論に達した。もし証拠書類が事実でないと判断したら、有罪としていただろう」。

結局のところ、ベルゴリオの行動についての入念な取り調べによっても、回答の得られない問題が残った。決定的な事実が不足しているとしても、この問題に深く関わっている人々の意見陳述は十分にそろっている。亡くなったヨリオは、ベルゴリオが二心のある裏切り者だ、と確信していた。

敬虔なカトリック教徒の指導的立場にあるエミリオ・ミニョネも同じ見方だった。

ただ、ヤリクスは、かつては二人と同じだったが、その後、考えを改めた。過酷な体験から何年も経った二〇一三年三月に、ベルゴリオと会い、ミサを共同司式し、ヤリクスの言う「荘厳な抱擁」を交わし、和解した。ベルゴリオの批評家たちが「酷いことをしませんでしたと言って謝る人はいない」と逆説的に非難した際、ヤリクスは断固とした声明を出し、「私自身、『我々は（ベルゴリオの独裁政権に対する）告訴の犠牲者だ』と一時は信じかけたが……度重なる対話の末に、ベルゴリオ神父はヨリオと私を（独裁政権に）告訴したわけではないことがはっきりした」と反論した。


こうした議論の外側にいる人々の見方も、同じように分かれている。ベルゴリオの家族でただ一人存命中の妹、マリア・エレナは「兄が軍事政権と共謀し、『ベルゴリオ家が一九二九年にイタリアを離れる動機となった〝ファシズム〟に抵抗するように』との父親の遺言を全て裏切ったとは、考えられない」と言う。イエズス会士でベルゴリオ付きの元運転手だったミゲル・モム・デブシは元管区長の過去に極めて批判的だが、「一九七〇年代を通じて（ベルゴリオの）高圧的な態度が目に付いたが、今考えると、本当は私たちを守ろうとしていたのだと思う」と考え直している。当然ながらバチカンは「彼に対する信頼できるような具体的な非難は、全くなかった」と主張し、キルチネル政権が「反聖職者・左翼的な要素」によって教会を攻撃し、新教皇の過去を傷付けた、という見方を示した。

これら親ベルゴリオ派の見方に対して、調査報道専門のジャーナリスト、ベルビンスキーは、べルゴリオがアルゼンチンの教会関係者仲間以外にほとんど知られていなかった一九八六年に、最初の告訴がミニョネによって潰されたこと、自分が支持するキルチネル政権が成立するよりはるか以前に、ベルゴリオについて調査を始めていたこと、を指摘した。ベルビンスキーは「軍事政権と共謀した教会指導者たちの中で、ベルゴリオは最悪の人物には程遠かった――当時のアルゼンチン教会の最上層部の共謀は、彼よりはるかに、ひどいものだった」とする一方、教皇の座に就こうとするような人物は、嘘を言い、二心のある行動様式をとったことに責任を負わねばならない、と強調する。ベルゴリオの旧友で弁護士のオリベイラは肩をすくめ、「私たちどちらにも、自分自身の狂気に責任がある」ことを認めた。

アルゼンチン社会でも、世界中の教会でも、この問題に関する意見は様々だ。

イエズス会の指導的な神学者、ホセ・イグナチオ・ゴンザレス・ファウス神父はこのように語っている。「ヤリクスは、ベルゴリオについていくつも文章を書いていますが、特に次のような内容は、とても礼儀正しい表現で書かれていたので、印象に残っています。それは『二人が何年も後にドイツで会った時、泣きながら互いの腕の中に倒れ込んだ』という記述でした」。

「第三世界のための司祭たちの運動」の世話人を務めるエドゥアルド・デ・ラ・セルナ神父は言う。「ベルゴリオは力のある男で、権力を持つ人々の間で自分がどのような立場をとったらいいか、知っている。ですから、アルゼンチン独裁政権下で行方不明になったイエズス会士たちに関して、彼が果たした役割について、私は今も多くの疑問を持っています」。

対照的な意見を述べるのは、イエズス会アルゼンチン管区の宗教問題事務局長、アンジェル・センテノ神父だ。「当時はイエズス会にとってとても困難な時期でしたが、彼が第一線に立っていなかったら、事態はずっとひどいものになっていたでしょう」。

アルゼンチンでの人権保護活動でノーベル平和賞を受けたアドルフォ・ペレス・エスキベルは「独裁政権と共謀した司教たちがいましたが、ベルゴリオはその一人ではなかった。ただ彼は、あの最も困難な時期に、人権を守る戦いを進める我々と行動を共にする勇気に欠けていたのです」と指摘する。

「おそらく、彼は上長として、自分の司祭たちを守るために十分なことをしなかったのでしょう」と言うのはベルゴリオの後任の管区長、イグナチオ・ラファエル・ガルシア・マタ神父だ。「もっとも、彼は何が起こりつつあるのか予想することもできなかったと思う。同じことは私にも、あるいは他の司祭についても言うことができる。多分、私たちは、独裁政権に対して激しい怒りをぶつける勇気を持たなかったのだと思います」。オルロフはこのように結論づける。「独裁政権下で、私たちにはもっとやれることがあったはずだ」。

〝教会政治家〟ベルゴリオは、全てを通じて極めて慎重な道を選んだ。ルビンとアンブロジェッティとの一連のインタビューで、言葉を選ぶのにとても気を遣って、次のように話した。

「普通の司祭よりもずっと鋭敏で、大きな危険を冒した司祭たちがいたことは確かです」と切り出し、こう続けた。「人権保護で強い立場を取るのを急ぐ司祭たちもいました。沢山のことをしながら、多くを語ろうとしない司祭たちもいた。世間知らずな司祭や、やる気のない司祭はほとんどいませんでした。だが、個人としての人間は時々、潜在意識的に、不快になるようなものを見たくなくなるものです。どのような組織にも聖人と罪人がいる。そうした特徴が混在する人たちもいます。『共産主義と戦った』と言って、自分の行動を正当化するカトリック信者たちがいる一方で、ゲリラとして殺されたキリスト教徒、人々を救うのを助けたキリスト教徒、逆に『母国を救っている』と信じて人々を弾圧する側に回ったキリスト教徒がいました。単純に〝共謀〟と割り切れる行為があった、と考えることはできません」。

〝慎重な外交辞令〟のような話の中で彼が触れないのは、(ベルゴリオが)上長として面倒を見るべき司祭たちとの霊的指導の関係が壊れてしまった、という明白な事実だ。ミニョネは、ベルゴリオが彼に質問した一九八六年に戻って、こう考える。「自分の羊たちを敵から守ろうとも、あるいは救い出そうともせず、奪われるにまかせた羊飼いたちについて、歴史は、どのような評価を下すのでしょうか」。

「汚い戦争」の下で、アルゼンチン社会は両極化した。左翼陣営の多くの人は単なる世俗主義者ではなく、強硬な反聖職者、反教会の立場をとっていた。対照的に、右翼陣営はカトリックを支持していた。当時のベルゴリオがそうであったように、伝統的な霊性を重んじる教会関係者にとって、右翼の世界観に立つことは、理屈抜きに、疑いもなく、自然なことのように思われた。ベルゴリオのペロニスト鉄衛団運動との絆は、疑いもなく、彼の右翼の世界観への傾斜を一段と強いものにしただろう。

同じように、ベルゴリオの「解放の神学」に対する嫌悪と厳しい姿勢は、「貧しい人々の力を強めることを福音宣教の重要な仕事として活動していた人々に対する、バチカンによる裏切り」とつながっていた、と見ることもできる。

だが、情報収集力に優れたイエズス会士であれば、自分の反「解放の神学」の姿勢と軍事政権の反共産主義者政策を支持する姿勢が余りにも強くつながっていることの危うさに、気付いていたはずだ。政治的に敏感で、軍事政権の策略に通じ、時には市民を抑圧する行動に出る時期さえ知ることができたベルゴリオなら、一九七六年五月、ヨリオとヤリクスが陥ろうとしている危険について、よく分かっていたはずだ。

「従順」はイエズス会士が最も重んじる徳目である。清貧、貞潔、教皇に対する特別な忠誠とともに、入会の際に立てる最も重要な誓願の一つだ。ベルゴリオは、ヨリオとヤリクスが「スラムでの活動を止めるように」という管区長である自分の命令を拒否したことに、あからさまな怒りを抱いた。彼はローマのイエズス会本部の確認を取って、二人に命令を告げたが、二人が従わず、角を突き合わす状態になった。イエズス会士にとって不従順は非常に重い規律違反だ。それだけでなく、ベルゴリオにとっては、彼の指導者としてのスタイルの中に刻まれた深い権威主義的な性向に対する侮辱だった。新しい修道会を作ろうという彼らの考えは――ベルゴリオはそのように受け取ったのだが――彼の感情を害した。これら全てが、ベルゴリオの判断に影響を与え、二人が晒されようとしている危険の大きさについて見えなくしてしまった。

ベルゴリオが軍事政権に、ヨリオとヤリクスをイエズス会から除名したことを知らせた、という証拠はないが、ブエノスアイレスの大司教事務局職員も含めて、他の聖職者にそのことを伝えていたのは事実だ。軍事政権が「ブエノスアイレス大司教が二人のイエズス会士からミサ司式の権限を取り上げた」という情報を手に入れれば、ベルゴリオから直接聞かなくても、何を意味するかを知ることができただろう。ラスパンティ司教はベルゴリオの命令に反対する二人のイエズス会士を自分のモロン教区に迎え入れようと準備していたが、彼の抱く懸念に、当時の流動的な政治情勢の中でベルゴリオがとっている行動の妥当性、あるいは賢明さについての疑問——ヨリオとヤリクスに警告していたが——が加わった。情報収集力に長け、政治的な洞察力とコネをもつベルゴリオのような人物であれば、自分がしようとしていることを知るべきだったのだ。

問題を公けに明らかにする義務がベルゴリオにあったかどうかについては、大いに議論の余地がある。多くの人は平穏な日々が送れるようになった今、エルサルバドルで、アルゼンチンと同様の残虐な右翼独裁政権に立ち向かったロメロ司教を思い返す。ロメロは教会の祭壇で撃ち殺された。だが殉教はもはや、全てのキリスト教徒を奮い立たせるような神の思し召しではないし、われわれ他の人間にはそれを期待する権利もない。

ベルゴリオは、ロメロ以前に、アンヘレリを痛切に思い浮かべる。ラ・リオハの司教だった彼は、自分の監督下にある二人の司祭を拉致したとして軍事政権を糾弾し、命を落とした。拉致された二人は〝報復〟として撃ち殺され、それから一か月後にアンヘレリ自身も殺されたのだ。

ベルゴリオは思っているだろう。軍事政権と公式のつながりを保ちながら、秘密裏に、こうした悲劇を回避する努力がもっとできたのではないか、と。だが、彼の影響力は限られていた。彼はイエズス会という修道会の管区長であり、教区を取り仕切る司教でも、その上の大司教区を取り仕切る枢機卿・大司教でもなかった。……この問題に対する審判は、安全な立場にいる人間が、あと知恵で覆せるような類のものではない。

もしも〝政治家〟ベルゴリオがある判決を下すとしたら、〝司祭〟ベルゴリオは別の、もっと悔い改めを求めるような判決を示すだろう。彼は、ルビンとアンブロジェッティのインタビューにこう答えている。「私は、誰にも誤解して欲しくない。真実は『私は、慈悲深い神が特別のお恵みとして愛することを選んでくださった罪人だ』ということです」。

「若者だった頃から、指導的役割を果たすように肩を押されてきました。司祭に叙階されると、すぐに修練長に任命され、二年半後には地域の指導者になった。与えられた役割を果たす中で、自分の犯した失敗から学ばなければなりませんでした。本当のことを言うと、私は何百もの失敗をしたのです。数々の失敗と罪。今、私が犯した数々の罪とルール違反に対して許しを願います」。

ホルヘ・マリオ・ベルゴリオの果たした役割について、他の人々がどのような判断をしようと、神と向き合った祈りの中で彼自身が得たものに太刀打ちできない。「汚い戦争」で彼のとった行動は、アルゼンチンのイエズス会士たちに残した深い亀裂とともに、彼が解こうと苦闘するいくつもの〝結び目〟の一つでしかない。一九八六年、ドイツに一時避難させられていた時にアウクスブルクのザンクト・ペーター・アム・ペルラッハ教会で出会い、深く感動した聖母マリアの絵に描かれていた〝結び目〟に、彼は自分の置かれた立場を重ね合わせてきた。「慈悲と許し」は、ローマ司教（教皇）となって間もない日々の説教の主要なテーマとなった。それは多くの人が考えるよりも、はるかに彼自身に関わるテーマであったのだ。

5

The Bishop of the Slums

スラムに目を向ける司教

そのスラムが、名前で呼ばれることはない。地元の人々は、ブエノスアイレスの想像力に欠けた役人が付けた番号で呼んでいる。「ようこそ、ビジャ三十一に」。

ビジャという名は、「悲惨な、窮乏した町（villas miserias）」が元になっている。タクシー運転手は、そのスラムのはずれまでしか、客を乗せて行かない。スラムの中に入ろうとすれば、今にも崩れそうなコンクリートブロックの家々に挟まれた路地に出来た窪みが、タクシーのサスペンションを壊してしまうからだ。

さらに悪いことに、警察の車もスラムの中に入ろうとしない。スラムの周囲は〝要塞〟のような建物で囲まれているが、彼らは内部で発生する問題に対処するよりも、犯罪や暴力行為がスラムの外に出ないようにすることに関心があるようだ。ここは、重なり合った水道管、ぶら下がった電線、雨が降ると小川のようになる蓋のない下水溝のある小道、という風景と同じように、法の支配も、まともになされないところだ。

それでも、スラムの二〇一三年五月十三日の朝は、太陽の光にあふれた、すばらしい秋――ここは南半球だ――の一日の始まりだった。ビジャ三十一に住む人々も、誘われたように家から出て、スラムを横断する鉄道に架かる橋を渡り、教会に向かった。そして、人数が多くて入りきれない教会の代わりに、不法占拠の住まいの上を走る高速道路の脇の草むらに集まった。仮設の祭壇が作られ、ブエノスアイレス市内のスラムで奉仕する二十四人の司祭のうち十七人が、ある殺人――スラムで日常化している暗黒街の殺人の一つではなく、三十九年前に起きた「スラムの司祭たち」の最初の殉教――を追悼する式典に参加するために来ていた。

ムヒカ神父は一九七四年、ミサを終え、教会の外で若いカップルと結婚式について話している時に、右翼の民兵テロ集団「アルゼンチン反共産主義者同盟」によって殺された。彼の遺品は一九九九年に、彼が司祭として過ごしたスラムの中にある Cristo Obrero（働く人、キリスト）という名の小さな教会に移されていた。

この式典で、既にブエノスアイレス大司教となっていたベルゴリオは祈った。「ムヒカ神父と彼の死に関わった全ての人を、殺人の実行者たちを、彼の死を信奉する人々を、殺人を許した社会の大部分の沈黙を、そして教会の信徒として殺害を糾弾する勇気を持たなかった私たちを、主よ哀れみたまえ」。

だが、ムヒカ神父追悼の記念日は、司祭が奉仕したスラムに住む人々の息子や娘、孫たちにとっては、嘆き悲しむよりも、喜び祝うための日だ。ムヒカは過去と決別した。彼らの日々の暮らしに信仰が取り戻され、社会の中で軽んじられていると感じていた彼らに自己の尊厳を回復させ、ビジャの基本的な生活条件の改善――清潔な飲み水や安定した電力供給の確保、下水設備の改良など――のために市役所と闘うように、彼らを力づけた。

近年、これらすべてのことは、ベルゴリオによって加速された。彼は、二十年前に、まさしくそのような仕事をしていた司祭たちをスラムから引き戻した前歴がある。彼がブエノスアイレス大司教になった後、この広い都市のスラムで働く司祭の数は四倍になった。

だが、七十万人とされる貧しい人々の求めに応えるためには、まだ十分ではない。彼らは狭苦しいスラムの約十一万棟にのぼる、あばら家に住んでいる。スラムで住まいを新築しようとすれば、(土地がないので)上に伸ばすしかない。新しく作られる部屋は、港でコンテナを積み上げるように、上へ上へ不安定な塔のように積み上げられていく。首都の立派な住宅街が、目と鼻の先だ。そして、スラムの住宅の大家たちは、この生活の基本となる施設のために、法外な家賃の支払いを住民に要求している……。

野外ミサのための祭壇の背後には、亡くなった司祭の名前と二つの肖像を描いた巨大な横断幕が張られた。幕の右側には、一九七〇年代の映画スターを思わせるハンサムなブロンドの髪のムヒカの白黒写真が、左側には、南北アメリカ大陸出身の初の教皇、フランシスコ教皇の肖像が黄と白の教皇色で描かれていた。二つの肖像の間には、パラグアイ、ペルー、ボリビア、ブラジルから経済的な、あるいは政治的な理由で避難してきた全ての住民の出身国を占める様々な色を使った、格子じま模様が描かれていた。祭壇の正面には、「司祭が亡くなった。誰が彼に続く勇気をもっているだろうか」という言葉と「貧しい人々の自由のためにともに戦い、イエス・キリストと教会に奉仕することを、何も、誰も妨げることはできないだろう。主が私に命を失う特典をくださるなら――私にはその価値はないが――主の御旨に委ねます」という本人の言葉を添えたムヒカのポスターが置かれた。

草むらに集まった大勢の人々に対面する形で、祭壇の後ろに、長髪で黒い髭をたくわえ、照れたような笑みをたたえた司祭が立っていた。手にしたマイクを通して、彼は静かに語り始めた。「皆さん、よくいらっしゃいました。スラムに住んでおられる全ての皆さん、そしてよりよい社会を求めておられる全ての皆さん……」。集まった人々は声をひそめ、彼のひと言ひと言に耳を傾けた。

彼が二十七年にわたってスラム、しかもこの場所で働いているということを知らなかったとしても、人々を引き寄せるような特別な魅力が、彼にはあった。彼の名は、ホセ・マリア・デ・パオラ神父、皆は「パードレ・ペペ」と呼んでいる。他の司祭の一人がマイクを取り、人々に話しかけた。「彼があなた方に言いたくないのは、『今日が自分の誕生日だ』ということです。五十一歳になったのです！」。歓呼が沸き起こり、「ハッピー・バースデイ」の歌が始まった。歌の調べは、アルゼンチンだけでなく、ボリビア、ペルー、パラグアイのものもあった。様々なサイズや形のアコースティック・ギターの奏者で編成されたバンドは、誕生日を祝う歌から、ミサの始めの神を讃える聖歌、さらに「グロリア」（栄光の賛歌）と続け、大きな歌声、応唱、それに手拍子が集まった人々の間に広がった。

ビジャ三十一の人々の祈りは双方向の形をとる。神へのとりなしを願ういくつもの祈りでは、パードレ・ぺぺによる公式の祈りの後、参集者たちが好みの聖人の名を挙げながら大きな声で祈った。ここでは「宗教」が直接的で、日々の暮らしに生きている。信仰は力強く、人々のものになっている。

三十代初めの若い司祭が説教をするために進み出た。説教は、イエスが、スラムに住む人々のように素朴な信仰――聖母マリアによって養われ、聖ヨセフによって守られた信仰――をどのようにして持っていたのかについてだった。スラムに住む人々はうっとりとして立って聞いている。彼らは、元気そうに見える者、困窮し健康がすぐれない者、痩せすぎ、太りすぎ、色あせて擦り切れた服を着ている者、おしゃれなズボンと華やかなサングラス、長いブーツなど洗練された格好をした者など、様々だ。

説教は続いた。「信仰は利己的なものでも、個人的なものでもありません。移民の方々も含めて皆で分かち合うべきものです。私たちは自分自身のために事態を改善していかねばなりません。お役所主義を取り除かねばなりません。パコ（貧しい人々が吸引する安物のコカイン）を断つために戦わねばなりません。これがイエスの示された信仰です。ムヒカ神父の持っていた信仰――彼が心で感じ、私たちのために命を捧げさせた信仰――です。教皇フランシスコが『貧しい人々のための貧しい教会』をお求めになることで新たにされる信仰です」。

パコはスラムで生きる人々の悩みの種になっている。欧州や米国に売られる高純度のコカインとブエノスアイレスの富裕層向けに売られている低純度のコカインを精製した後の、残りかすだ。

以前は捨てられていたが、二〇〇一年にアルゼンチンを襲った経済危機の中で、この残りかすに灯油、殺鼠剤、あるいはガラスを粉々にしたものを混ぜ、一服一ドルでスラムの人々に売りつける〝商売〟が始まった。習慣性が強いことから、人々をパコ依存症に追い込むのに一日分を無料で配るだけで十分だった。気分が高揚するのはわずかな時間で、すぐにパコが欲しくてたまらなくなり、被害妄想や幻覚症状に陥る……。売人は思春期やそれより年下の子供たちをカモにしていた。

パードレ・ペペはスラムで働く仲間の司祭たちとともに、パコ排除のキャンペーンを展開したが、余りにも効果が高く、売人たちを強く刺激した。司祭たちは「キリストの家（Hogar de Cristo）」——常習者のための回復センター——と、回復した人々が生活し働くことのできる農場を開設した。さらに売人たちを刺激したのは、十六歳以下が住民の四四パーセントを占めるスラムの中で教育支援活動を始めたことだった。その内容は、ボーイ・スカウトが「探検家たち」と呼ぶ教会と、電気工や石工、自動車整備士、金属加工士、洋裁師、料理人、パン職人などになるための職業訓練制度の導入だった。目的もなく職に就けない子供たちに、働く意思と能力を持たせるようにした。教会がいきなり、パコに代わるものに目を向けたのだ。

そうした二〇〇九年のある夕方、パードレ・ペペがビジャ二十一、二十四にある自分の教会に自転車で帰る途中、良い身なりをした見慣れない男に呼び止められ、こう脅された。「麻薬反対の運動を止めないなら、彼らがお前にナイフを向ける。お前は破滅だ」。

恐しくなった彼は大司教のベルゴリオに連絡をとった。大司教館のベルゴリオの部屋で二人だけで会った。パードレ・ペペはその時をこのように語った。「大司教は、こうおっしゃいました。『誰かが犠牲にならねばならないのなら、私がなりましょう』。私に個人的に話されました。自分を大物に見せようと多くの人の前で語るようなことは、なさらなかった。私だけにお話しになったのです」。

ベルゴリオは、予告なしにペペが働いている小教区にあるスラムに姿を現した。スラムの中をゆっくりと歩き、住民と言葉を交わし、祝福を与え、自分自身でも愛飲しているマテ茶（アルゼンチンでよく飲まれるお茶）を口にした。何も具体的なことは語らなかったが、彼が皆に伝えようとしたメッセージは明らかだった。「あなたが彼に触れたなら、私に触れたことになる」。彼はスラムのパードレ・ペペの家で休むように、との申し出さえも受けた。「パードレ・ペペが恐怖におびえている時に、ベルゴリオは大きな勇気を示されました」と語るのはペドロ・ベラスコ神父だ。彼は、ペペが他のスラムを管轄する小教区に異動した後に、このスラム担当司祭になった。

翌日、大司教は、カテドラルと大統領宮殿の間にある市民の集会場、五月広場で野外ミサを捧げた。テレビ局は、ベルゴリオ大司教がそこで語る内容の事前説明を受けていた。彼はミサ中の説教で、麻薬売買人たちと殺人の脅しを厳しく弾劾した。売人たちを「闇の商人たち」と呼んだ。そして彼らに挑戦するように、パードレ・ペペをブエノスアイレスの全スラムを管轄する大司教代理に任命した。「あの時は、私たち全員が恐れていました」とベラスコは言う。「ミサを捧げようとする時も、恐れを感じていました。聖書が言っているように、『羊飼いが傷つけば、羊の群れはばらばらになる』。ベルゴリオには、これが分かっていたし、ミサそのものが明白に示していたのです」。

パードレ・ペペは、ベルゴリオなしに何もできないことを知っていた。「私と彼の関係はとても深い」。彼は、スラムで過去に活動した司祭たちとベルゴリオの緊張関係に触れないようにして語った。「彼は、私と毎週、言葉を交わし、このスラムに何回も来てくれました。私たちが仕事を始める時、不意に現れるのです。でも邪魔になるようなことはなさらず、私たちを自由に働かせてくれました。仕事を押し付けるようなこともなかった。私たちがやりたい、と思うことをやらせてくれましたし、くつろいでおられました」。

大司教は一人でスラムの路地を歩き、住民と言葉を交わし、彼らの住まいでお茶を飲み、ビスケットを食べ、求められればカメラにポーズをとった。ベルゴリオは、住民たちによれば、「気さくな仲間（campechano）」だった。「神父さま」と呼ぶ代わりに、「おい君（El Chabon）」と呼ぶ者もいた。補佐役の一人が言う「ごみの山」に打ち捨てられたと感じている人々たちと、くつろいで過ごした。

「彼はここにやって来て、パコ依存症の子供たちの足を洗いました」。パードレ・ペペは回想した。「私たちはここで、スラムについて二つの重要な文書をまとめ、ベルゴリオがそれを教会の公式雑誌に掲載しました。彼は、スラムがここに住む人々にとって重要なだけでなく、全教会にとって重要だ、ということを示そうとしたのです。その文書は、スラムとそこに住む人々の文化に敬意を払わねばならない、と強調していました。中央政府と地方政府の当局者は、人々が決めたことについて変更を強要すべきではない。ここに住む人々は助けを受けるのでなく、自立することを必要としている。私たちの神学は論理的なものではない。基本は『人々の判断を尊重すること』です。『解放』はイデオロギーでも、慈善でもない。人々と共にあるものです」。

スラムを去るように命じられたヨリオとヤリクス、そして他のイエズス会士たちは、これを聞いて驚いただろう。四十年近く前、自分たちのスラムでの活動を禁じた、その同じ人物が、ぺぺの意見を耐え忍ぶどころか、これを支持し祝福を与えようというのだ。

＊＊＊

ベルゴリオが初めてブエノスアイレスのスラムにやってきたのは二十年前、五十五歳の時だった。一九九二年のこと、イエズス会士たちとの共同生活に別れを告げ、大司教のクアラッチーノによって補佐司教の一人に選ばれてブエノスアイレスに復帰した。注意深く老練なクアラッチーノは、アルゼンチンの首都に住み働く千二百万人の信徒の司牧の助けを得るために、様々な個性をもつ補佐役を五人選んだ。ベルゴリオは、彼が生を受けた場所、フォロレス教区を担当することになった。

後にベルゴリオの補佐役を八年務めることになるマルコは回想する。「彼と会ったのは、彼の友人の教区司祭の補佐をしていた時です。彼は何度も私たちの小教区に来て、自分が担当することになった教区のことや、私のような若い司祭が何を考えているのか知りたいので、家まで一緒に歩いてくれないか、と頼まれました」。

補佐司教に選ばれた初めから、彼の行動様式は他の司教たちとははっきり違っていた。大司教から与えられた職務を完全に果たすだけでなく、自分のやり方で、司教区の司祭や住民をよく知ろうと努めた。最初にやったことは、相手の話を聴き、相談することだった。そうすることで、普通の聖職者や一般信徒の見方を考えに入れてくれている、という印象を与えた。

そして彼が最初に焦点を当てたのは、司教区内にあるスラムだった。管内の、比較的恵まれた人々が住んでいる小教区を訪れた時には、例外なく彼らに、「『ビジャ』に住んでいる貧しい隣人を助けるために何をしていますか」と尋ねた。どこに行っても、自分のために祈ってくれるように頼んで、訪問を終えた。自信にあふれ、イエズス会たちを威圧していた人物を完全に変える、何かが起きていたのだ。

「クアラッチーノ枢機卿は、常人とは全く違っていました」。マルコは回想する。「ベルゴリオのように謙遜でも質素でもなかった」。ローマを訪れる時には、最高のホテルに泊まろうとした。それでもクアラッチーノは、信心深く、自分に忠実なベルゴリオを好んだ。結果、補佐司教にして一年も経たないうちに、ベルゴリオを大司教代理の座に就け、大司教区の日々の運営を任せた。

四年後、健康が優れなくなったクアラッチーノは、後継者を選ぶ必要があると考え、ベルゴリオに白羽の矢を立てた。信徒の司牧、教会の運営、財務管理などあらゆる分野で司教として傑出した勤めを果たしている、と認めたのだ。

退任する大司教は、バチカンに後継者の選定を託すのが通例になっているが、クアラッチーノはローマに飛び、選定を行う全世界司教会議に「ベルゴリオが適任である」と伝えた。彼はまた、大司教区の運営をベルゴリオに補佐させるのを認めるよう求めた。このことは、自分が退任するか死亡するかした場合に大司教職を自動的に引き継ぐ権利を、ベルゴリオに与えることを意味した。

ところが、認否の判断に大きな影響力を持つ教皇庁の官僚たちが、「ノー」と回答した。彼らはクアラッチーノの教皇への接見も管理する立場にあったので、彼らの判断通りになってしまうように思われた。

だがイタリア生まれの、権謀術数にたけた老練な枢機卿は、むざむざと敗北を認めはしなかった。教皇に接見を求める署名を空欄にした手紙を書き、旧友のバチカン駐在アルゼンチン大使、エドゥアルド・トルソに会いに出かけ、こう頼んだ。「あなたが次に教皇にお会いする時に、この手紙を渡してください」。クアラッチーノは、大使が教皇ヨハネ・パウロ二世に近々接見することを知っており、大使は彼の願い通り、接見の際にその手紙を教皇に手渡した。教皇は、手紙の空欄の部分に署名をして、トルソに渡し、クアラッチーノのもとに届けられた。

このことを知った教皇庁の官僚たちは怒り狂ったが、後の祭りだった。一九九七年六月、ベルゴリオは協同大司教に任命され、八か月後の一九九八年二月にクアラッチーノが心臓発作でこの世を去って、六十一歳のベルゴリオはブエノスアイレス大司教の座に着くことになった。

大司教就任直後から、ベルゴリオの評判は、教会の外で広がり始めた。ブエノスアイレス大司教の主公邸は、大統領官邸に近い、首都の中でも特別なオリボスの高級住宅地にふさわしい瀟洒な建物だった。だが、ベルゴリオはそこには移ろうとせず、ブエノスアイレスの中心街に建つカテドラルの隣りの大司教館にある、事務室と寝室、図書室、礼拝室の四部屋の簡素な住まいに留まることにした。この判断はある意味で実利的なものだった。主公邸から中心街までは十四マイルもあり、これまでの大司教は運転手付きのリムジンを利用したが、ブエノスアイレスの交通渋滞は昔も今も激しく、到着までに大変な時間がかかっていたのだ。

ベルゴリオは、そうした実利的な意味だけでなく、「贅沢な主公邸と大司教専属の運転手を拒否することとの象徴的な意味」も重視していた。彼は、公邸を司祭たちや修道女たちのための宿泊所に変え、専属運転手を大司教区の他の仕事に回した。自分自身は市内の小教区を訪問するのに公共交通機関――地下鉄とバス――を利用した。自分の住まいでは自炊をし、深紅の大司教用衣装よりも普通の聖職者用の黒服とローマン・カラーを身に付けるのを好んだ。私物はとても少なかった。それを象徴するエピソードが、ある人から音楽CDをプレゼントされた時のこと。CDプレーヤーを持っていないので再生できず、「テープレコーダー用のカセットテープに録音してください」と頼んだのだ。

二〇〇一年二月に枢機卿に選ばれた時、衣服を新調するのを断り、前任者が使っていたものを自分のサイズに合うように手直しして、身に着けた。大司教の彼に「Your Grace（閣下）」あるいは枢機卿である彼に「Your Excellency（閣下）」「Your Eminence（猊下）」という尊称を付けようとする人々に対して、「そのような尊称を付ける代わりに『ホルヘ神父』と呼んでください」と頼んだ。叙階式に出るためにローマに飛ぼうと考える人々には「家にいて、貧しい人々のために、お金を節約してください」と諭した。

聖職者たちの第一印象は、「普通に彼に会える」ということだった。彼は目覚まし時計の世話にならずに毎朝四時に起き、朝の祈りをする。朝食の後、新聞に目を通し、七時から八時まで固定電話のそばに座って、自分が担当する司祭からの電話を受ける。マルコによれば「秘書がいないので、彼に直接、話をすることになります。大司教区の司祭たちには彼の電話番号が知らされていました」。

朝の打ち合わせの後で、十二時半に簡素な昼食をとり、四十分のシエスタ（昼寝）をし、その後に小教区を訪問する。帰宅すると、夕食はしばしばリンゴ一個とお茶で済ます。「夕食の招待は断っていました」とマルコは言う。夕食が終わると、午後十一時頃にベッドに就くまで、ラジオでクラシック音楽を聴いて過ごす。「いつも一人で過ごすのが好き。内的な生活を大切にしている。社交的な生活というものは、彼にありません」。

それだからといって、硬直的な、面白みのない生活を繰り返していたわけではない。彼の日々の生活は柔軟だ。必要なら、小教区の病気の司祭のところに足を向け、夜を過ごすこともある。マクシモ神学院時代から付き合いのあるイエズス会士の一人、神学者のホアン・カルロス・スカノーネは、ベルゴリオが補佐司教だった時、ブエノスアイレスから二百五十マイル離れたマル・デル・プラタまで出掛け、病いに伏している司祭の側にいて、孤独を味わわせないようにしたことを、思い出す。パードレ・ペペも「彼は夜遅くまでいてくれました」と語る。ペペは、若い司祭が仕事のことで問題を抱えた時、ベルゴリオと問題について時間を忘れて話し合った。「ベルゴリオが特に何か提案をするようなことはなかった。答えが見つからず、困っていましたが、彼はただ私の話すことに耳を傾け、自分自身で決断を下すように仕向けてくれたのです」。

彼は教会行政に関して革新的だった。若い司祭をまず貧しい小教区に赴任させ、何年か後に大きな豊かな小教区に〝昇進〟させていく、という伝統的なやり方を改めた。マルコは言う。「最も優れた司祭をローマでの仕事に就かせる、という考えも、彼は好きではありませんでした。立身出世主義と見ていたのです」。

マイナス面もあった。「重要な場所に、司牧経験の無い二十代、三十代の若い司祭たちを赴任させたのです。それは、いい考えではなかった。小教区をうまく管理することができなかった。経験を積んだ司祭たちの世代が、小さな小教区に固定されてしまうことも意味しました。ベルゴリオは小教区の司祭を一度も務めたことがないので、その問題が理解できなかったのです」。だが、おそらく彼は分かっていたが気に留めなかったのだ。

そのような欠点はあったものの、教会の普通の信者たちに示すしぐさや、仕事の優先順位について司祭たちに発するメッセージのシンボルとしての重要性を、彼は間違いなく知っていた。歴代の大司教が補佐司教に任せていた司祭たちの霊的指導を、ベルゴリオは自分自身の仕事にした。マルコは続ける。「彼は補佐司教たちに、多くのことを委せることはしませんでした。それで、誰もがベルゴリオのところに直接、行ったのです。彼は権力について強く自覚していました」。

情報にも、とてもよく通じていた。ブエノスアイレスのある司祭によれば、「彼はよく知人に電話をし、たわいもない質問をしたり、雑談をする」「そして、相手が『全てうまくいっています』と答えようものなら、相手の抱える問題を全て知っていると分かるような、致命的な質問を突きつけた」のだそうだ。彼の敷いた路線に沿って行動しない司祭たちには見直しの機会が与えられるが、職を解かれる可能性も出てくることになった。

他の分野については、もう少し権限を分散した。具体的には、教会の管理運営と財政管理は多くの権限を六人の補佐司教に委ね、二週間ごとに開く会合で報告を求めた。全ての広報業務はマルコに任せたが、彼とは政策や戦略的な課題について毎日、話し合いをした。月に二回の会合では、ベルゴリオは決まってテーブルを回り、皆の助言を求めた。課題について慎重に検討し、結論を出す段階を迎えると、「自分自身で決断を下しました」とマルコは語る。投票で決めることはなかった。厳しい課題に直面した場合、どうするか。大司教の広報担当官をマルコから引き継いだ一般信徒のフェデリコ・ウォルスの言によれば、「受話器を取り上げ、様々な人の意見を聴き、異なる見方を知ったうえで、自分自身の判断をしていた」。

補佐司教も司祭も「平信徒の代表」と呼ばれる人々も皆、彼の判断に関わった。ブエノスアイレス大司教区の司祭、ザンピニは「物事を変更する際に彼が取ったやり方は、相談する、長い時間をかける、そして参加させること。対象は小教区と司祭、司教代理と幅広かった」と言う。「初めは、そのことを皆、信じなかった。それで彼は『自分から結論を押し付けるのを好まない、自ずと定まっていくのがいい』ということをはっきり示したのです」。

重点方針は教会の一般信徒たちにも知らされた。「仕事をする司祭たちに関することだけではありません。活発に活動している一般信徒にも関心を持ってもらい、仕事を引き受けられるようにしました。司祭は、修道士や一般信徒などとともに、腰掛けの四本の脚の一本だったのです。そのようにしないと教会の内側だけに関心が向いてしまう、と彼は感じていました。司祭がすることだけでなく、一般信徒全てについて感じていることでした」。

ベルゴリオはまた、時にはトップダウンで物事を進める必要がある、ということも認識していた。大司教に就任した時、ブエノスアイレス大司教区は財政危機だけでなく、金融スキャンダルにも見舞われていた。

前任者のクアラッチーノ枢機卿はアルゼンチンで有名な銀行家一族、トゥルーソ・ファミリー──バチカン駐在のアルゼンチン大使もその一員──と極めて深い関係にあった。「クアラッチーノは金銭面で、ファミリーにものすごく依存していました。ところがある時、ファミリー経営の銀行に取り付けが起き、（自分のところで融資できなくなったので）一族の息子の一人が保険会社に出向き、『大司教が一千万ドルの融資を希望しておられます』と頼み込みました」とマルコは語る。

その保険会社「軍人生命保険協会」はクアラッチーノに対する融資を、ファミリーの銀行に保証させる形で実行することになった。「保険会社の担当者が、融資内容の確認と必要書類への署名をもらいに、クアラッチーノに会いに行った時のことです。大司教の秘書のロベルト・マシアル・トレド神父は『クアラッチーノは忙しいので』と言い、必要書類を受け取ると『大司教の署名を取ってきます』と席を立ちました。何分か後に大司教の〝署名〟のある書類を手に戻って来たのですが、実際は、誰にも見えないところで、書類にトレドが偽の署名をしていたのです」。

大司教への融資は実行されたが、返済する前に保証者のファミリーの銀行が破綻した。融資した保険会社が大司教に返済を求めたが、大司教区の金庫には一銭もなかった。同行が倒産して一年後、銀行幹部が、クアラッチーノのクレジットカードの決済を肩代わりすることで彼の政治的影響力を利用していたことが明らかになった。それればかりか、七十万ドルが大司教区の会計から、出金記録に記入されないまま、銀行に入金されていたことも発覚した。トレド神父とトゥルーソ・ファミリーの二人の息子は収監された。

「ベルゴリオは直ちに、世界的な会計事務所、アーサー・アンダーセンに真相解明を依頼しました」とマルコは続ける。「事件を担当した判事は、これを材料にして教会を困らせようとしました。しかし、ベルゴリオは事実関係を説明する完璧な文書を法廷に提出して、問題を巧みに処理し、評価を高めることになったのです」。

それだけではなかった。新大司教は、大司教区が保有していたいくつかの銀行の株式を売却することで、不適切な関係を打ち切り、大司教区が株主になっていない健全経営の商業銀行に金融資産を委ねた。ウォルスによれば、これによって、「大司教区が株を持つことで複数の銀行から有利な条件で融資を受け、会計規律が損なわれる」という（違法と適法の中間のような）〝灰色の領域〟が解消した。「大司教区の会計は〝ブラック・ホール〟のようなものでした。基本的に、支出限度が無かったのです」とウォルス。ベルゴリオはこれに素早く対応し、外部の銀行家を招いて、無秩序状態の大司教区会計を立て直す助けを得た。

＊＊＊

もっとも、金銭問題は、ベルゴリオにとって最優先課題というわけではなかった。ウォルスは語る。「彼が理想とする教会は、シングル・マザーや貧しい人、高齢者、失業者など、現実の社会が注意を払わないような人々に、手を差し伸べる教会でした」。それを最優先しようとすれば、教会の外の幅広い人々に手を差し伸べようと力を入れることになり、教会内部の〝霊性〟に引きこもることに疑問をもつようになる。「（教会の）香部屋に長く居すぎると、教会は病いにかかります」と言うのが、ベルゴリオの口癖になった。

ベルゴリオは驚くほど幅広い視野の持ち主だった。カトリック以外の他の宗派のキリスト教信者や他の宗教を信じている人たちはもちろんのこと、信仰を持たない人たちも「手を差し伸べるべき」対象にした。アルゼンチンの英国国教会との関係はとても良好で、同教会の指導者、グレゴリー・ベナブルズ大主教は彼のことを、「カトリック教徒というよりも、キリスト中心の、聖霊に満たされたキリスト教徒」と、皮肉とも受け取れる賛辞を呈した。教皇ベネディクト十六世が、英国国教会に不満を持つ人々をカトリックに取り込もうと、英国国教会司祭がカトリック司祭になることを認めたのに対して、「広い世界は英国国教会の信徒も含む多様性を求めている。そのようなことをする必要はない」との考えを明確にし、ベルゴリオは「英国国教徒の友」となった。

同様に、彼は、アルゼンチンのカトリック信者の多くが「自分たちよりも派手でカリスマ的な礼拝をする競争相手」と見ている福音教会派のプロテスタントにも、手を差し伸べた。ベルゴリオは、そうした差別的な見方に反対し、共に祈る場に出向いた。競技場を埋めた福音教会派プロテスタントの信者たちに「私のためにお祈りください」と求めたのだが、(それを聞いて批判的な声をあげた)カトリックの保守派に対し、強い怒りを示した。

翌週発行のカトリックの超保守系雑誌は、「大司教はその座を空席にしたまま死亡した、あるいは辞任した」という意味のラテン語の見出しをつけた記事を掲載した。さらに、保守派は、ベルゴリオが自分のために祈りを捧げてくれた人々のためにひざまずいたことも批判したが、彼は「何が問題なのですか」と肩をすぼめて受け流した。ベルゴリオはプロテスタントではない。この現実の世界で、彼の生き方の外見も、霊的豊かさも、神聖さも、カトリック信者そのものだ。

彼のお気に入りの映画の一つが「バベットの饗宴(Babette's Feast)[1]」というのも意味深長だ。この映画は、厳格な清教徒の共同体が食事――「神が世界に与えた溢れるほどの豊かさ」を意味している――をめぐって、いがみ合う姿を描いている。

ベルゴリオは常に「宗教には信心を超えた、深い、想像力をかきたてる素晴らしさがある」ことを直感的に認識していた。歳を重ねるうちに、人々の中にある善と、宗教上の帰属意識によって他人を区別しない共通の精神的基盤に、しっかりと目を向ける人となっていった。

他宗教との関係強化にも特に気を配った。自分のカテドラルで宗派を超えた集まりを何度も開き、イスラム教のモスクとイスラム学校を訪問し、シナゴーグで行われたユダヤ教の儀式にも何度も出席した。カテドラルでは、「水晶の夜事件（Kristallnacht）(2)」の追悼式典も主宰した。

アルゼンチン在住の主導的なユダヤ人学者でラビのスコルカと対話集『天と地について（*On Heaven and Earth*）』も出版したが、その中で、ベルゴリオは「相手に対する尊敬の姿勢、相手が語るべき良いものを持っているという確信から、対話は生まれます。それによって、他の人のものの見方、意見、提案を受け入れる余裕が出来るのです。対話は温かなもてなしの心を生み、相手に先んじて非難するようなことにはなりません。対話をするためには、どのように防護の垣根を低くするか、家の扉を開けるか、思いやりを示すかを、知る必要があります」。

ベルゴリオは自分自身について語っているのかも知れない、とスコルカは私に話した。「彼には偏見というものがありません。その人の意見に同意できなくても、率直に、敬意をもって話す人となら対話をすることができるのです。堕胎について議論を持ちかける婦人がいれば、彼女の話を聴き、共に悩みます。他の人々の意見に共感し、人の話に耳を傾けるという、とても重要な能力が、彼にはあります。ただし、そのことは、彼が自分の考えを変えることを意味しません。彼は保守的な司祭です。しかし独善的な姿勢の持ち主ではない。だから、敵対する人々とも対話しようとするのです」。

スコルカとベルゴリオの対話は、神と悪魔、死と高齢者問題から共産主義、グローバリゼーションにまでわたった。「二人が立っている基盤が同じなので、素晴らしい対話ができました。二人が持つ倫理観はイスラエルの預言者の倫理観でした。ベルゴリオは共観福音書[3]に特別の感覚を持っており、これらの福音書に出てくるイエスの言葉を分析すると、多くの並行表現、預言者たちによって育てられた信条が含まれていることが分かるのです」。

二人は、教皇ピオ十二世とホロコーストの時期の欧州におけるユダヤ人をめぐる論争に関しても意見が一致した。スコルカによれば「この問題については二つの見方がある」「一つは、『教皇ピオ十二世は、ユダヤ人殺害の加速につながるナチスとの敵対を避けながら、ユダヤ人救済に全力を尽くした』という見方。もう一つは、『いかにして教皇は沈黙を続け、このような流れ全てに対して、罪の無い人々を殺すのをやめよ、と叫びをあげなかったのか』を問うものです。ベルゴリオは言いました。『バチカンの公文書館の扉を開けて、真実を見つけなければならない』。それを実行する機会が今、訪れたのです。私は、彼がそうすることを信じている」。

アルゼンチンに住む右翼のカトリック信者たちは、ベルゴリオの宗派を超えた対話への積極的な姿勢に反発した。特に、彼らが信奉するクアラッチーノ枢機卿が埋葬されている場所に近いカテドラルの中に、各地のユダヤ人強制収容所で見つかったヘブライ語の祈禱書の断片が、ホロコーストに関係する他の記録とともに飾られていることに、文句をつけた。ベルゴリオは、それには気にも留めず、ユダヤ人たちを「私の兄たち」と呼んだ。

ベルゴリオが最も気にかけたのは、伝統宗教の外にいる人々だった。午後十一時にフローレス広場で、夜の仕事をしている女性たちと話をしている彼の姿が、しばしば目撃された。時には、公園のベンチに座って彼女たちの告解を聴いた。「間違いなく、私のことが新聞に載るでしょう」と彼は同僚に冗談を言った。

カトリック教会では、復活祭に先立つ聖週間の聖木曜日に、キリストが弟子たちの足を洗った出来事にちなむ儀式が行われるが、彼はそれにならって、社会から無視されている人々を大切に思う心を示そうとした。二〇〇一年に、ブエノスアイレスのムニーズ病院で、瓶入りの水を用意するよう依頼し、その水でエイズの合併症で苦しんでいる患者十二人の足を洗って職員を驚かせた。それだけでなく、彼らの足に接吻した。二〇〇八年の聖木曜日には、「哀れみの館（villas miserias）」で主の晩餐のミサを捧げ、麻薬患者の更生施設「キリストの家（Hogar de Cristo）」の若者十二人の足を洗った。

ベルゴリオはまた、教会の中で軽んじられている人々をもっと受け入れようと努めた。カトリック教会では「再婚した信者は聖体拝領をしてはならない」とされている。ベルゴリオはその決まりに反しないようにしながら、彼らに可能な限り救いの手を差し伸べようと心を砕いた。「離婚した教会員で再婚された方は……破門されることはありません――結婚が二人を分かち難く結びつけ、結婚の秘跡が二人にそれを求めたにもかかわらず（このような事態を招いてしまったとしても）――そして、小教区での暮らしに溶け込むように求められています」。マルセロ・ゴンザレスやグスタボ・イラサバルのような神学者の発言や著作の内容に賛成していなくても、バチカンの審査にさらされることから守るのに骨を折った。

ヘロニモ・ホセ・ポデスタの未亡人を友として助けることは、特に勇気の要ることだった。ポデスタは一九六〇年代から進歩派のカトリック司教として知られ、急進的な説教はバチカンをいらだたせた。当時のベルゴリオにとって明らかに弾劾の対象となる司祭だった。政府の経済政策をあからさまに非難し、組合のデモ行進で労働者を奮い立たせるような演説をし、アルゼンチンのカトリック保守派上層部が執拗に反対する第二バチカン公会議の教会改革を熱烈に支持した。

バチカンは、そうした彼を追放する完璧な材料を手に入れた。彼が自分の秘書、クレリア・ルロ――六人の子持ちの独身女性――と一九六七年から関係していた、というものだった。バチカンによれば、彼女は〝急進的な〟男女同権主義者であり、〝夫〟とともにミサを立てることを習慣にしていた。

ポデスタは、反共産主義者同盟の処刑の脅しから逃れるためアルゼンチンを出国した。軍事政権が倒れた後、一九八三年に帰国したが、二〇〇〇年に亡くなるまで、貧しく、恵まれない日々を送った。彼は「既婚司祭のラテンアメリカ連盟」の議長であり続けたが、死の床で抑え難い衝動に駆られ、ベルゴリオ大司教と連盟の運動について話す約束をした。ベルゴリオは彼を受け入れはしなかったが、この不名誉な司教と何らかの約束をした唯一のカトリック教会幹部となった。ベルゴリオは病院に瀕死のポデスタを訪ね、終油の秘跡を授け、死が迫ると彼の手を握った。

ベルゴリオを除くカトリック教会の上層部にとって、ポデスタは、司祭を辞めた誰とも同じように、追放すべき人物だった。だが、ベルゴリオにとって、それは大司教としての司牧の問題だった。ポデスタは、他の誰とも同様に「神から愛された子供」なのだ。ベルゴリオは、ポデスタの未亡人に助けの手を差し伸べる自らの信仰に、十分な確信を持っていたのである。かつては恵まれた人々の暮らしを目撃したであろうピンク色の列柱のある壮麗な植民地風の邸宅に腰をかけ、八十七歳になった今も元気はつらつとした未亡人は、私に語った。夫が亡くなって十三年以上、ベルゴリオは彼女の親しい友となった。

「ヘロニモの死後、彼はずっと、私に連絡を取り続けてくれました」「問題があると、それが経済的な問題であろうと、家に関する問題であろうと、年金問題だろうと、いつも助けてくれました。そうした問題は、私には複雑すぎて対応できなかったのです。眠ることができない夜には、ベルゴリオに手紙を書きます。彼は毎日曜日に電話をくれます。ローマに行くまで守ってくれましたし、ローマに行ってからは、バチカンから電話をくれます。私たちはあらゆることについて話します。彼は、結婚について、私自身の場合も、女性一般の場合も、とても敬意を払ってくれます。私は彼に言いました。『司祭の独身制は変えるべきです。規定は人が作ったもので、イエスがお作りになったものではありません』。するとベルゴリオは答えました。『それは文化の問題です。ある時点で、変更は受け入れられるかも知れない』」。

同性愛者の結婚問題についても、ベルゴリオは司牧的な見地から対応している。アルゼンチンの他の司教のように、彼も、結婚の概念を同性愛者の関係に適用することには反対だ。だが、二〇一〇年にベルゴリオ枢機卿は、マルセロ・マルケス前神学院教授――同性愛者の権利要求運動のリーダーで、熱心なキリスト教徒でもある――からこの問題について批判的な手紙を受け取った時、一時間もしないうちに彼に電話をかけて驚かせた。二人は二度、会った。マルケスによれば、「彼は、私の見方をとても敬意を払って聴いてくれました」。おそらく、そのようなことは予想していなかっただろう。

アルゼンチン大司教であるベルゴリオの前任者、クアラッチーノ枢機卿は、同性愛者は「強制収容所に閉じ込めるべきだ」と言明した。それが、これまでのアルゼンチンのカトリック教会だったのだ。ベルゴリオは、これとは大きく異なる姿勢をとった。同性愛者の結婚を合法化する政府の計画を、教会幹部があからさまに何か月も批判し続けたにもかかわらず、ベルゴリオは個人的見解として、「同性愛者たちは、同性愛者連合の結成を含めて、認められた権利を持つことを必要としている。ただし、同性婚はその権利の対象にはならない」という立場をとった。アルゼンチンにおける教会内部の論争はベルゴリオの姿勢をめぐって表面化したが、保守派の独善的な主義主張は、司牧的な配慮に勝つことができなかった。

ベルゴリオは、これ以外にも幅広い課題に対して同様の手法をとった。中でも最も厳しい批判の矛先を向けたのは、教会の諸規定をあらゆるものより優先する保守的な法律家たちだった。「宗教の中には、規範にこだわり過ぎて人間的な側面を忘れてしまう人々がいます」とベルゴリオは言う。かつて彼は、「世界全体をコンドームの中に閉じ込めよう」とする性的倫理にとらわれたカトリック信者について語ったことがあった。彼は未婚の母の子供たちに洗礼を授けるのを拒む司祭たちを、〝秘跡による脅迫〟で洗礼をハイジャックする〝偽善的な聖職権主義者〟と激しく非難した。

告解について、彼は司祭たちに、規定に厳格すぎるのも、寛大過ぎるのも良くない、と述べた。「司祭たちが『それでは私たちはどう対応すればいいのでしょうか』と尋ねたので、私は言いました。『思いやりを持って対応しなさい』と」。ベルゴリオは正直に打ち明けた。司祭たちには「思いやり」を勧めておきながら、自分自身は告解を聴く時に、親たちに「仕事が忙しすぎて子供たちと一緒に祈ることができないのですか」と尋ねてしまう可能性が強い。だが、「一緒に祈れない」というのは、親たちが懸念するような種類の罪ではないのだ。

ある時、犯罪や失業、麻薬、貧困にまみれたスラムに住む母親が「自分の息子が教会に行くのを止めた」と言って、彼のところに謝りに来たことがある。彼はこう答えた。「息子さんは良い若者ですか。それが問題です。教会に行くかどうかではありません」。他の場合には、このように語る。「いちばん大事なのは、あなたの目の前にいる人なのです」。

「教会は人々のところに出かけて行かねばならない。人々が教会に来るのを期待して待っていてはならない」と言うのが、ベルゴリオの口癖だ。「彼はいつも言っていました。『私たちは福音伝道者の模範から学ばねばなりません。家の扉をたたき、皆と話すことです』と」。ウォルスは語る。「彼は、建物の外で『教会』が見えるようにすることを望んでいました。それが、ブエノスアイレスでとても楽しい野外イベントが開かれるようになった理由です。例えば、聖週間中に行なわれる

「十字架の道（Via Crucis）」の行列。ブエノスアイレスの街中を延々と歩きます。野外ミサもたくさん行われるようになりました。いちばん重要なミサは、カテドラルの中ではなく、広場で行われるのです」。それが、ベルゴリオ――少年時代にサン・ロレンソのサッカー・チームの熱烈なファンだった――が、特別の行事の時には、サッカー・クラブのスタジアムでミサを捧げたい、と考えた結果だった。

彼の行為で、もっと考えさせられることがあった。二〇〇四年のことだ。ブエノスアイレスの「クロマニオン」というナイトクラブが全焼した際、ベルゴリオは、消防車が到着する前に最初に現場に来た関係者の一人だった。百七十五人が亡くなったが、クラブの所有者が無銭入場を防ぐために非常口を閉鎖していたことが悲劇を生んだ。ベルゴリオは犠牲者の親兄弟とともに遺体安置所に行った。何も言わなかった。犠牲者の父親は「彼は静かで礼儀正しかった」と振り返る。「その日、私たちといてくれたブエノスアイレスの有力者はわずか。彼はその一人でした。彼は私たちに付き添ってくれました」。

人々の残酷な死に直面したその時のことを、ベルゴリオは語った。「私は沈黙したまま座っていました。すべきことは、静かにしていること、私を信頼してもらって彼らの手を取ることでした。そして、彼らのために祈ること。彼らの肉体的、精神的苦痛は他人が立ち入ることのできないものですし……彼らが知る必要があったのは、誰かが共にいてくれること、愛してくれること、沈黙を大切にしてくれること、そして、『純粋な孤独を埋めてくださるよう』と神に祈ってくれること、だったからです」。

ブエノスアイレスの月刊誌『新しい市（*Ciudad Nueva*）』のアルベルト・バルロッチが書いたところによれば、ベルゴリオがその夜、人々に送ったのは、「教会は、悲しみの時に人々と共に在りたい」というメッセージだった。「多くの人にとって、彼がそばにいてくれることは慰めとなり、人によっては、失ったように思われた信仰を取り戻すことにつながりました。その場にいた全ての人にとって、『近くにある、友人、姉妹、母のような教会』との出会いでした」。

＊＊＊

アルゼンチンの政治・社会には、二つのグループが存在し、相手を包み込むよりも対立することが、大司教としてのベルゴリオの任期を通しての支配的な形になった。政府とカトリック教会上層部の関係は、さらにやっかいだった。そうした中でフロンディシ政権下の一九五〇年代後半以来、ベルゴリオは、国政選挙で投票することはなかったが、立ち居振る舞いは〝政治的な生き物〟そのものだった。

ベルゴリオがブエノスアイレス大司教に就任した当時のアルゼンチン大統領は、ペロン主義者のカルロス・メネムだった。毎年五月二十五日は、この国に二つある「国家の日」の祝日の一つ。大統領が首都ブエノスアイレスのカテドラルで行なわれる年間行事、「テ・デウム」(4)に出席し、大司教がそのミサで説教するのが、慣例になっていた。

就任一年目のベルゴリオは説教台から、アルゼンチンの現状について「全ての人がテーブルに就いているが、ほんのわずかの人しか恩恵を受けることができない社会」になっており、社会構造が破壊されている、と語った。聴いていた大統領は不快感をはっきりと顔に出したが、それはベルゴリオの政治家たちとの大胆なやりとりの始まりに過ぎなかった。メネムの後の大統領となったフェルナンド・デ・ラ・ルアはベルゴリオに、「政治のシステムが暗い影の時代に落ち込んでしまった」と批判された。

その後に大統領となったネストル・キルチネルの下で、ベルゴリオの大統領との関係は最悪となった。二〇〇四年のテ・デウムで、キルチネルはカテドラルに入り用意された席に腰を下ろした。そして、この国の最高位の聖職者が「平凡さを隠し守ろうとする、もろもろの策略の長々とした一覧表」の一部として「自己顕示欲と誹謗中傷、堪えがたい大衆迎合主義と宣伝、政治制度の破壊ないしは制限」を挙げ、暗に自分を批判するのを聴かされた。

翌日、新聞記者が教会の広報担当者、マルコに「この批判はベルゴリオがキルチネルに向けたものか」と質問すると、彼は「靴のサイズが合うのなら、履けばいいでしょう」と答えた。キルチネルも、すかさず反応した。「(天使と同じように)悪魔も、誰にでも訪れる。ズボンを履いた者にも、カソック(聖職者の着る平服)を着た者にも」。

大統領はそれ以来、二度とベルゴリオが説教するテ・デウムのミサに出席しなかった。二〇〇七年に、米国の外交官はワシントンに送った電信で、ブエノスアイレス大司教について、アルゼンチンの政権に対する「反対派のリーダー」と報告した。その年、ネストル・キルチネルに代わって、妻のクリスティーナ・フェルナンデス・デ・キルチネルが大統領になったが、関係はほとんど改善しなかった。二〇〇八年、アルゼンチンの農村部で騒動が起きた時、ベルゴリオは国を挙げての和解を呼びかけたが、クリスティーナは、その呼びかけを「反政府デモの参加者を支持するもの」と解釈した。

二人の政治闘争はさらに続いた。ベルゴリオは、一定の条件付きで妊娠中絶を合法化する政府の計画について、クリスティーナの大統領就任前の二〇〇六年にすでに反対を表明していた。二〇一〇年、同性婚を合法化する彼女の計画にも反対したが、これはうまくいかなかった。彼女は彼のことを「中世の考えの持ち主」とあざけった。ベルゴリオは、政府の汚職対策と貧困対策の失敗を厳しく批判し続け、相手を苦しめた。クリスティーナはペロン主義者で、社会正義の立場から左翼的政策を追求しているように見せかけようとしたが、評論家たちはそうした見せかけに乗らず、彼女の政権を「縁故資本主義にまみれ、経済運営でミスを犯している」と攻撃した。そうした政権批判は右翼陣営からではなく、左翼陣営から出ていたが、ベルゴリオはさらに「クリスティーナの政策は極度に貧しい人々に対して少しも役に立っていない」と述べ、一連の批判の動きをてこ入れした。

もっとも、ベルゴリオと政治家たちの関係が全て敵対的、という訳ではなかった。彼は大司教として政府内部の多くの人と良好な関係を持っており、全ての政党の政治家と積極的に対話を続けていた。フェデリコ・ウォルスは語る。「本当のところ、多くの閣僚がベルゴリオのところに、様々な問題で相談に来ていました。人身売買問題について、貧困問題について、地方開発のための資金を中央政府からカトリックの慈善団体を通して地方に流すことの可能性について、などです」。

政府全体が教会と戦争状態にある、というような見方は、かなり誇張されたものだった。ベルゴリオは、ウォルスに嘆いたことがある。「右翼の政治家たちは私が左翼の味方をしていると文句を付け、左翼の政治家たちは私を右翼だと見ている」と。そして「私は中道の司教になろうと努力している。両方の陣営の人々と話をし、両方の一番良いところを取り上げようとしているのだ」と自分に言い聞かせていたという。ウォルスによれば、ベルゴリオは「どのようなイデオロギーに基づいて考えるか」よりも、「具体的にどのような立場で行動するか」に強い関心をもっていた。「ですから、いつも誰とも分け隔てなく、言葉を交わしていました」。ベルゴリオはよく自分から政治家に近づいて行った。

だが、クリスティーナは、彼の会見の呼びかけを十四回以上も断っていた、と言われている。両者が若干の一致点を見出したのは、英国領フォークランド諸島——アルゼンチンでの呼称は「マルビナス」——への侵攻三十周年記念に関してだった。彼女は、この機会を利用して、島々に対するアルゼンチンの領有権を国際社会に訴えようとしたが、海外の評論家たちは「自分の経済政策の失敗に対する有権者の批判をそらす為に、関心を島の問題に向けようとするものだ」と批判して、彼女の思惑を潰してしまった。

大統領に対する国際的な批判にもかかわらず、ベルゴリオは、記念式典に出席し、「私たちは、戦いに倒れた方々のために祈る目的でここに集まりました。この国の息子たちは、島々が自分たちの領土であり、(英国に)奪われた領土であると訴え、母親、母国を守るために戦地に赴いたのです」と語った。彼の愛国的な心情の表明によって、クリスティーナ――ベルゴリオが教皇に選ばれた途端に彼に対する態度を豹変させた――は「フォークランド諸島の領有権問題にローマが介入してくれる」という希望を抱いた。だが、教皇就任後に二人が会見した後、バチカンの高級官僚が「教皇は、フォークランド問題について中立の立場を維持する」と発表したことで、その希望は打ち砕かれてしまった。

ブエノスアイレス大司教としての政治家たちとの関わりで最も重大な局面は、ベルゴリオが貧困問題に別の視点から関心をもった時に起きた。「解放の神学」の厳しい批判者だった彼が、国民的リーダーとして、解放神学者の政治社会構造の分析を重視し始めたのだ。その分析は、権力の座にある個人の邪悪な行為と同様、政治社会構造にも罪が存在する、とするものだった。おそらく、二〇〇一年にアルゼンチンを襲った経済危機が〝転機〟となったようだ。

一九九〇年代を通して頻繁に交代したアルゼンチンの政権は、軍事独裁政権下でもたらされた景気後退と政府債務の増大の流れを反転させるべく、対策を講じようとした。軍事政権下で、大小あらゆる規模の企業、四十万社が倒産していた。国際通貨基金（ＩＭＦ）が求める構造改革には、国営企業の民営化、規制緩和、貿易自由化が含まれていたが、アルゼンチンの政治家たちは改革に取り組んだものの、成果を上げることはできなかった。

その間にも、アルゼンチン経済は危機から危機へとよろめき続けた。インフレを抑えるために自国通貨、ペソの対ドル為替相場を一定の水準に固定することを決断したが、（アジア通貨危機に端を発した世界的な通貨危機によって）ドルの上昇傾向が続き、（ラテンアメリカの国々にも危機が波及した）一九九七年には、惨憺たる結果に終わった。アルゼンチンは、高金利が政府債務と公共事業コストを増大させる中でらせん状の経済危機に落ち込み、二〇〇一年十二月、ついに九百四十億ドルの公的債務の返済停止を宣言するに至った。国家による、世界の歴史で最大の債務不履行だった。一般の人々が受けた被害は甚大だった。銀行は閉鎖され、口座は凍結され、実質賃金はカットされ、四人に一人が職を失い、何百万人の預金が帳消しになり、全国民の半分以上が貧困層に落ち込み（独裁政権前の貧困率は七パーセントだった）、四分の一が生活に困窮して食べる物にもこと欠き、アルゼンチン経済は、世界大恐慌[5]以来の大きな危機に見舞われた。ブエノスアイレスでは暴動が起きた。怒り狂った民衆が通りをデモ行進し、政府に抗議し、店舗に置かれた品々を略奪した。

フェルナンド・デ・ラ・ルア大統領は辞任し、その後の十一日間に大統領が四人、入れ替わった。警官隊の残虐な対応で、二十七人以上の市民が亡くなり、大司教館の窓から見ていたベルゴリオは内務大臣に電話をかけ、「私の目の前で警官隊が民衆を殴りつけている。彼らは、略奪者と、預金を銀行の自分の口座から引き出そうとやってきた普通の市民の、区別がつかなくなっている」と抗議した。

ベルゴリオは、この危機の間、アルゼンチンの人々に対しても、暴力を避けるように強く訴えた。さらに、富裕層を「国が崩壊に危機に瀕している最中に、自分の特権や、略奪など不正な手段で得た利得を守ることしか考えない人々」と酷評した。それだけでなく、政治経済社会の構造改革の必要性にも注意を向けた。

彼は全ての国民に対して警告した。「アルゼンチンの危機に打ち勝つための全国民一致した対応を考える際、教会の伝統的な教えを頭に入れてください。貧しい人々を虐げる行為、労働者から給与をだまし取るような行為は、『復讐を神に叫ぶ二つの罪』と見なす、ということです」。アルゼンチン司教団は危機への対応策として、「全小教区の食料配給網を困窮している人々に開放する」ことを決めたが、彼はその代表者として「私たちは、貧しい人々を生み出すこの国のシステムを嫌悪し、教会自身がそうした方々の支援に乗り出すことにしたのです」と説明した。

それは、二〇〇七年にブラジルのアパレシーダで開かれたラテンアメリカ・カリブ司教協議会総会で彼が追求し続けたテーマだった。総会で彼は指摘した。「私たちは、世界の中で最も不平等な地域に住んでいます。高い経済成長にもかかわらず、悲惨な状態が少しも改善されていません」「富の不正な分配が続き、多くの私たちの兄弟が満ち足りた暮らしをする可能性を抑える社会悪を作り出しています」。

さらに一歩進んで、二〇〇九年には、「極度の貧困と不正な経済構造」を「人権を犯すもの」として、断罪する方針を打ち出した。ベルゴリオがこれまで培ってきた全てを何が変えたのか、については、次の章で考えることにしたい。

他の重要なグループとも、アルゼンチン大司教を務めた十五年を通して様々な問題を抱え続けた。そのグループは皮肉にも、彼自身の教会内部に存在した。

彼は、社会正義の必要性を強く認識するようになっていたが、教義の面では正統派であり主流派の立場をとり続けた。だが、事情に通じた外部評論家、アルゼンチン人でプロテスタント、ルーテル派の高名な神学者であるリサンドロ・オルロフによれば、「著しく反動的な右派の司教たちから見れば、彼は左派」であり、大司教であるベルゴリオに対する深刻な反対のほとんどは、左派よりも、右派からのものだったのだ。

当然のこととして、対立していない分野もあった。ネストル・キルチネルが二〇〇六年に、一定の条件の下での妊娠中絶の合法化を提案した際、アルゼンチン司教会議は反対で一致した。当時、精神障害を持った二人の女性が強姦される事件が起きており、国民の関心が高まっていたことから、政治的に微妙な空気も流れていた。二人の妊娠中絶は、多くの宗教団体の圧力で認められなかった。保健当局はこれを受けて、妊娠中絶を禁じた法律の改正を主張し、政府は、一定の条件の下で妊娠中絶を合法化することを提案した。世論調査の結果は、国民の七六パーセントが強姦の犠牲者の中絶を合法化することに賛成だった。

ベルゴリオは、合法化はアルゼンチン人のカトリックの価値観に挑戦するもの、と述べて、この問題に介入した。最高裁判所が二〇一二年に「女性が強姦によって妊娠させられた場合、ないしは女性の生命が危機に直面した場合に限って、妊娠中絶を合法とする」との判決を下した際、ベルゴリオはアルゼンチンの司教団を代表して、「アルゼンチンに妊娠中絶を持ち込む〝裏口作戦〟だ」と批判した。「妊娠中絶は、絶対に問題解決になりません」「(胎児と妊婦の)二つの命を守るために、私たちの立場から、耳を傾け、助け、理解することをお願いします。小さくて自分では何もすることができない人間に、敬意を払ってください」。

他の分野では、司教団内部で緊張が起きていた。「オプス・デイ」と幅広い関係をもつラ・プラタ大司教のエクトル・ルベン・アグエルが率いる強硬派の存在が、その原因だった。

ベルゴリオが司教団内部の緊張のために絶対に解決できなかった核心的な問題の一つは、「汚い戦争」の暗黒の日々に「教会は軍事独裁政権に対して、どこまで毅然とした反対の姿勢をとるべきだったか」だった。教会が新たな千年紀を迎えるのに先立ち、教皇ヨハネ・パウロ二世は紀元二〇〇〇年の特別聖年と定め、「自らの良心に背くことがなかったかを振り返り、教会が犯した歴史的な罪を詫びる」ように、全世界の教会に呼びかけた。アルゼンチンの司教団はこれを受けて、教会は「独裁政権下で犯した罪を、公けに償いの衣をまとう」必要がある、とする声明を発表した。

「私たちは、一人一人と痛みを分かち合い、私たちがすべきだった助けをしようとして失敗し、あるいは助けようとしなかったことについて、一人一人に許しを願います。私たちは全体主義の立場を容認してしまった。作為、不作為を通して、私たちの多くの兄弟を差別扱いし、彼らの権利を守るために力を尽くさなかった。私たちの悔い改めの心を受け入れ、人々が受けた傷を癒してくださるよう、神に乞い願います」。

これはアルゼンチンのカトリック教会にとって大きな前進ではあった。しかし、多くの国民はこれに満足せず、「教会は軍事政権と組織的に共謀した責任を取っていない。それどころか、個々のカトリック信者の過ちに責任を転嫁している」と非難した。

状況は、二〇一二年になってさらに悪化した。悔い改めの気持ちのひとかけらも無い元独裁者、ホルヘ・ラファエル・ビデラ将軍が、スペインの政治専門誌のインタビューに応じ、次のように語ったのだ。

「教会との関係は、誠心誠意で、率直で隠しだてのない、とても満足すべきものだった。我々を助ける軍隊付きの司祭さえいたことを忘れないでもらいたい。教会との仲間意識、友情を揺るがすようなことは認められない。わが国では、一般的に見てありがたいことに、ラテンアメリカの他の教会のように第三世界の左翼的な傾向に引きずられることはなかった。何人か引き込まれる者がいたが、ほとんど存在が分からないほど小さなグループに過ぎなかったのだ」。

アルゼンチンの個々の教会の姿勢は教会の指導部と、至るところで大きく異なっていた。『ラテンアメリカにおける教会、独裁政権と民主主義』の著者、ジェフリー・クライバー教授は語る。「ブラジルの教会には、アルゼンチンよりも、ずっと明確な指導力がありました」「ドム・ヘルダー・カマラ、アロイジオ・ローシャイター、サンパウロのパウロ・アルンスは大きな声をあげ、断固とした姿勢で軍事政権を糾弾しました。これに対して、アルゼンチンのカトリック教会は、軍事独裁政権に受身的な態度をとり、ラテンアメリカの〝黒い羊〟(「面汚し」を意味する)でした」。

こうした批判に対して、ベルゴリオは、実情は白黒をはっきり描けるようなものではなかった、と反論した。「教会には、色々違ったグループの信者がいました」と二〇一〇年に語った。「ゲリラとして人を殺す信徒、人々を助ける信徒、母国を救っていると信じ弾圧に加担する信徒など、様々だった。司祭の中にも様々なタイプの人がいました……。私たちは真剣に調査しなければならないが、(軍事独裁政権と)共謀した、と簡単に割り切るべきではありません」。そのように言いつつも、ベルゴリオは、司教たちの謝罪の言葉を取りまとめる労をとり、アルゼンチンの司教協議会議長を辞めた後で声明として発表した。教会から屈辱を受け、助けを得られなかった全ての人々に、遺憾の意を表す内容だったが、評論家たちは「謝罪は不明瞭で曖昧」と批判し、これまでと同様、教会の姿勢に疑問符を付けた。

犠牲者の家族が納得するような謝罪をする、というベルゴリオの意見は敗北した。リサンドロ・オルロフによれば、敗北の原因が分かっていると彼は考えていた。「カトリック教会として謝罪することを決めるのにベルゴリオは何故、時間をかけているのか、と人々は尋ねました」。「実際のところ、ベルゴリオ一人で決めることができなかったのです。司教協議会の合意が必要でした。合意のためには、教会として黙っていることを望む人々と交渉せねばならなかった。だが、(謝罪しようとする)進歩的な意見は少数にとどまった。それで、教会として謝罪をせず、個々の信者の行いについて許しを求めるだけになったのです」。

こうした観測は、五年後にウェルニッヒが終身刑の判決を受けるに及んでもなお、教会が彼を罰しようとしなかったことで一段と説得力のあるものとなった。裁判所は、ウェルニッヒが州警察付き司祭として軍事独裁政権下で七人を殺害し、四十二人を拉致し、事実と認定されただけで三十二人を拷問した犯罪に関わった「共犯の罪」に当たる、と判断した。二〇一〇年、教会幹部は「適当な時期に、ウェルニッヒの問題は教会法に沿って解決されねばならないだろう」と述べたが、実行されることはなく、彼は刑務所内でミサを捧げ続けることを認められた。

ブエノスアイレス大学でカトリックの教義を研究するフォルテュナト・マリマッチ教授は、その原因が「大多数の司教たちが『ウェルニッヒはいかなる罪も犯していない。司祭としての勤めを果たしたに過ぎない。マルクス主義者の破壊活動分子たちの攻撃が引き起こした恐ろしい時期に、司祭たちは軍事政権を支持しなければならなかったのだ』と信じていること」にある、と確信をもって語っている。


アルゼンチンの司教団の中でも超保守強硬派のラ・プラタ大司教のアグエルはベルゴリオと神学的にも対立関係にあった。二人はかつて、クアラッチーノ大司教の下で、同じ時期――歳下のアグエルが数か月間、彼らの上席司教となった――に補佐司教を務めた。彼は、クアラッチーノの後のブエノスアイレス大司教となることを望んでおり、そのための良い機会を手にしたと考えた。

アグエルは、「チリ駐在の教皇大使として独裁者ピノチェットと友人関係」になったアンジェロ・ソダノ枢機卿に気に入られた。（ソダノはバチカンでラテンアメリカ問題に強い影響力を持っており、教皇ヨハネ・パウロ二世の下で、教皇に次ぐポスト、国務長官に就いた。）アグエルはまた、ソダノの補佐役を務めたレオナルド・サンドリからも好意を持たれた。

ベルゴリオの支持者たちは、「ベルゴリオが司教候補をバチカンに推薦するたびに無視されるのは、こうした人々が影響力を行使しているため」と見ていた。ブエノスアイレスのカトリック大学の新学長をベルゴリオが任命しようとした時も、二年にわたって拒否され、彼が教皇になって、ようやく妨害が解かれたのだった。

「ベルゴリオは、『オプス・デイ』とは協調しませんでした」。旧友で人権弁護士のオリベイラは語る。「二〇〇五年の教皇選挙の時に、ベルゴリオを中傷する根も葉もない噂をばらまいたグループと関係する人々が、『オプス・デイ』のメンバーなのです。資金洗浄とバチカン銀行に関する疑惑に満ちたあらゆる種類の取り引きも、その周りには存在しました」。

「アルゼンチン司教会議のメンバーの中には、ベルゴリオの影に隠れていつもローマに苦情を言っている司教がいました」と言うのは、大司教時代の八年間、ベルゴリオの側近を務めたマルコだ。彼がいつも頭を痛めたことの一つは、司祭志願者が他の教区では増えているのにブエノスアイレス大司教区で落ち込んだことだった。

二〇一〇年、保守派はベルゴリオを追い落とす絶好の機会――彼は二〇一一年十二月に七十五歳の大司教定年を迎え、教皇に退任を申し出なければならない――を手に入れようとしていた。教皇には次期大司教の推薦を受ける必要はないが、ベルゴリオに敵対する人々が圧力をかければ、アグエルがブエノスアイレス大司教を引き継ぎ、司教会議議長になる機会が生まれる……。

折しも、アルゼンチンの政界では同性愛者同士の結婚を認める法律を導入することが決まり、保守派の司教たちやユダヤ教のラビたちが抗議に立ち上がった。「ベルゴリオはその圏外にいました」とオリベイラ。「彼は、保守派が同性愛と幼児性愛をつなげて批判することに、強い怒りを示しました。法案が出た時になって、法案の問題について語り始めましたが、対応が遅すぎました」。

ベルゴリオは妥協案を持って司教会議に出席した。それは「同性婚を認めないのであれば、教会は、同性愛市民連合を『二悪』のうちで軽いものとして支持すべきだ」というものだった。彼は、福音主義の立場を取る有力議員、アルゼンチン国会の下院議員であるハットンにも会い、法案にそのような条項を入れてくれるように説得した。

マルコは言う。「ベルゴリオは同性婚には反対していたが、同性愛者に平等の権利を認める法案には賛成でした」。「保守強硬派は少数でしたが、教皇大使とローマの支持を受けていた。教皇大使は、毎週開かれる彼らの会合に出席してにらみを利かした。強硬路線をとる保守派の司教たちと『オプス・デイ』の代表はローマに対し、ベルゴリオについて不満を述べ立てました」。

その司教たちは、ベルゴリオの提案に「ノー」を言おうとしているように見えた。自己の立場を強めようと、ベルゴリオは危険な戦術に着手した。議会で法案の採決が予定される一か月前に、伝統的な手法と生き生きした言葉遣いで、同性婚に関する手紙を書き、観想修道会であるカルメル女子修道会に送って、採決で正しい結果が出るように祈ってください、と頼んだのだった。その内容は……。

「世間知らずにならないようにしましょう。この問題は、単純な政治的論争ではありません。狙いは、神の計画を破壊することにあります。単なる立法上の計画ではなく、神の子供たちを困惑させ、だますことを願う〝大ペテン師〟の働きなのです」。

マルコによれば、「観想修道会に手紙を送っても内容が公けになることはない。コピーをローマに送り、求められていることをしている、と知らせることができる、と彼は考えた」という。だが、「手紙は公けになった。彼の考えた戦術は〝逆噴射〟してしまったのです。彼の提案は、司教会議の評決に敗れ、法案はそのまま国会で成立しました。伝統主義者たちはこれをすぐには表に出さず、内部で彼を非難しました」。ベルゴリオが司教会議の議長を務めた六年間で、合意できなかったのは、この一回だけだった。

ベルゴリオを追い落とすチャンスがあったのに、アグエルは十分な手を打たなかった。バチカンでは、教義面の主任監視役である教理省長官、ウィリアム・レバダ枢機卿が二〇一二年に退任し、支持者たちは、彼の熱望するポストに就かせる力を失った。

アグエルは、ブエノスアイレス大司教のベルゴリオが暴いた詐欺の罪で逮捕された銀行家、フランシスコ・トゥルーソの出獄に百万ドルの保釈金を工面した人物だ。ベルゴリオの陰に隠れて出世街道を歩んできた。「彼はベルゴリオの脇腹に刺さったとげ、だった」。クレリア・ルロはベルゴリオと毎週交わす会話から、そのことを知ったという。「彼はいつも問題になっていました」。

ライバルが教皇選挙で選ばれたことですっかり自尊心を傷つけられたアグエルは、自分が大司教を務めるラ・プラタのカテドラルの鐘を鳴らすのを止めさせた。新教皇が選ばれたことを知らせる伝統行事だったのだが。彼は、教区の信徒たちに自分の判断を正当化する説明をした。「仲間のアルゼンチン人が教皇に選ばれたというだけで、〝サッカー競技場での祝い〟のようなことをする必要はありません」。教皇フランシスコは寛大にも、かつての〝好敵手〟に早期謁見の機会を提供することで、これに応えた。

だが、このような〝政治活動〟全ては、世俗的なものであろうと、聖職者に関わるものであろうと、ベルゴリオにとって苛立ちを覚えさせるだけだった、と側近が語っている。ベルゴリオの主たる関心は、自分自身と自己の霊性に閉じこもり続ける教会ではなく、「良い知らせ」を望む人々に開かれた教会にすることだった。

彼にとって、ブエノスアイレス大司教時代の決定的な瞬間は、二〇〇七年にブラジルのアパレシーダで開かれたラテンアメリカ・カリブ司教協議会総会だった。自分の任務は「人々が私たちのところに来るのを座って待つのではなく、こちらから人々に会いに外に出て福音を伝える」ことだという確信に満ちていた。また、多くの専門家、神学者、司祭たちが福音を伝える以上に、はっきりと信仰を現実のものにする「信仰心（sense of faith）」が、普通の男女の日々の暮らしの中にある。だから、「私たち自身が信心深くあり続けるためにも、外に出る必要があります」。そしてベルゴリオはこのように締めくくった。「それは、アパレシーダ（の司教協議会総会）が心の底から言っていること。私たち（聖職者）の宣教活動の『核心』なのです」。

ここに大きな皮肉がある。ベルゴリオが、ブエノスアイレス大司教としてその「核心」を最も強く認識した、まさにそのスラムで、かつてヨリオとヤリクスに「仕事を辞めて去るように」と命じたという事実だ。今日、バヨ・フロレスのビジャ一―十一―十四はブエノスアイレス最大かつ最も危険なスラムの一つになっている。以前と違うのは危険が「軍の強襲部隊」ではなく、「麻薬やギャングの抗争」によってもたらされている、ということだ。

「聖マリア、民衆の母（Santa Maria Madre del Pueblo）」で働くスラム担当司祭はグスタボ・カララ神父だ。〝ベルゴリオ世代〟の後に育った、身体を使うことをいとわず、献身的で、力にあふれた若い司祭たち。スラムをただ訪問するのでなく、そこに住み、働き、貧しい人々と暮らしを共にする。

「ここに来るように私に勧めたのは、ベルゴリオ神父でした」とカララは言う。「素晴らしい体験です」。彼は、そこで、毎日長い時間、週に七日働く。告解を聴き、聖体を配り、子供たちに洗礼を授け、病気の人を訪問し、葬儀を執り行う。それにとどまらない。人々の暮らしに直結した仕事も山ほどある。職のない人や飢えている人への対応、無料食堂や十代の母親たちのための保健センター、失業中の若者たちのための職業訓練所などの運営、さらには、住民に発言の機会を提供する地域ラジオ放送……。

「ベルゴリオはある意味で、私の父親のようなものです」とカララは言う。「とても親しくしてくれますし、信頼してくれています。何かする時には、私がやりたいようにさせてくれます。彼を必要とする時には、いつもそこにいてくれるのです。必要な時にはいつでも会いに行けますし、電話するとすぐ返してくださる。『やあ、ベルゴリオだ。何か助けることはあるかい？』。ある時、麻薬に溺れている子供たちを助ける計画を立てました。施設を立てるのにいい用地も見つけたが、お金がない。そこで、彼に『土地を買って、施設を立てるのに十八万ドル必要なのです』とお願いすると、すぐ『オーケー』と答え、数日後にお金を届けてくださったのです。スラムには可能な限り足を運んでくれました。お忍びで、バスに乗って来てくれました。大騒ぎするのは好きではなく、ごく普通の人たちと話すのを好まれました」。

「貧しい人たちは教会の宝です。大切にしなければならない」。ベルゴリオは旧友のユダヤ教のラビ、スコルカとの対話で語っている。「このような見方を失うと、『生ぬるくて弱い、平凡な教会』になってしまう。私たちの真の力は『奉仕』です。私たちの魂が貧しい人たちを包み込まないなら、神を讃えることはできません」。

そうした奉仕をする場合、宗教と政治は、カララのようなスラムで働く司祭にとって分け難いものだ。「私たちが直面している最大の問題は、（スラムの）人々が社会の片隅に追いやられていることです。麻薬は症状です。暴力も症状です。しかし、他の人々から軽んじられ、社会の片隅に追いやられることは、そうした症状のもとにある病気なのです。私たちが共に暮らしている人々は『社会のシステムが自分たちを軽んじている、自分たちの存在を忘れ、関心もない』と感じています。民間信心はそのような彼らにとって、とても重要です。『宗教は一週間に一日（教会に行く）だけのものではない』というのが、彼らの生活文化。神は彼らの暮らし全てに関わっているはずだし、その逆も真です。市《いち》が開かれれば、聖母マリアの像を運んでいきます。市が開かれる場所で、人々は、病気の人を家に見舞うのを祝福してくれるよう求め、聖水の祝福を求める。市の当局者に、隣の水道の水圧を上げてくれるように働きかけることも、聖水を祝福することも、全てが私たちの暮らしなのです」。

カララは言う。「司祭たちも人々も皆、『スラムの司教』がいなくなって寂しい。でも、私たちはいずれにしても、彼がいなくなってしまうことに慣れていかなければなりません」。

二〇一一年十二月に七十五歳となった時、ベルゴリオは、教会法の定めに従って、教皇ベネディクト十六世にブエノスアイレス大司教辞任を申し出た。二〇一三年の教皇選挙の時期が迫っており、辞意は受け入れられなかったが、ベルゴリオはすでに、彼が生まれたフローレスにある現役を退いた司祭たちの家に自分の部屋を確保していた。カララによれば「彼は、自分の蔵書の処分を始めており、別れの言葉も関係者に伝え始めていた」という。

大司教館事務所の質素な自室では、「私がこの世界を去る時に残しておくものは、できるだけ少ない方がいい」と言って、不要な書類の処分も始めた。そして彼は去った。だが、彼が予想していたような形には、ならなかった。「ローマに行ってしまわれました。でも、少なくとも」。ビジャ・ミゼリアに住む一人の女性は幸せそうに続けた。「スラムの泥を、靴に付けて持って行ってくださったのです」。

6 何がベルゴリオを変えたのか

What Changed Bergolio?

「解放の神学」に関する書籍が、今ではブエノスアイレスのマクシモ神学院のロビーで販売されている。石造の弓形門とひし形を組み合わせた大理石の床、匂い立つように磨き込まれたマホガニーの調度品で飾られた壮麗な玄関の脇のガラスケースに、「労働と資本と民主主義」「人権と政治秩序」「解放の神学」「カトリック教会の社会規範」などの本が並ぶ。ベルゴリオがイエズス会のアルゼンチン管区長あるいは神学院長を務めていた時代には、販売が認められていなかった本ばかりだ。マクシモ神学院が変わり、権威主義的な保守主義者が「『解放の神学』の批判者」から「貧しい人々に奉仕する教皇」に変わったとしたら……。

その劇的な変貌は、多くの人を驚嘆させた。このことにあまり注意を払っていなかった人々も含めてだ。ボナフィニは、ブエノスアイレスの司教座聖堂と大統領官邸にはさまれた広場で何年も抗議を続けてきた「五月広場の母親たち」のリーダー。一九七六年から一九八三年に軍事独裁政権の殺人部隊の手で息子や娘、孫たちが拉致され行方不明となったこと、カトリック教会を含む公的組織の資料による関係情報——子供たちの失踪への司祭や修道女たちの関与を立証する情報も含めて——が不足していることの証人だ。

ボナフィニは以前、「ベルゴリオが軍事政権下でファシストたちと結託していたこと」に抗議して、ブエノスアイレスのカテドラルに、小便を入れたバケツを置いて有名になったことがあった。彼が教皇に選ばれた後で、彼女は次のような手紙を書いた。「フランシスコ神父さま、私はあなたの司牧活動について存じませんでした。知っていたのは『アルゼンチンのカトリック教会のリーダーがカテドラルにいた』ということだけでした。私たちの抗議の行列がカテドラルの横を通るとき、いつもこのように叫びました。『私たちの息子や娘、孫たちが連れ去られた時、あなたは黙り続けていた』」。だが、彼女は、大司教がスラムに関わっていたことを知った。さらに、教皇に就任してバチカン内部が変革されようとしていることを知って「すごくうれしくなった」。

イエズス会士でベルゴリオの教え子の一人、コルドバ・カトリック大学学長のラファエル・ベラスコも、このように語る。「神学院長時代のベルゴリオはとても保守的だった。その彼が何年か後に、貧しい人々について話し始めた時、大変驚きました。それは私たちを教えた当時の、彼の最優先事項と思われたものではなかったから。だが司教としての彼は違った。何かが変わったのです」。

ベルゴリオと親しい関係にある人々も、彼と同意見だ。「彼は変わりました。もともとの彼は、極めて保守的だった」と語るのはキャンベル・ジョンストン神父。ローマのイエズス会本部に命じられて、ラテンアメリカ全域でイエズス会が優先事項とする「社会正義の実践」にベルゴリオが関与するよう、働きかけた。「貧しい人々を直接、目にすることで、明らかに、彼は成長したのです」。
ベルゴリオによってイエズス会士となり、現在はローマのグレゴリアン大学で倫理神学の講座長を務めるヤネス神父は、彼を四十年以上も見つめてきたが、やはり、「彼は変わった」と言う。「ほとんどの変化は、彼が司教に、そして大司教になった時に起きました。それは突然の変化ではなく、徐々に『変革』を遂げていく、と言ってもいいものだった。イエズス会の緊張と複雑さに満ちた環境の外にいて、外部との対話を含めたあらゆることに率直な姿勢で臨むようになっていったのです。現在の彼を見て、『同じ人物』だということが分かります。いつも強力な、（肩書きや地位ではなく）個人としての権威を持っているからです。それでも、貧しい人々とのつながりが深まったのは、『変化』と言えるでしょう」。

ベルゴリオの旧友で、対話集とテレビで連続対談をしたラビのスコルカによれば、「変化」は、さらに広範囲にわたっている。「ベルゴリオは何年もかけて変わっていきました」「彼は極めて〝動的〟な人物です。人生から常に学ぶ人です。鋭い感性を持ち、人々に強い共感を覚える。彼は、自分の人生の経験によって変わっていったのです」。

ベルゴリオ自身、スコルカとの対談で、次のような〝注釈〟を加えている。

「『宗教的な真理』は変わりませんが、進歩し、成長します。『人間』と似ています。私たちは同じ赤ん坊として生まれ、老境を迎えますが、人生の最中《さなか》に旅の全てがあるのです。このようにして……生まれたままの姿と見られたものが、今ではそのように見られなくなっている」。

「人生の最中に〝旅〟の全てがある」。これはベルゴリオ自身の言葉、そして何年にもわたって教皇をよく知る人々の証言とともに、さまざまな彼自身の経験がどれほど深く、彼に影響を与え、重大な変化をもたらしたのかを暗示している。しかし、これは明確でありながら、少しばかり分かりにくい。もう少し分かりやすく説明してもらいたい……。そう思わせるに十分な、好奇心をそそる言葉。「人生の最中に〝旅〟の全てがある」。

改めて、何がベルゴリオを変えたのか。外的なさまざまの出来事が、彼の変化にそれぞれ影響している。ブエノスアイレス一帯のスラムに住む極めて貧しい人々との定期的な接触も、管区長時代に強い嫌悪感を抱いていた「解放の神学」に対する理解が深まったことも、彼の変化に影響している。

皮肉なことに、四十年の歳月を経て、彼は社会正義について、ヨリオとヤリクスと同じ理解に到達した。二人のイエズス会士は、一九七六年にスラムで働いていたことを理由に、ベルゴリオ管区長によって修道会から放逐され、軍部の拷問組織による残虐行為の餌食にされた。このような過去はあるものの、何よりもベルゴリオを変えたのは、彼の心の深い所で起きたことだった。

＊＊＊

「歴史」はベルゴリオを変質させた大きな要因だった。彼の周りで、世界は大きく変わった。彼の「解放の神学」に対する反感は、東西冷戦についての固定観念と、「筋骨たくましいソビエト型の共産主義がキューバを足がかりにして、中南米地域の資本主義とカトリックに取って代わろうとするのではないか」という恐怖、に深く根ざしていた。

だが、その後、(東西冷戦の象徴だった) ベルリンの壁が崩され、ソビエト連邦とその帝国が崩壊し、「リアル・ポリティーク (Realpolitik)(1)」が、冷戦終結後の新たな尺度として国際政治の舞台に登場した。冷戦終結は、米国の政治学者、フランシス・フクヤマ教授が予言したような「歴史の終わり」にはならず、その一方で冷戦終結後に世界中で進み始めた「経済のグローバル化」が、ベルゴリオを極度の貧困に関する、異なった考えに導く役割を果たしたのだった。

貧しい人々が搾取されていること、あるいは彼らの存在が意図的に矮小化されていることを認めることで「反宗教的なマルクス主義勢力のシンパ」と見なされる危険は消え、むしろ、貧しい人々にもたらされる福音の一部をなす「連帯」の一つの形、と見なされるようになった。並行して、アルゼンチンで軍事独裁政権が終結し、残虐行為が次々と暴かれ、カトリック教会の高名な人々の共謀が明らかにされたことは、関係者に反省を求める感情的、知的な余地を生んだ。

その中でベルゴリオは、すべてのことを評価し直し、自らが果たした役割について、「良心にやましいことがなかったか」を厳しく自らに問おうとした。権限をふるうことで犯した罪は無かったとしても、「なすべきことをしなかった罪を本当に犯さなかったのか」と言う問いに、この国に民主主義が回復されてから何十年もの間、向き合わねばならなかった。

そして、全体の文脈からみた最終的な問題は、人生の大部分をアルゼンチンで過ごし、そこに大きな根を持つベルゴリオが司教として、さらに大司教として世界を旅し、人々との交流を深める中で認識したことだった。それは、最終章でクライバーが語るように、「ラテンアメリカ一円で起きた軍事独裁政権に反対する運動の中で、アルゼンチンの教会がいかに歩調を乱してしまったか」ということだ。

変化はこのような外的な環境の中で起きただけではない。ベルゴリオの内部でも起きたのだ。二〇一一年のルビン、アンブロジェッティとの対話の中で、ベルゴリオは駆け出しの教師だった時代を振り返り、教え子たちから沢山のことを学んだのを認めた。「彼らにはとても感謝しています」「特に有り難かったのは、『父』よりも『兄弟』になるにはどうしたらいいのか、を教えてもらったことですね」。初めて司教になった時にも、同じようなことが起きた。良い教師が教え子から学ぶように、貧しい人々から学んだのだ。

「アルゼンチンで、彼はそれ以前よりも、もっと多くの具体的な問題にぶつかりました」。教区司祭のアウグスト・サンピニ神父は語る。「貧しい町で働くと、そこで生活している信者の九割は独り者か離婚者だということが分かります。そういう人たちと、どのように付き合っていくかを学ばなければならない。（バチカンが禁じている）離婚者や再婚者による聖体拝領が是か非か――は、ここでは問題になりません。誰でも聖体を拝領しています」。

ベルゴリオはそのような問題について伝統的な教義を守る立場を絶対に変えなかったが、「教義」を「司牧的な配慮」よりも優先させることはしなかった。ビジャ二十一スラムで働く教区司祭、ホアン・イサスメンディ神父は「彼は、些細なことについて硬直的な態度をとったことは一度もありませんでした」と言う。「もっと深いところに関心があったのです」。

さまざまなスラムを訪問することで、ベルゴリオは、日々の暮らしの中にいる普通の人々とたくさんのつながりをもった。あるスラムの司祭の推定によれば、ブエノスアイレスの司教、大司教を務めた十八年間で、スラムの人々の少なくとも半数と個人的に対話を交わした。予告無しに姿を現し、小道を歩き回り、住民とおしゃべりをし、一緒にマテ茶を楽しんだ。「それは、我々が『自分は何者か』を悟ろうとしていた時期でした」とキャンベル・ジョンストンは振り返る。

ベルゴリオが司教となって最初の八年間、彼の補佐役を務めた人物も、人々から学ぼうとする彼の姿勢について、疑問を持たない。「彼は貧しい人々を、『助けることの出来る人々』ではなく、『教えてもらえる人々』と見ていました」とマルコは言う。「彼は、『貧しい人々は我々よりも神に近い。神と極めて個人的な体験をしている』と信じています」。

そして、これら全てが、ベルゴリオの中に新たな展望を開いていった。ベルゴリオが教皇に選出される前に書かれた唯一の自伝『イエズス会士（El Jesuita）』の中で、彼は次のように語っている。

「私が全ての答えをもっている訳ではありません。全ての問いさえ、持っていない。そして、いつも新たな問いが生まれてくるのです。答えは、異なった状況に応じて考え出さねばならないし、それを待たねばなりません。私の陥りやすい傾向ですが、最初に考えた答えはふつう誤っている。ある状況に直面した時、私が最初に考える解決策は「何もしない」ことです。私は『自分の最初の判断を信じるべきではない』ということを学びました。冷静になり、孤独の試練を受けた後で、初めてなすべきことを知るようになる……そのようにして下した決定で、損害を減らせます。そうしない人の目には、フェアでないと映るかもしれませんが」。

彼は、若くして管区長を務めた時の経験を振り返っている。強い指導力を与えられた若年の司祭は、一九七〇年代当時のローマのイエズス会本部や教皇庁、冷酷な軍事独裁政権の強い圧力に適切に対応できるほど成熟していなかった。彼がイエズス会士としての最終誓願を立てたのは、アルゼンチン管区で経験不足のまま最高指導者となる、わずか数か月前だったのである。

経験不足は、いくつかの好ましくない判断につながった。彼自身、「本当のことを言えば、私は何百もの過ちを犯しました」とルビンとアンブロジェッティに認めている。

「若い時には『自分は世界を変えることが出来る』と本気で思うものです。そのように前向きに考えるのは良いことだし、（若い人は）そうすべきでしょう。しかし、後になって、（現実の場で本当に）変化を求めようとする時、『人が生きていく中で、時には忍耐が必要なのだ』ということに気付きます。良い父親は、良い母親と同じように、子供の成長のための見本を示し、助けようと、子供の人生に介入しますが、後になって、自分自身と他人の失敗を、ただ見つめ、耐えるべき時がある、ということを知るのです」。そして、そのような至らなさが成長のための跳躍台になる、と結論付けるのだ。

ベルゴリオの「成長」の重要な部分は、貧しい人々が必要としているのは「施し」ではなく「正義だ」ということ――ヨリオとヤリクスが二十年も前に到達していた洞察――を理解するに至ったところにある。貧困が人々に与える影響を和らげることを自分の責務としたことは疑いが無い。（イエズス会アルゼンチン管区長時代に）「解放の神学」をアルゼンチンから追放したという傷は消えないが、一九七〇年代に貧しい人たちのためのスープ・キッチンを開いたことは、その証しになる。彼が貧しい人々に抱いた気持ちは、福音書が鼓舞する博愛の衝動を超えるものではなかったが、一時的なものに終わらず、司教となり、大司教となった後も、続いたのだ。

金持ちが（貧困者救済の彼の努力に）手を貸していれば、貧しい人々にとって、もっと好ましい事態になっていただろう。国民の半分を貧困に落とし込んだ二〇〇一年のアルゼンチン大恐慌。ベルゴリオは、「大多数の国民が甚大な打撃を受けている最中も、自分たちの特権的な地位を守ろうとしている富裕階級の強欲さ」を糾弾した。一年後の説教でも、「国の経済を立て直す」という、実現できもしない約束を有権者国民にしようとする「黄金の口（Golden Mouth）」[2]の政治家たちを強く批判した。「行きなさい、そして自分を立て直しなさい」と彼らに向かって言い、こう続けた。「心を改めなさい。告白しなさい。今しないと、後でもっと告白が必要になる」。米国の日刊経済紙、ウォールストリート・ジャーナルは、ベルゴリオについて、「彼のキリスト教信仰は、〝人的〟であることに比べれば〝政治的性格〟は薄い」と、不当とはいえない結論を出した。

ベルゴリオの訴えも効果はなく、経済恐慌に対抗手段を持たないアルゼンチン政府は二〇〇一年、海外の銀行や投資家から借り入れている九百四十億ドルが返済不能となったことを世界に公言した。[3]

続いて起こったことは、ベルゴリオの思考を〝人的〟から〝政治的〟に変える種をまいた。アルゼンチン経済はらせん状の落ち込みを続け、一般の国民の暮らしは一段と過酷なものになった。国際通貨基金（ＩＭＦ）は、世界の通貨・金融の安定が主たる任務だったが、アルゼンチン政府に緊縮財政の実施という重い副作用のある薬を処方したことが、結果として最も貧しい人々に残酷な仕打ちとなった。

ベルゴリオは、新自由主義の経済政策を強く批判した。そのような政策が投機的な金融市場をもたらし、実体経済に打撃を与えていることに、特に批判的だった。公的債務がこれ以上膨らまないように、政府が貧しい人々が頼りとする公共サービスを削っていることを攻撃した。国自身を罪深いものにしている抑圧の仕組みを作るほど腐敗した（アルゼンチンの）経済構造を分析するのに、彼は、「解放の神学」の見方を活用した。経済・社会生活をバラバラにする抑制の利かない資本主義を攻撃し、「必要なのは人々をまとめる連帯だ」と強調した。

「物品の不公正な分配」が「人々に天に向けて声をあげさせる社会的罪の状態を作り、私たちの兄弟の多くが満ち足りた生活をするのを邪魔」している、と嘆いた。「不公正な経済構造」は人権を犯している。アルゼンチン政府が二〇〇一年の債務不履行宣言から経済の建て直しを図ろうとする裏で、政府の借金が増大を続けているのは「不道徳、不公正、そして非合法」である、と決め付けた。ホームレスは「構造的な奴隷状態」と言い切った。

だが、アルゼンチンのルーテル派プロテスタントのオルロフのような急進的な解放神学者は、

「ベルゴリオが、現在の経済・社会構造の中に存在する罪の概念を、実際にどこまで理解」しているのか、疑問視する。「彼は金融の帝国主義、市場の暴力について語っていますが、語っているのは『解放の神学』ではなく、『カトリックの社会教説』です」「現状分析は説得力がある。しかし、政府の政策に代わる具体的な提案、実現の道筋を欠いている。『貧しい人々の能力強化』という次の段階に進もうとしていません。カトリックの社会教説と同じように中途半端なのです。善意が全て、もっと連帯を、と言うが、新しい社会実現の方策がない。ベルゴリオは『右翼』から『中道』に移りましたが、『左翼』ではありません」。

このような見方は、公正ではない。ベルゴリオは、旧友のユダヤ教のラビ、スコルカとの対談で、貧しい人々が自分の生活を自身で取り仕切れるように、彼らを助けることについて具体的に語っている。

「カトリック教会の社会教説は、(とりまとめの段階で)一般的に受け入れられている『社会正義』の概念を理解することに多くの時間をかけました。社会教説の手引書を手にした人は、公然と非難している事柄を知って驚嘆します。例えば、経済的な自由主義を批判しています。誰もが、教会は共産主義に反対していると考えますが、実際は、共産主義に反対するのと同じくらいに、現在の経済的自由主義に反対しているのです。私たちは、社会福祉給付の受給、尊厳ある老後、休暇の取得、休息の時間、組合結成の自由などについて、対等な権利、機会を追求せねばなりません。これら全てが社会正義を作るのです。それを手に出来ないという人が、一人でもいてはなりません。そして、私はこのことを強調したい。自分で食べるパンを自分で買えないこと、あるいは労働の尊厳が否定されることよりも、ひどい社会正義の否定はない、と」。

ブエノスアイレスのスラムのある小教区の全てで、ベルゴリオとその司祭たちは、彼の言っていることを行動に移した。ベルゴリオのスポークスマン、ウォルスによれば、代表的な行動は、「市のゴミ捨て場を毎晩あさり、再利用可能な物を見つけて売ることで生計を立てている最貧困層」に対する支援事業だ。「ベルゴリオは、彼らが組合を結成し、まともな暮らしができるような仕事に改めていくのを助けました」。「彼らの人権が守られるようにしたかったのです」。

これは、まさに二十年前、彼が否定したヨリオとヤリクスがしようとしていた仕事だ。ベルゴリオが採用したのは、多くの同様の手法のうちのたった一つ、政府や市当局、そしてさまざまな市民共同体組織と協力することだった。

＊＊＊

「解放の神学」についてのベルゴリオの考えは、数多く言われているよりも、ずっと洗練されている。マルクス主義的な分析と、何人かの神学者が支持する階級闘争の空論に、初めから反対していた。だが、貧しい人々を優先する考え方は――アルゼンチンに限った観点からではあるが――もっていた。アルゼンチン人イエズス会士で、ローマのグレゴリアン大学で倫理神学を教えるヤネス神父は、次のように説明する。
「アルゼンチンの『解放の神学』は、他のラテンアメリカ地域で理解されていたものと違いました。アルゼンチンでは、マルクス主義的な思考をする人々は『文化や宗教のような要素は、解放よりも疎外を生む道具である』と見ており、大衆の文化や信心を受け入れるのが難しかった。アルゼンチンでは、固有の哲学的、神学的な緊張の中で、文化、とくに民間信心を尊重する文化が強く支持されているのです」。

異なる見方をするのは、有力な思想家のホアン・カルロス・スカノーネ神父だ。ベルゴリオがイエズス会アルゼンチン管区長でマクシモ神学院の院長だった時に、同神学院で神学を教えていたイエズス会士である。スカノーネの研究は民間信心のあらゆる特性――ロザリオの祈り、聖母行列など様々な行列、連続九日の祈りなど――を重視している。これらはベルゴリオが家庭教育を受けた幼少期から大事にしてきたものだ。スカノーネにとって、（民族や土地に根ざした）地方文化は、彼が命名した「貧しい人々の神学」に欠かせない要素になっている。「アルゼンチンの『貧しい人々の神学』について、『解放の神学』と全く違う『民衆神学』だ、という人もいますが、『解放の神学』の流れの一つ、と見る人もいます。『解放神学の父』とされているグスタポ・グティエレスと私は、一九九二年に、その影響について記事を書きました」。

バチカンは一九八四年に「『解放の神学』の特定の側面に関する指示」と題する文書をもとに規制に乗り出したが、「解放の神学」の全てを否定するものではなかった、とスカノーネは強調する。

規制の対象となったのは、社会と歴史についてマルクス主義者の分析を使ったものに限られていた。「アルゼンチンの『貧しい人々の神学』はマルクス主義者の分析手法は使っていません。歴史的、文化的な分析に拠っています。社会構造に注意を払いますが、階級闘争を主要原理とは考えない」。それよりも、福音的価値に沿って文化をどのように変えていくか、異なった文化の中で福音書にどのように異なった読み方をしていくか、に関心があったのだ。

スカノーネは、ベルゴリオがとても大事にしている民間信心が「彼の神学の中で重要な役割を果たしている」と見る。民間信心は「貧しい人々、素朴な人々」によって最も良く守られている、と思ってもいる。スカノーネと彼の仲間たちが戦っている相手は、アルゼンチンの植民地支配者から受け継がれてきた考え方だ。（植民地支配者が一方的に侵略し、植民地にする以前からこの地に存在した）原地の文化を、「野蛮なもの」と決めつけ、自分たちの欧州文化を「文明」として誇示した。緊張をもたらしている核心は、階級闘争ではなく、「文化闘争」なのだ。

このような理由のために、ベルゴリオはイエズス会の神学生たちにアルゼンチンとラテンアメリカの文学と歴史についての知識を深めるように強く求めたのだ、とヤネスは言う。マクシモ神学院院長の勤務が終わりを迎えるにつれて、ベルゴリオは活力を増していった。一九八五年に彼とスカノーネは、信仰と文化の関係に関する国際会議を共同で開催した。そして、この会議開催を、イエズス会士のアルゼンチン到来四百五十周年を記念する、ブエノスアイレス都市圏の地域コミュニティに対する大規模な宣教活動と結びつけた。「この筋書きは、貧しい人々と民間信心の再建をつなぐことを狙いに組み立てられたのです」とヤネスは振り返った。

これは、ベルゴリオが十年以上前に、ブエノスアイレスの各地のスラムに多くの人が出向くように〝パードレ・ペペ〟のような司祭たちを激励した時、実現しようとしたアイデアだった。ぺぺが、大半がパラグアイ人で占められているスラムにやってきた時、自分の布教活動に関心を持ってもらうような「民間信心のシンボル」が必要だ、と判断した。ベルゴリオから提供された活動資金で、住民の何人かのグループを母国パラグアイに送り、守護聖人の像[4]を持ってくるようにした。持ち帰ったその聖像を掲げてスラムを行列した。歓声をあげて沿道を埋める群集は大変な規模に膨れ上がった。

ベルゴリオは彼らをカテドラルに招いて、特別のミサを捧げ、聖像を祝福した。スラムから来た子供たちが、「普段はアルゼンチンのエリート階級が独占している背の高い椅子」に苦労してよじ登ったのを見て、ベルゴリオは喜んで言った。「子供たちが〝ビジャ〟から、はるばるやってきましたよ」。

人々が再び聖像を掲げ、行列してスラムに戻る時、ベルゴリオはポンチョをかぶり、人目に付かないようにして行列に紛れ込んだ。聖母像がやって来たことで、貧しい町の雰囲気は大きく変わった。スラムの住民の間に「共通の財産が出来た」という新たな認識が生まれる中で、対立する不良グループの抗争は鎮静化した。隣近所を改善する計画に力を合わせようとする機運が高まった。

ペペがしたことは、砂漠で祈りと瞑想の日々を送ったシャルル・ド・フーコーが「存在すること

(presence)」と呼んだ「貧しい人々の中に入り、象徴的な仕草に強い力点を置いて、暮らしを共にする」という伝統に沿ったものだった。これに加えて、聖母像をスラムに持ち込むことで現地の文化を肯定する姿勢を示した。それだけではない。貧困の原因を取り除き、普通の人の暮らしが出来るようにする取り組みを始めたのだ。

パードレ・ペペは、ベルゴリオが貧しい人々の中で働くように派遣した「スラムの司祭たち」の一人だった。こうした働きの中で彼らとベルゴリオが知ったのは、「学ぶということは双方向のもの」ということだ。スラムの司祭たちは、彼らが助けようとやってきた人々の信仰心によって変えられた。スラム司祭の先駆者の一人で一九九七年に亡くなったホルへ・ベルナサ神父は自己の経験をまとめた著作の中で、「人々の本当の気持ちについて、我々は無知だった」と告白している。彼と同僚がスラムにやって来た時、彼らは、「真正な信仰は、人々の信仰心の豊かさよりも〝福音的頭脳集団〟によって明確にされるものだ」と考えていた。

だが、スラムでの暮らしの現実は、欧州で教育を受けた解放神学者の「誤まった進歩主義」とペペが呼ぶものとの戦いだった。〝欧州の神学者〟たちは、「教訓を垂れるために外から」スラムにやって来た時、聖人像への接吻、行列などを疑いの目で見た。対照的に、スラムの司祭たちは、「人々の信仰心、暮らしぶり、そして表現ぶりを見つめ、理解」し、それによって変えられた。「〝解放〟はイデオロギーでも、慈善でもなく、(スラムに住む)人々とともに始まらねばなりません」とペペは強調している。ベルゴリオが院長を務めていた時にマクシモ神学院で教えていた教区司祭のアウグスト・ザンピニは、さらに踏み込んで言う。「民間信心を無視することは、貧しい人々の選択する権利を無視することになるのです」。

このようにして何年かをスラムで過ごすうちに、ベルゴリオは、かつて自分が強く恐れていた「解放の神学」の信奉者たちがしてきたことの価値を理解するようになった。東西冷戦のイデオロギーが消滅するに連れて、ベルゴリオの「解放の神学」とそれを信奉する司祭たちへの不信も解消していった。かつてあれほど懐疑の目でみていた司祭たちの犠牲に対しても、敬意を払い、賞賛を送るようになっていた。

一九九九年、ブエノスアイレス大司教に就任してちょうど一年経ち、ムヒカ神父が殺害されてから二十五周年を迎えた時、ベルゴリオは、神父の遺骨を掘り起こし、彼が職務を果たした場所に戻すように指示した。枢機卿は、移葬に際してミサを立て、当時の教会の「沈黙による共謀」について許しを願う祈りを捧げた。二〇〇五年に、軍の殺人部隊に勤務地の聖堂で殺害されたパロティン共同体に所属するメンバー六人を聖人に次ぐ「福者」に列するための正式な手続きをとった。

二〇〇六年には、偽装された自動車事故で殺害されたエンリケ・アンヘレリ司教を追悼するミサを捧げにラ・リオハに出向き、アンヘレリが「福音を説き、そのために自分の血を流した」ことを初めて、公式に確認した。ミサの説教で、ベルゴリオは、（二世紀のキリスト教神学者）テルトゥリアヌスの「殉教者の血はカトリック教会の種子」という格言を引用した。そして、二〇一一年、軍事政権下で殺害されたカルロス・ムリアス神父を聖人とする手続きを公式に認めた。アルゼンチンの保守派司教たちが、「社会的」な理由で殺された司祭たちを聖人に列することに反対し、手続きを保留しようとする中でのことだった。
二〇一二年にブエノスアイレスの神学部で行われたラファエル・テシオ追悼記念式典における挨拶を、ベルゴリオは「歴史は皮肉なものです」という言葉から始めた。テシオは、「解放の神学」の創始者の一人で、カトリック教会から沈黙することを強制されたのだが、ベルゴリオは、テシオがアルゼンチンの教会に対して「最も重要な貢献の一つ」をしたことを、ようやく認めた。顔をしかめながら、こう語った。「誰も、身体に恐怖を感じることなく、新しい道を開くことはありません」。

そして教皇になって間もなく、教皇は個人的に、ローマから最も酷く批判された解放神学者の一人と連絡を取った。彼の名はレオナルド・ボフ。元フランシスコ会司祭で、自身の奉じる神学のために、教皇庁の教理省（前身は異端審問所）によって〝卑屈な沈黙〟を言い渡され、宗教上の任務の遂行を差し止められていた。そのボフに、新教皇は、重要な回勅の準備のために、彼の「環境神学」に関する著作を送るように求めたのだ。これは、新教皇の〝転換〟の大きさを示す尺度になると言えるだろう。フランシスコは、（歴代の教皇が取り上げることの無かった）環境問題について回勅を出すことを考えている。

「政治に関与することは、キリスト教徒の務めです」。教皇フランシスコは、二〇一三年六月、ローマで若い学生たちと謁見した際、こう話しかけた。

「私たちキリスト教徒は、ピラトのように、手を綺麗に洗って、知らぬふりをすることはできません。政治に関与する必要がある。それは、隣人愛の至高の表現の一つなのです。政治は社会全体を考えに入れること。一般信徒は政治的な活動をしなければならない。それは、やさしい仕事ではない、とあなた方は言うでしょう。しかし、司祭になることも、やさしい仕事ではありません。政治は今は汚い、でも汚くなった原因は、キリスト教徒が福音の精神を持って、政治に深く関与して来なかったからです。言い訳を見つけるのは簡単ですが……私には何が出来るのか。社会全体の善のために働くことは、キリスト教徒の務めなのです」。

二〇一二年にノーベル平和賞候補に指名されたアルゼンチンの社会活動家、ホアン・カルは、ベルゴリオが、カトリックの教義のいくつもの対立点の一つに橋をかける人物である、と言う。彼によれば、カトリック教会は「完全に霊的な側面に焦点を絞る教会」と「社会問題に全面的に関わるが、人々の祈りの求めに向き合おうとしない教会」に分裂している。そうした中で、「ベルゴリオは、分裂を乗り越える類いまれな人物」と評価している。

全ての変化を通じて際立っているのは、ベルゴリオがイデオロギー重視主義者ではなく、現実主義者だ、ということである。保守的だった若い時のベルゴリオは、信仰や教義、神学について第二バチカン公会議以前のスタイルの方がうまく機能すると考え、そうしていた、と一九七五年に彼の学生だったヤネスは振り返る。だが、司教、大司教となったベルゴリオは、「解放の神学」の中心となる教義の多く、特に貧困、不平等、そして経済的な不正義に関する考え方を取り入れた。かつてとは打って変わった優先課題に、そうした考え方がうまく合ったからだ。

一般大衆が大事にしている民間信心との、彼とのつながりが、一九七〇年代の管区長時代に魅力を感じていたトリエント公会議(5)のラテン・ローマ中心の傾向からの離脱をもたらした。

後に、ギター演奏や手拍子に乗って行われる各国・地域の言語による〔第二バチカン公会議の典礼改革をもとにした〕礼拝が、彼が最優先対象にした素朴な民衆の心に直接、訴えているのを、ベルゴリオは目の当たりにした。それに疑いを持つ人は、ビデオで、彼のスラムでのパントマイムのようなミサ説教を見るか、教皇になった彼の親しみやすさあふれる説教をよく聴き直すといいだろう。

一九七〇年代に管区長として、彼は配下のイエズス会士に対して、自分の小教区だけで奉仕し、男女の一般信徒が司祭の役割を奪い、貧しい人々が聖書を朗読し、自分なりの解釈をしている「解放の神学」の実践共同体で働くことの無いように、厳しく指導した。だが、長い年月を経て大司教となった彼は、そうした姿勢を正反対の方向に改め、まったく逆の指示を司祭たちに与えた。

宗教社会学者たちの調べで、ブエノスアイレスでは小教区が教会の周り七百メートルを影響範囲としていることが明らかになった時、ベルゴリオは——それぞれの教会が平均二千メートル離れていることを知っていた——司祭たちに、教会同士が連携する工夫をするように求めた。「できることなら〔集会用に〕ガレージを借り、意欲のある信者にお願いして、少しばかり住民に教理問答を担当してもらって下さい。できれば〔住民が聖体奉仕者となり〕御聖体を授けることもできるといい」と司祭たちに指示した。

一人の司祭が「ですが、住民がガレージに集まることで、教会に来なくなるかもしれません」と心配そうに言うと、「彼らは今、ミサ（にあずかるために教会）に来ていますか」とベルゴリオは聞き返した。

〝新しいベルゴリオ〟は〝古いベルゴリオ〟に衝撃を与えたようだ。二〇一〇年には、「聖職者を教会の中心的存在にし、もっと権限を与えられるべき一般信徒を子ども扱いする」ような「聖職者中心主義」を痛烈に批判した。

旧友のラビ、スコルカとの対話で語っている。「司祭と司教は、聖職者中心主義に落ち込んでいます。宗教（のあるべき姿）を歪めている」「カトリック教会は、司祭も含めた『神の民全て』です。司祭が司教区あるいは小教区を指導する際、彼が管轄する教会共同体の意見を聞き、よく検討したうえで判断していかねばなりません。司祭が自分だけで仕事を背負い込み、『私はここのボスだ』というようなやり方をしたら、聖職者中心主義に落ち込むことになります」。

ブエノスアイレスでの年月、ベルゴリオは、そうした考えが根付くように懸命に努力した。「彼は、一般信徒が活動的になることにも心を砕きました」。補佐役だったウォルスは語る。「そして、彼らを色々な役に就けました」。それは、一九七九年にプエブラで開かれたラテンアメリカの司教たちの会議で形作られた古典的な「解放の神学」のビジョン、「貧しい人々が行為の『主体』となるべきだ。単なる『受け手』であってはならない」に沿ったものだった。

ベルゴリオは、このビジョンがカトリック教会の恒久の行動原理となることを望んだ。「教会は、構成員全てがそれぞれの役割を担うことで使命を果たすべきだ。たまたまその時に（教皇、司教、あるいは小教区の主任司祭などの）役に就いた人に、依存すべきではない」と。

彼の考え方は、バチカンとの関わりの中でいっそう強まった。世界中の司教たちは、多くの司祭が一般信徒に対してしているのと同じ〝子ども扱い〟をバチカンから受けていた。自分も含めてイエズス会士は教皇に直接、特別の忠誠を誓っているのに、司教たちに与えられているはずの自主権が実際には教皇の〝下っ端〟によって抑えられていることを知って、ベルゴリオは次第に幻滅していった。

教皇ベネディクト十六世は、二〇〇六年九月にドイツのレーゲンスブルク大学で行った講演でイスラム教に関する思慮を欠いた発言をして、イスラム教徒の強い反発を買ったが、この問題への「建設的な批判」と判断される見解に対するバチカンの反応に、ベルゴリオはがっかりした。

アルゼンチンに新たな司教を認めるようにとの申請を、教皇庁が再三、却下していることに腹を立てた。「教会を空っぽにしているイタリア人が、会衆を増やしている他の国の司教たちに『ああしろ、こうしてはいかん』と言っている」と彼の前補佐役、マルコが代弁するように、バチカンが高飛車な態度で口を出してくることに怒りを覚えた。

「校長に、こそこそ告げ口する学校関係者」のように、彼の背後でバチカンに苦情を言うアルゼンチンの教会の超伝統主義者と、バチカンのある人々が結託していることにも憤慨した。

こうした経験全てを通じて、ベルゴリオは、(司教も司祭も一般信徒も)平等な立場で教会を運営していくことの重要性を身にしみて感じ、アルゼンチンの司教協議会議長を務めた六年の間、司教の平等性という原則を守ろうとした。同性愛者同士の結婚を認めるべきとする同性愛者連合への対応を巡る司教たちの判断が彼の判断と異なる場合、でもだ。

だが、ベルゴリオを劇的に変えたのは、彼の周りで起きたこれら全てよりはるかに重大な〝あること〟だった。それは、変化した環境や経験から学ぶこと以上のものだった。前者は彼の「頭」を変えたが、〝あること〟は彼の「心」を変えたのだ。

ヤリクス神父とスラムの司祭の同僚、ヨリオ神父が違法な拘束を解かれてから長い年月を経て、ヤリクスと、当時すでにブエノスアイレス大司教となっていたベルゴリオが、ドイツで再会した。ベルゴリオが教皇に選ばれた後、ヤリクスは、彼が住むバイエルン州の精神修養のための施設の閉じられた塀の向こうから声明を発表し、会見で、「ともにミサを捧げ、『荘厳な抱擁』で終わった」と述べていた。その場にいた人によれば、本当は、「二人は互いの腕を抱き、泣き叫んだ」のだという。二人の再会は〝力関係の変化〟以上のもの、心底からの安息と痛恨と悔い改めが合わさったものだった。ベルゴリオの内面の変化は、心の奥底から湧き出したものだったのである。

***

コルドバへの追放が解け、一九九二年に補佐司教としてブエノスアイレスに戻って来た時、彼は重要な決断をした。それは、かつてのイエズス会のアルゼンチンにおける指導者としてのふるまいと全く異なったやり方で、司教としての職務を始める、という決断だった。ベルゴリオは、厳格な目的意識を失っていなかったが、行動様式は、周りの人々の意見を聞き、仕事を任せ、皆が参加して進める、という形に変わった。人と接する態度も目に見えて変わった。「謙虚さ」が彼のモットーになった。

「謙虚さ」は、現代世界でひどく誤解されている人間の特質だ。「供給が不足」している特質でもある。よく言われるように、恥じらい、控えめ、内気、あるいは野心の不足、と同義語ではない。もって生まれた個性的な特質ではない。私たちから後の世代に、大切さが忘れられ、〝孤児〟のようになってしまったものだ。

一九九二年のベルゴリオにとって、「謙虚さ」は「個人的な気性」というよりも、「知的な態度」だった、と言えるだろう。「彼は、謙虚さが必要な『良き羊飼い』になるように努力を重ねました」とサンピニは語る。「それは彼が意図したもの。見せかけではなく、考え抜かれたものです」。それ以上に、「時間をかけて醸成されたものだ」と指摘するのは旧友のラビ、スコルカだ。「彼は、霊的な鍛錬を通して、謙虚な心を育てて行きました。ブエノスアイレスで六年間ベルゴリオの同僚として過ごし現在はグアレグアイチュ司教のロサノによれば、ベルゴリオの謙虚さは「宗教的な判断」だそうだ。彼の謙虚さと質素な生き方は「〝威厳〟の表明」だと言う。

ベルゴリオを評論する人たちは、彼の変化には〝皮肉〟なところがある、と言う。欧米に住むユダヤ人のことわざにある「謙虚さが半分、おごり高ぶりが半分」だと。

ベルゴリオにとって手ごわい相手、調査報道で名をはせるジャーナリストのベルビンスキーは、二〇一〇年にベルゴリオが自伝『イエズス会士』用にルビンとアンブロジェッティと行ったインタヴューを「自身のイメージ・ダウンを払拭しようとした、ベルゴリオのマキャベリ流権謀術数の試み」とまで深読みをしている。イメージ・ダウンとは「二〇〇五年の教皇選挙の際に表ざたになった〝事件ファイル〟によって、（最終的に教皇に選ばれベネディクト十六世となる）ヨゼフ・ラッツィンガーに対抗する機会を打ち壊されたこと」を指している。

アルゼンチンにいるベルゴリオの政敵たちは、彼が教皇の座についてから見せている大げさなジェスチャーの多くを、大衆受け狙いの、あるいは偽善的な、宣伝行為でさえある、と受け止めている。だが、こうした見方は、今の彼を貶めようとする、ひどい陰謀だ。

教皇フランシスコが、教皇選出後に運転手つきの専用リムジンでなく、枢機卿たちと一緒のバスに乗ったのは、自分がブエノスアイレスで地下鉄のAラインを何年も日常的に利用していたのと同じことをしたに過ぎない。バチカンのサンタ・アナ教会で教皇用の白い服を着て後ろの席に座るのは、聖堂の一番低い席に座るという、彼が司教としてやってきた長い習慣を、続けているだけのことだ。教皇に選ばれて初めてサン・ピエトロ大聖堂のバルコニーに登場し、ローマの人々を祝福するために頭を下げたのは、スタジアムを埋め尽くしたアルゼンチンの福音を奉じるプロテスタント教徒が送る祝福に、ひざまずいて応えたのと、変わりないのだ。

ベルゴリオはこれまでの人生の全期間を通じて明白に政治家を演じてきたが、その目指すところは純然たる野望を超えていた。危険を恐れず、信じたことを貫こうとする勇気。司祭としての職歴を通して、彼は大きな勇気を人々に見せた。「汚い戦争」の当時、彼は、軍事政権のトップに接する機会を手に入れるために、「ある司祭に病を装うよう指示する」という大胆な策をとった。「聖職者にあらざる行為をした」として追放されたポデスタ司教の死後、未亡人になったクレリア・ルロに対して、他の司教たちが無視する中で、あえて手を差し伸べた。
軍事政権の犠牲者たちを密かに国外に脱出させ、スラムの麻薬売人組織に毅然と立ち向かい、国内の超保守主義者たちから「異端」「背教」「背信」など激しい非難を浴びながら、他宗教との対話の原則を貫く――。彼は勇気のいる行為を、実例として繰り返し人々に示したのである。

このような〝過激〟とも言える謙虚さを身に着けようという行為は、「教条主義的で権威主義的な〝条痕〟のある自分自身の個性との戦い」をも意味していた。それは、さまざまな出来事全てから証明できる。彼がドイツから帰国したときのイエズス会の修道院での菓子をめぐる言い争い、といった些細な出来事から、深刻な出来事とされる軍事独裁政権下でのＥＳＭＡ（強制収容所の元の名前）の犯罪に関する裁判の間、証人席に座った彼の非協力的で責任回避でさえある振る舞い、まで幅広く長い期間にわたる。

問題の裁判で、彼は「全ての真実を明らかにする義務」を果たす以前に、「制度としてのカトリック教会を弁護するため」に出廷した。教会における性的虐待問題で彼が取った方針とは、全く逆の立場に置かれた。この問題に関する彼の見方は、独裁政権への対応を巡る高位聖職者たちの対立は根深く、広範囲にわたっており、教会と「汚い戦争」に対して個々の責任を追求したり非難したりすることは、アルゼンチンを救うよりも打撃を与えてしまう、というものだった。本気で責任を追及すれば、あまりにも多くの人が、刑の重さはともかく有罪になる、（それを避けるには）案件によっては〝葬り去る〟のが最良の選択、と信じるべきだ――。

だが、そのような彼の判断は誤っていた、と多くの人は感じている。彼自身もそうした見方を改めるかもしれない。教皇として、彼はすでに、軍事政権下で拉致され消息不明の娘や孫たちをもつ女性たちの団体「五月広場の祖母たち」の代表者たちと短時間、会見している。彼女たちは、彼がアルゼンチンのカトリック教会が保管している関係書類を公開するよう指示してくれる、と期待している。教皇の旧友のラビ、スコルカも、教皇ピオ十二世の果たした役割に関するバチカン保有の記録文書の公開について、同様のことを期待している。「ベルゴリオ」から「フランシスコ」への道のりは、「変化」がまだ終わっていないことを、意味しているのかも知れない。

ベルゴリオにおける変化は、一つの出来事が引き金になったというよりは、一つのプロセスによって起きたようだ。ベルゴリオの肝心な判断は全て日々の長い祈りの間になされている。彼の人生における祈りの重要さは、いくら強調しても強調し過ぎることはない、とマルコは言う。「彼は祈りを捧げるために、毎朝四時半から五時に起床するのを好みました。祈っている間に決定を下しました」。彼自身は、祈りは「無償で引きわたす、身を任せることを体験する、神の存在に完全に入っていくべきもの」だと言う。自伝『イエズス会士』では「対話し、聴き、そして変化が起きる。神を見つめ、しかし何よりも、私たちが『彼』に見つめられていることを、感じるのです。私の場合、ロザリオの祈りあるいは詩篇の祈りを声に出して唱える時、あるいはミサを喜びにあふれて捧げる時に、それを感じる。しかしながら、宗教的な体験を心ゆくまで味わうのは、聖櫃の前にいる時です。その前に座って眠り込み、『彼』が私を見つめるままにすることもあります。あたかも神が私の手を取ってくれているように、誰かの手の中にいるように感じるのです」。ブエノスアイレスにいる時、一日の仕事を始める前に二時間も祈りを捧げたことがよくあった。

彼にとって祈りが極めて重要だったので、ブエノスアイレス大司教として夕食の招待を受けることはめったになかった、とマルコは言う。「夜の催しの招待を受けてしまうと、朝早く起きることができなくなるのを彼は知っていました。そのことで祈りの時間を失いたくはなかったのです。神ととても強い関係を持っており、友達はたくさん作らなかった。孤独を好む男です。彼と仕事をした八年の間、毎日会っているのに、一緒に食事をしたのは五回だけだった。彼の生活様式は常に隠遁修道士のようでした。彼が主たる関係を結んだのは神だったのです」。

ベルゴリオと親しい関係にある多くの人、特にブエノスアイレスにいる人は、今でも毎週、彼から電話を受けているが、「孤独な男」のような話しぶりを聞いて心配になることがある。だが、マルコは断固として主張する。「彼は皆に、司牧者としての気遣いをしているのです。彼は多くの人の生年月日や電話番号を作業手帳に控えており、誕生日や愛する人を亡くした追悼の日を迎えた人に電話をかけ、限られた人には毎日曜日の午後に電話で話します。そうして関係を維持します。人々に関心があるのです。彼らを気遣っています。ただし、それは友情というよりも司牧的な配慮によるもの。友情が、人々との関係を楽しむことを意味するなら、彼に友人はいない。『友情』は『関係』と対称をなすものです。彼の『関係』は、『友情のようなもの』ではありません。人々が『自分は彼の友人だ』と思っていても、彼がそうした人々の家に夕食をとりに行くことは、絶対にない。クリスマスに自分の家族に会うことさえしない。クリスマスのミサ後に、仲間の司祭やスラムの住民たちのために料理を作ることに大きな幸せを感じ、それが終わると自分の部屋に戻るのです。彼はとても満ち足りています。それが彼の選んだ人生なのです。感傷的なものではない。自分自身が使うことの出来る時間には、独りになりたいのです」。

彼はたった一人ではない。神と共にいる。「祈りとは、話しかけ、耳を傾けること」と、ベルゴリオは語った。「祈りは自由な行為ですが、時として、意図的に操作しようとする誘いが起きます。それは、神を操作したい、と思うのと同じこと」。だが、祈りはまた、「深い静けさと崇敬、これから起きることを待つ瞬間」でもあるのだ。祈りの中で、「厳粛な静寂が、言葉の交換と共存するのです」。そして、祈りの最後にすることは、「自分自身を神の実存の中に置き、その言葉に助けられて、彼が望むままに前に進むこと」と締めくくった。

祈りの中で、ベルゴリオは、神が望むような人物になるために自我と戦っている。何年もの間、イエズス会士の霊性の真髄である「聖イグナチオの霊操」が、彼の本能への傾きに気づかせ、洗い清める手がかりになってきた。それこそが、ベルゴリオの変化する能力を花開かせたのだ。良心の糾明、共感する力の鍛錬、そして識別力の練成は、聖イグナチオの霊性の真髄である。

イエズス会の創始者である聖イグナチオ・デ・ロヨラは、黙想と観想から成る一連の「霊操」を編み出した。狙いとしたのは「乱れた愛着の影響下ではいかなる決断もできない、という視点に立って、自分自身に打ち勝ち、日々の生き方を制御していく」ということ。目標は、自分自身の好き、嫌い、安らぎ、欲望、要求、衝動、食欲、愛着などを霊的に超越し、あるいはこれらへの関心を断ち、何が神の意思なのかを識別できるようになること、という。その「霊操」に基づいた霊的な鍛錬によって、ベルゴリオは、自分自身の心の内をさらに深く知ることになった。そして、彼が何年もかかって認識し、認識し続けていることを解明する手がかりは、彼の行為とともに、言葉の中に、はっきりと見ることができる。

イエズス会のアルゼンチン管区長として犯した過ちについて、ルビンとアンブロジェッティのインタビューの中で、彼はこう語った。「私は当時、自分が犯したかもしれない罪と無礼に対して『許しを願った』と言うのは間違いでしょう。私は、自分が実際に犯した罪と無礼に対して『今、許しを願う』のです」。また旧友のラビ、スコルカとの対話では、罪悪感は心理的な感情であり、宗教的な体験ではない、と語った。「罪悪感それ自体は……ただもう一つの人間的な精神力です。償いを欠いた罪悪感は私たちを精神的に成長させません」。

そして、自伝『イエズス会士』のテーマに戻って語っている。「まっさらな過去を持つ人などこにもいない。私たちは、自分の過去を痛悔し、許しを受け、償いをすることで清めなければなりません」。ただ後悔するだけでは不十分。変わらなければならない。霊的スタイルを急激に変えることで、ベルゴリオは、自分が心を改め、それが行動の変化に結実していることを世界に向けて語っている。

ローマの教皇選挙に参加するためブエノスアイレスを発つ直前、ベルゴリオは、四旬節を迎える人々に、〝最後のメッセージ〟と分かるような内容を書き記した。「道義が決して崩れることはありません。いつも立ち直ります」。これが彼が信じる神の「慈悲」に対する応えなのだ。

「慈悲」は、教皇としての彼のテーマの中で最大のものだ。教皇選出後初の日曜ミサの説教のテーマだった。「『慈悲』は主の最も強力なメッセージです」。バチカンの中にある小さなサンタ・アナ教会で会衆に語りかけた。「神の慈悲に自分を委ねることは易しくありません。（神の慈悲）は底知れない、深いものだからです。でも委ねなければなりません」。そして、「イエスから、私たちが『さげすみ』の言葉を聞くことはありません。裁きの言葉を聞くこともありません。耳にするのは、私たちを回心に招く愛と慈悲の言葉だけです。『わたしもあなたを罪に定めない。行きなさい。これからは、もう罪を犯してはならない』（ヨハネによる福音書第八章十一節＝共同訳実行委員会による新共同訳）……問題は、私たちが許しを願うのに、飽き飽きしてしまっていることです。絶対に、飽き飽きすることのないように。主は、私たち全てのために慈悲の心を持っておられます。いつも許してくださいます。愛する父なのですから」。

「ベルゴリオは変わった」というのが、この言葉に込められたメッセージだ。フランシスコにとって変化はこれからも続く。教皇となった人物は、今も「進歩」の中にあることを私たちに語り続けている。

7

「アッシジのフランシスコ」に込めた思い

Francis—A Man to Change History

「あの靴で、あの方がお出かけになることはできません」。

ブエノスアイレスのカテドラルで、一人の司祭が同僚に話しかけた。ベルゴリオ枢機卿が（突然、辞任した）教皇ベネディクト十六世の後継者を選ぶため、ローマに発《た》とうとしていた。彼が履いていたのは、古ぼけた飾り気のない黒い靴。何年も履き続けていたが、足にやさしく、ごてごてした飾りの無い、すっきりしたところが好きだった。とても履き易かった。しかも、彼は「一足以上は必要ない」と言う。だが、その司祭は「ブエノスアイレスの大司教がその靴でバチカンに現れたら、やっかいなことになる」と心配し、何人かの友人に、皆で資金を出し合って新品を一足、枢機卿のために買って差し上げよう、と持ちかけたのだった。

ベルゴリオはそれなりに感謝を示し、「ありがとう」と言って、新しい靴を靴箱にしまい込み、いつも履いている靴で空港行きのバスに乗った……。

バチカンはファースト・クラスの航空券を送ったが、彼はそれを使うのを断り、エコノミー・クラスで、ブエノスアイレスからローマまで三十四時間の空の旅をした。ただ一つの〝贅沢〟は、足を伸ばすことのできるスペースが十分ある非常脱出口のそばの席を希望したことだった。膝とお尻が痛むので、と彼は釈明した。以前のローマへの空の旅では、途中でひどい坐骨神経痛に襲われ、ローマに着いてもベッドに寝たきりになり、肝心の会議に出席できなかった。同じことを繰り返したくなかったのだ。アリタリア航空の客室乗務員は、彼を二十五番の列に座らせ、長時間の飛行中、落ち着いて過ごせるようにした。

ローマには、教皇ベネディクト十六世が正式に退任しローマの座（教皇のポスト）が空席になる一日前に到着した。ベルゴリオは、ローマでの定宿にしているバチカンに近いスクロファ通りの聖職者用ホテル、パウロ六世国際会館を予約していた。宿泊客たちは、教皇候補は誰になるのか、という噂で持ちきりだった。

イタリアの新聞は「次期教皇は、ミラノのアンジェロ・スコラ枢機卿」と自信たっぷりに予想した。保守系の全国紙『コリエレ・デラ・セラ』は「彼はすでに五十票をかばんに入れている」と報じた。あと七十七票で、教皇選出に必要な三分の二の多数を獲得できる。そして、教皇選挙の第一回投票で「四十七人の枢機卿がスコラを支持している」と報じられ始めたのを聞いて、ヨゼフ・ラッツィンガーは教皇職の最後を余裕を持って過ごすことにした。

ローマのうわさ話では、教皇ベネディクトは二人の枢機卿のうちのいずれか一人に、自分の後を継いでもらいたがっており、最近、彼らを枢機卿に取り立てたことが、それを示している、ということだった。その一人は、カナダのマーク・ウェレ枢機卿で、教皇は二〇一〇年にケベック大司教からバチカンの司教団事務局に栄転させた。世界の司教の新規任命を担当するこのポストへの就任は、世界中の枢機卿たちが彼の関心を引こうと懸命になることを意味していた。彼は（教皇に選ばれるために）必要な関係を枢機卿たちと作るだろう……。そしてもう一人はスコラ枢機卿。教皇は、バチカンの慣習を破り、二〇一一年に、彼を格式の高いベニス総大司教から、何世紀もの間、「教皇になるための足固めのポスト」とされてきたミラノの大司教に異動させた。教皇ヨハネ・パウロ二世以前の三人の教皇は、いずれもミラノかベニスの出身だった。だから多くの人々は「ポーランド人、ドイツ人と続いた後は、後継者としてイタリア人が指名される」と予想した。

ウェレとスコラはともに若い時代に、神学雑誌『コムニオ』で働いた経歴をもっていた。この雑誌は、第二バチカン公会議によって禁を解かれた「進歩的な精神」を抑えようと、ラッツィンガーが創刊したものだった。

イタリアの新聞は「スコラが教皇に選ばれる」と確信していた。何ダースもの票をかばんに入れている、との見方で一致していたが、教皇レースをもっと面白くするため、他の若干の候補者も持ち上げた。ウェレと並んで、ブラジルのオディロ・シェレル、ガーナのピーター・タークソン、メキシコのフランシスコ・ロブレス・オルテガ、そしてフィリピンのルイス・アントニオ・タグレ。〝大穴候補〟としてボストンのショーン・オマリー、オーストリアのクリストフ・シェーンボルンも加えた。

さらに、既に八十歳を超え、教皇選出の投票権も持たないナイジェリアのフランシス・アリンゼの名前も取りざたされた。教皇選挙が始まる何日か前、イタリアの新聞各紙に六人から十二人の候補の名が挙がった。「長い選挙になりそうだ」という予想も忘れなかった。

だが、ベルゴリオに言及する者は誰一人としていなかった。最後に次点に入るだろう、と考える者もそれほどいなかった。そう考える者も、「教皇選で二度目のチャンスをものにすることはない」「彼はすでに七十六歳で歳を取り過ぎている。枢機卿の多くが言っているように、歳を重ねるごとに病弱になっていった教皇ベネディクトの後では、七十歳を超える人に投票することはないだろう」と言って肩をすくめていた。

ベルゴリオがそれほどまでにメディアの視野の外に置かれていたので、教皇選挙前の枢機卿たちによる初会合に参加するため教会会議場に入った時に、ほとんどの参加者は彼に気付かなかった。ベルゴリオが教皇になるのに賭ける向こう見ずな人物がいたなら、彼の掛け率は三十対一と、圧倒的に有利なものになっただろう。


世界のメディアの教皇選挙についての理解は、極めて浅いものだった。彼らには、「いい情報を持っている」と思われる地元イタリアの記者たちに倣えばいい（自分で熱心に取材して回る必要は無い）という安易な傾向があったからだ。そして地元記者たちは、わずかな例外を除いて、選挙の行方について完全に間違った絵を描いたイタリアの枢機卿たちの情報に、全面的に依存していたのである。

会議場には、選挙権を持つ百十五人の枢機卿の大部分が集まっていた。投票権は無いが全体集会として知られる教皇選挙前の七回の集まりに影響を与える八十歳以上の枢機卿も、かなりの人数が参加していた。個々の候補の議論ではなく、カトリック教会が直面すると考えられる一般的な課題が模索されようとしていた。

不参加の枢機卿が二人いた。インドネシアの（イエズス会士の）ジュリアス・ダルマートマジャは重病が理由だったが、スコットランドのキース・オブライエンは（教皇選挙直前に）若い司祭たちに対する性的行為が表ざたになり姿を消していた。司祭たちによる少年たちなどへの性的虐待に対する、カトリック教会の不適切な対応――それを隠蔽しようとする高位聖職者のお粗末な試み――は、枢機卿たちの頭の中で大問題の一つではあった。

だが、それは機能不全に陥ったバチカンの官僚組織が引き起こしている広範な問題の一つに過ぎない、とも言えた。機能不全の中で、さまざまな教皇庁の部門が自分勝手に、独断的なやり方で、教皇の了解も得ずに、その権威を借りて世界中の司教たちに指示を出していた。「バチカン機密漏洩事件」と呼ばれるスキャンダル――ベネディクト教皇が「要廃棄」の印をつけた機密書類が漏洩した事件――は、海外の個々の司教たちが個人的な体験から知っていた醜聞が公けにされただけではあった。

教皇選挙に先立つ、第一回目の全体集会が開かれる日の朝までに、枢機卿たちの間で次のような暗黙の合意が出来ていた。「新教皇には、バチカンと教会のひどい混乱を一掃する、強力な管理能力の持ち主――そして恐らくは、バチカンの部外者――が求められている」。

教皇選挙前の全体集会の初日は、通常であれば、亡くなったばかりの教皇の葬儀の準備が話し合われることになっている。聖ヨハネ・パウロ二世のように長く在任して亡くなった後の教皇選挙ともなれば、枢機卿の多くは互いに面識が無いため、全体集会ではまず、互いを知る必要があった。だが、今回は違っていた。枢機卿の中には、グーグルのインターネット検索に頼る人もいたが、選挙権を持つ枢機卿百十五人のうち五十人は、二〇〇五年の教皇選挙にも参加しており、お互いを知っていて、物事をどのようにすべきかについても、一定の見識をもっていた。

教皇ベネディクトは、「教皇は辞めることができる」という新たな可能性を、選挙参加者に示した。このことが、多くの枢機卿の次期教皇の年齢についての考え方を変えさせた。仕事が辛くなったら辞めることができるのだから高齢の教皇を選んでもいい……。前教皇が亡くなっておらず、喪に服することも無いために、選挙人たちは感情に左右されることなく、前の教皇（の業績や残した問題）について入念に吟味することができた。そして彼らの出した結論は、ベネディクト十六世は「羊飼い、教師として力があったが、統治者としては嘆かわしいほどに弱体」だった、というものだった。

これを受けて、普通では考えられないような公けの議論もされた。（初日の全体集会では）教会行政の中心となる教皇庁の運営について辛辣な意見の交換があった。ブラジルのジョアン・ブラス・ジ・アビス枢機卿による、ベネディクト十六世の下で「首相職」に相当する国務長官を務めたタルチジオ・ベルトーネ枢機卿に対する批判は、多くの参加者の喝采を浴びた。

彼が指摘したのは、ベルトーネの（教皇庁の）管理運営のお粗末さ、外交の拙劣さ、「バチカン銀行（Institute for Works of Religion）」に対する監督の手抜き、そしてあらゆる面での協力体制の欠如だった。年配の枢機卿の中には、数年前に教皇のところに出向き、ベルトーネを更迭するよう求めた人もいたが、拒否された。そして今、彼らは、教皇ベネディクト十六世が「個人として忠告を心に留めることを拒んだ事実」を公けにした。

三人のベテラン枢機卿が、バチカン機密漏洩事件を考慮に入れた教皇庁に関する調査をベネディクトから委任された。三人の枢機卿は報告書をまとめたが、ある枢機卿が私に語ったところでは、その報告書は「部屋に入れられた余計な有権者」のようなものだった。報告書の内容は他の枢機卿たちに明らかにされなかった。ベネディクトは、（報告書をもとに自ら具体的な対応をすることなく）後継教皇だけが見ることのできるように金庫にしまい込んだ。そのような教皇の意図にもかかわらず、報告書をまとめた八十歳を超える高齢の枢機卿三人は教皇選挙中に開かれた全体集会に出席し、出席者は希望すれば（報告書の内容について）控えめながら個別の意見交換ができたのである。

全体集会で、他の枢機卿たちは、新教皇が司教たちと従来よりも同等の権限を持つ者として教会を統治する必要のあることを、遠まわしの表現で主張した。だが、そうした慎重な表現による意見交換の裏で、オコナー枢機卿が私に語ったように、誰もがその中身を知っていた。それは、「教皇庁は自分の発言を抑え、世界の司教たちがもっと発言できるようにしなければならない」ということだった。

教皇選挙権を持つ多くの枢機卿たちの間で、急速に一致していったもう一つの認識があった。それは「『時代遅れの文化戦争』は、過去のものとして放棄する必要がある」ということだった。その〝戦争〟で、ベネディクト十六世は、特にカトリック教会が生まれ育った欧州で世俗性の急激な高まりの前に教会の影響力の崩壊が進んでいる現実に対して、カトリシズムの独自性を強固にする努力を指揮してきたのだ。加えて多くの枢機卿たちは、「西側世界を縦断する世俗性の波に対抗するため、教会に残っている創造力によって、純粋な教義を養わねばならない」という強迫観念のもとに、「ドイツ人の教皇」はカトリック教徒を指導しようとした、という受け止め方をしていた。「枢機卿たちは、〝ベネディクト後〟に、『再起動』のボタンを押して（ベネディクト十六世を選ぶ前の）八年前に戻すことを希望していたのです」と内部関係者は語る。集会出席者は、大っぴらにベネディクト批判を口にしなかったが、（教皇として）欠陥があった、と考えていたのは明白だった。

枢機卿たちは次期教皇をめぐって二つの陣営に割れ始めた。一方は「バチカンを改革しようとする」教皇を支持し、他方は「教皇庁を擁護し〝ローマ人〟であり〝内部にいる人〟の手に実権を委ね続ける」教皇を担いだ。では、それぞれの大義の擁護者（としての有力候補）に誰がなるべきなのか。それが、（イタリアの新聞が「最有力の教皇候補」と明言していた）ミラノのスコラ枢機卿支持派にとっての難問だった。一方は「スコラだと、体制の利益を守るだけだ」と主張し、もう一方は「スコラは教会組織の機能について精通しており、改革者として実績を挙げる」と言い張った。枢機卿の出身地がどこかは、一部で言われているほどには選挙の重要な要素にならなかった。

身地別内訳は、イタリア二十八人、米国十一人に対して、世界最大のカトリック人口を抱えるラテンアメリカは各国合わせて十九人。だが、最大勢力のイタリアは、候補を一人に絞ることができないでいた。

ブラジルのサンパウロ大司教、シェレル枢機卿は、バチカンで長年働き、ドイツ系だったが、教皇庁の〝古参衛兵〟代表とされるほどには、開発途上の国々をまとめる候補と見なされなかった。同じ国のエイビス枢機卿が教皇庁を攻撃したとき、擁護側に回ったことが、影響したかも知れない。

やがて何人かの枢機卿は「次期教皇は欧州出身者以外でローマで働いたことのない人から選ぶのがいい」という考えに傾き始めた。

選挙人の中には、フィリピンのマニラ大司教、タグレ枢機卿に関心を示し始める者もいた。彼は、民衆の味方の印象を与える、マスコミ通の知識人だったが、「枢機卿になったばかり。まだ五十五歳で、若すぎる」、という理由で有力候補から外された。

米国から来た十一人の枢機卿は、教皇選挙に特別の影響力があった。一致が見られないイタリア人たちを除くと最大の集団を形成しており、マスコミ対応もうまかった。連日、記者会見を開いたのに対し、教皇庁のベルトーネ国務長官がストップをかけたが、それは枢機卿たちに、「改革が必要」という幅広い合意を固めさせただけだった。また、イタリア人たちが〝裏口〟で解説をしたり、秘密を漏らしたりするのを放置しておいて、透明性の高いコミュニケーションを抑える、というバチカンの抱えている問題を表に出すものともなった。

教皇候補のトップを走るミラノのスコラ枢機卿は、しかしながら、全体集会では〝輝き〟が見られなかった。分かりにくいイタリア風の話し方は、聞く人に少しも感銘を与えなかった。

そうした中で、参集者の心を打つ話をする者が出てきた。ベルゴリオである。週の終わりに、イタリア語で話し、印象的な言葉を使い、分かりやすい主張をすることで、議論の進展に貢献した。「カトリック教会の、ただひとつの目的は、外に出て、世界に『イエス・キリストについてのよい知らせ』を伝えることです」と語り始めたアルゼンチンの枢機卿は、次のように続けた。

「よい知らせ」は辺境（the peripheries）——地理的な意味での辺境だけでなく、罪や苦痛、不正、無知、そして宗教への無関心に人々が取り込まれている〝辺境〟に、あまねく伝えねばなりません。

だが、現実を見ると、教会は自分の殻の中にすっかり閉じこもり、自己満足に浸りきっている。うんざりするほど自己中心的で、「神学的な自己陶酔」に陥っています。イエスが「私が扉の前に立ち、たたいていることに気付きなさい」と語られた時、人々は彼が外にいると考え、中に入ってくれるように頼みました。しかし、イエスが『外の広い世界に出ていこう』と家の内側から扉をたたいておられる場合もあるのです。自己中心的な教会は、彼を「外の人々に会えるようにする」代わりに、「自分のところに置いておきたい」と考えます。

教会は「月の神秘（mysterium lunae）」であるはずです——月の神秘は、自分自身は光を持たず、太陽の光を反射しているだけです。教会は「自分に光が無い」と言って自分自身をおとしめてはなりません。そのようなことをすれば、アンリ・ドゥ・リュバック[1]が著書『教会の素晴らしさ（The Splendour of the Church）』で、悪のうちの最大のもの、「霊的な世俗」と呼んだものに、落ち込んでしまいます。それは、「自己中心的な教会、自分自身を超えることを拒む教会」で起きることなのです。

簡単に申し上げましょう。教会には、二つのイメージがあります。「福音を説き、自分自身から抜け出す教会」、もう一つは「自分の殻の中に住み、自分自身による自分自身のための世俗的な教会」です。優しく、安らぎを与える母親、世界にイエスの喜びをもたらす母親のように、世界の〝辺境〟にあまねく福音を伝える教会。次期教皇は、そのような教会を助ける方であるべきでしょう。

彼のスピーチは、ちょうど三分半で終わった。各枢機卿に割り当てられた五分の発言時間より短かかったにもかかわらず、会場に大きな衝撃を与えた。「ベルゴリオは教会の問題について内省する人ではない。外に働きかけることに関して第一人者だった」とコーマック・マーフィー・オコナー枢機卿は振り返る。「しかも、他の参加者よりも霊的にも、神学的にも優れていました」。さらに、何人かの枢機卿と同じ感想を述べた。「彼は心から語った」と。ベルゴリオの発言は極めて簡単明瞭で、霊性に溢れ、教会刷新という差し迫った要請にも適っていた。シェーンボルン枢機卿は隣の同僚に、「これこそ、我々が求めていた内容ですね」と話しかけた。

ハバナの大司教、ハイメ・オルテガ・イ・アラミノ枢機卿は、ベルゴリオのスピーチの力強さに深く感動し、「原稿をください」と彼に頼んだ。ベルゴリオは原稿を読んだわけではない。走り書き程度のメモをもとに話をしたのだ。だが、その頼みを受け、記憶をもとに一晩かかって原稿にし、オルテガに手渡した。キューバの枢機卿はさらに、それを皆に配ることを提案し、ベルゴリオが承知すると、さっそく自分の大司教区のウェブサイトに掲載した。他の枢機卿たちも、この原稿が吟味するに値するものだと気づいた。

「月の神秘（mysterium lunae）」という言葉は、教父たちに起源をもつ。[2]「教会は自らの光ではなく、キリストの光によって輝く（Fulget Ecclesia non suo sed Christi lumine）」と聖アンブロシウス[3]は語っている。それは教皇ヨハネ・パウロ二世とベネディクト十六世によって使われた比喩的な表現であり、連続性と変化の両方を表している。

また、「辺境（the peripheries）」は周囲、周辺部、外縁部、内縁部、外周、円周、球面、非主流派、末梢などさまざまな意味をもつ言葉だが、イタリア語の「periferia」は、「欧州の町の、移民も含めた最も貧しい人々が住む地区」のイメージを呼び起こす。「貧困の屈辱と社会正義の欲求」を反映させたものであることは明確だった。オルテガによれば、ベルゴリオのスピーチは「風格があり、啓発的で、刺激的、そして誠実さ」にあふれていた。

教皇選挙を控え、全体集会が幕を閉じようとしつつあった数日の間に、次期教皇をめぐる議論が動いた。オコナー枢機卿が筆者に語ったところによれば、「議論は、単に『好ましい教会統治にふさわしい教皇』が必要だとする意見から、『福音に深く根を下ろした教皇、教会と教皇座に新たな様式をもたらす方』が必要だとする意見」に変わっていったという。そして、「教皇候補ベルゴリオ」が具体性を帯びてきた。

枢機卿たちは、彼の背景について関心を示し始めた。進歩派は「現代の消費至上主義の生き方を否定する、彼の個人的なライフスタイル」を強調した。保守派は「家庭的な背景と生活文化が、彼をイタリアと親和性をもつ人にした」と持ち上げた。教皇庁での勤務経験が一度も無く、（バチカンにはびこる）出世主義や権力への野望を、批判した経歴をもつことが、バチカン官僚組織の改革を最優先課題とする人々の関心を引いた。

さらに深く考える人々は、ベルゴリオが起草者となった二〇〇七年の「アパレシーダ文書」――ブラジルのアパレシーダで開かれたラテンアメリカ・カリブ司教協議会第五回総会で採択された文書――に注目した。その文書には、「人々が教会に来てくれるのを何もせずに待っているのでなく、外に出て、福音を述べ伝えよう」という、全体集会のスピーチと同じメッセージが書かれていたのだ。

全体集会で何度も主題となっていた「司教の団体性（collegiality）」[4]が、その文書で強調されていることにも、枢機卿たちは注目した。新教皇は、「長老会議」のようにいつも相談できる枢機卿のグループを作ろうとするだろう、という観測も広がっていった。（実際に、教皇フランシスコは就任から一か月以内に枢機卿顧問会議を発足させた。）ベルゴリオは、長年の習慣で、自分の存在を目立たないようにしたが、会合や昼食、夕食、そして会合の途中の休憩時間に、参加者の間で彼の名が話題に上るのは避けられなかった。

このようなさまざまな動きが進んでいたにもかかわらず、マスコミは「進歩、保守の両陣営から票を得るのはスコラ枢機卿だ」という思い込みを改めようとしなかった。致命的だったのは、欧州の穏健派のリーダー二人の動きを記者たちが捉え損なったことだ。パリのアンドレ・ビン・トロワと教皇庁のキリスト教一致推進評議会の前議長、ワルター・カスペルは「ベルゴリオが新教皇として適任だ」として、十五票ないし二十票が見込まれる同志に働きかけを始めていた。中南米の枢機卿たちの間で教皇候補とされていたホンジュラスのオスカル・ロドリゲス・マラディアガも、ベルゴリオ支持を表明した。

ベルゴリオは、三月十二日の教皇選挙で自分が候補になるだろう、とうすうす感じ始めた。選挙が始まる二日前、彼はスクロファ通りの宿舎に近いナボナ広場のそばを歩いていた時、トーマス・ロシカ神父に会った。神父はカナダ人のアナウンサーで、多忙なバチカンの広報室の手伝いをしていたのだが、後に語ったところでは、「神経が高ぶっているように見えた」。ベルゴリオは立ち止まり、彼の両手を握り締め、「私のために祈って欲しい」と懇願した。彼が「緊張されているのですか」と聞くと、「少しばかりね」と正直に認めたという。

翌朝、ベルゴリオは宿舎でミサを捧げるために早く起きた。その日は、全体集会の最終日だった。教皇選挙は、二十四時間後に始まる。午前六時三十分。若い司祭が礼拝堂でミサの準備をしていた。ベルゴリオは彼に何の指示も出さず、祭壇に進んだ。その司祭は祭壇奉仕者として、翌日には教皇となる人物とミサを捧げた。

教皇選挙の初日の投票は午後の一回だけだった。システィナ礼拝堂の煙突から、最初の投票で結果が出なかったことを示す黒い煙が上がった。教皇選挙で、枢機卿たちは投票の内容について秘密を守ることを誓っていたが、選挙権の無い枢機卿とバチカン通のジャーナリストを通して、沢山の情報が外部にもたらされ、質の高い内容がつなぎ合わされた。

最有力候補とされているスコラ枢機卿はイタリアの新聞が予想していたほどの結果を出せなかった。得票数でトップに立ったものの、たった三十五票に過ぎなかった。ベルゴリオは二十票を得、カナダのウェレは十五票だった。

イタリア人二十八人が、スコラを巡って亀裂を生じた。ジェノバ大司教でイタリア司教協議会議長のアンジェロ・バナスコとボローニャ大司教のカルロ・カファラのような〝大物〟はスコラを支持したが、ベルトーネと枢機卿団の長を務めるソダーノは「スコラ以外なら誰でもいい」という方向でイタリア人たちのかなりの票をまとめていた。スコラに背を向けるイタリア人たちの中にも、ベルゴリオを「教皇庁で働いている枢機卿たちが得ている利益に対する脅威」と見なす者や、「徹底した改革を進めようとする動きに近すぎる」と懸念する者がおり、すっかり混乱していた。初日の選挙が終わり、枢機卿たちが夕食の席に向かう途中で、イタリア陣営では「裏切り」の話が出ていた。

聖マルタの家の食卓越しに、食後のコーヒーを飲みながら、あるいはタバコを吸いながらのひそひそ話で、最大の話題は「スコラは教皇に選ばれないだろう」だった。ブラジルのシェレルは、べルトーネと教皇庁の多くの支持を受けていたが、誰もが予想していたよりも劣勢になってきた。全体集会の最終日、月曜日にブラジルのアビスとベルトーネが激しく口論したことが伝えられたが、アビスに攻め立てられたベルトーネを全体集会で弁護したことが、シェレルの教皇候補としての立場を弱くした。

多くの関係者は、シェレルが支持者たちに「スコラの支援に回る」と言うと予想したが、夕食の席に、一転して「彼がベルゴリオを支持する方向にある」という情報が伝わった。改革派の陣営は、すでにベルゴリオ支持でまとまり始めている。米国陣営では、穏健派のワシントン大司教、ドナルド・ワールは十一人の米国人枢機卿――中には第一回投票でニューヨークのティモシー・ドランに入れた者もいたが――をベルゴリオ支持に回るように、説得し始めた。

翌朝、二回目の投票の集計が行われたが、スコラは頭打ちとなり、ドランは落ち込んだ。スコラはまだ選挙人の相当数の票を維持していたが、票の流れは保守派のウェレと改革派のベルゴリオの周りに集まり始めた。三回目の投票で、ベルゴリオが次期教皇になるかもしれない、と思われるようになった。

昼食の休みに入った時、「目の前で起きていることを、ベルゴリオがとても重荷に感じている」ように、隣に座っていたボストン大司教、オマリー枢機卿には見えたという。ウェレは昼食の席で、支持者たちにベルゴリオを応援するように求めた。スコラもそのようにした。彼の得票は三回目の投票でも減ることはなかったが、勢いを失っていることを認めざるを得なかった。昼食後の四回目の投票で、ベルゴリオは得票数でトップに立ち、選出に必要な三分の二の多数を獲得するのに後一歩のところまできた。投票を重ねるごとに、彼の得票は増えていった。

そして五回目の投票が行われ、集計がされている時、ベルゴリオは深刻な表情で腰掛けていたが、かすかにめまいを覚えているようにも見えた。隣に座っていた旧友の元サンパウロ大司教、クラウジオ・ウンメスが、彼を支えるようにしていた。

集計は、開票検査人の役を務めるために無作為で選ばれた枢機卿三名によって行われた。折りたたまれた投票用紙が広げられ、それぞれの検査人が書かれた内容を読み、投票結果記録用紙に記入した。順番の最後に当たった開票検査人が投票用紙に書かれた名前を毎回、大きな声で読み上げていった。得票の読み上げで、ベルゴリオ枢機卿・ブエノスアイレス大司教の得票数が、選出に必要な七十七を超えたと分かった時、システィナ礼拝堂に歓声が湧き起こった。投票の最終結果が発表され、ベルゴリオは選挙人総数百十五に対して九十票の支持を得たことが分かった。カトリック教会に新しい教皇が誕生したのだ。

最後に、投票結果が記録され、枢機卿団の副代表を務めるジョバンニ・バチスタ・レ枢機卿が、ベルゴリオの前に歩み寄り、ラテン語で、こう問いかけた。

「Acceptasne elecitonem de te canonice factam in Summum Pontificem.（あなたは、ローマ教皇として、正統な選挙結果をお受けになりますか）」

この問いに対する通常の答えは「Accepto（お受けします）」だ。だがベルゴリオは違った。

「私は重い罪を背負った人間。神の慈悲と忍耐を信じ、苦痛の中で、お受けします」

こう答えた瞬間に、そして、おそらく今もなお、自らが過去に行ったことへの悔恨の思いが、彼の意識の中に沈潜し続けているのだ。

「Quo nomine vis vocar（どのような名前をお選びになりますか）」

「Vocabor Franciscus（フランシスコと呼ばれることを望みます）」

その名前を聞いて、枢機卿たちは喝采を送った。だが歴史上、フランシスコを名乗る教皇が出たことはない。驚きに眉をつり上げる者もいた。自分たちの周りにひどい事が起こるのではないか、と当惑する者も少なくなかった。

しかし、これが良い結果を生み始めるのに時間はかからなかった。


何世紀にもわたって、よく使われた標準的な教皇の名はそれほど多くない。ある時代には、教皇たちは自分の洗礼名を使ったが、異教徒でキリスト教に改宗した人物が五三三年に教皇となった際、もとの名前「メルクリウス（ローマ神話の商業の神）」を「ヨハネ二世」に改め、自分の洗礼名を使う習慣がなくなった。これまでの教皇の名の使用頻度は、ヨハネが二十三回、グレゴリウスとベネディクトがそれぞれ十六回、クレメンス十四回、レオ十三回、ピオ十二回、ステファヌス九回、ボニファティウス、アレクサンデル、ウルバヌスがそれぞれ八回となっている。

十世紀の教皇ランドの後は、あえて〝主流〟から外れた名前を選ぼうとする教皇はほとんどいなくなり、教皇に選ばれた後も自分の名前を変えなかったのは十一世紀以降、わずか二人だった。長い間、教皇の名は、自分が進もうとする方向や前任者の方針を継続する意思、前任者への感謝あるいは敬意を表明する形で選ばれてきた。

ヨハネ・パウロ一世は、二人の前任者、ヨハネ二十三世とパウロ六世を讃えるために教皇名として初めて複合名を選び、〝番号〟の「一」を付けた。フランシスコはそうしなかった。後の教皇が「教皇フランシスコ二世」を名乗るまでは、「教皇フランシスコ」であり続けるだろう。

ポーランド人教皇、ヴォイティワは、十一世紀に殉教したポーランド人司教、スタニスラウスから名をとるのを思い留まらざるを得なかった、と言われる。そして、在任期間わずか三十三日で世を去った前任者に敬意を払い、ヨハネ・パウロ二世を名乗ることにした。

こうした前任者たちに対して、ベルゴリオは、フランシスコの名を選ぶことで、教皇として過去との思い切った決別の道を歩む決意を示した。旧友のラビ、スコルカとの彼の対話集を読んだことのある枢機卿はそれほど多くない。だが読んでいたなら、彼がかつてアッシジの聖フランシスコについて語ったことを知っていただろう。「彼は当時の市民や教会の権力者がもっていた、ぜいたく好み、うぬぼれ、そして虚栄心を目の当たりにし、キリスト教に、貧しさに関する全く新しい概念を導入しました。歴史を変えたのです」。

数日後、教皇フランシスコは、記者会見でこの名前を選んだ理由を説明する際、「フランシスコ」を選ぶに当たって、後先を考えた計画的な意図があったことを明らかにした。「皆さんの中から、『ローマ司教（教皇のこと）がなぜ、フランシスコと呼ばれるのを希望したのか、理由を知りたい』と言う声がありました」。

教皇は語り始めた。「フランシスコ・ザビエル[5]、フランシスコ・サレジオ[6]、そしてまた、アッシジのフランシスコを指しているのではないか、と考えた方もいました。説明しましょう。教皇選挙の間、私は、サンパウロの名誉大司教で聖職者省の名誉長官である、ウンメス枢機卿の隣に座っていました。彼は本当に素晴らしい友人です。気持ちが動揺して辛くなった時、私を励ましてくれた。そして、得票数が投票総数の三分の二に達した時、拍手喝采が起こりました。新教皇が決まったのですから。彼は私を抱いて接吻した後、こう言ったのです。『貧しい人々を、絶対に忘れてはなりませんよ』。その言葉が私の心に強く響きました。貧しい人たち、貧しい人たち……。そして、貧しい人々のことを心に思い、アッシジのフランシスコを思い浮かべたのです。それから、まだ集計の途中でしたが、全ての戦争のことをずっと考えていました。そうだ、フランシスコは『平和の人』でもある。これが私が教皇名を決めるのに決定的な影響を与えました。その名が『アッシジのフランシスコ』だったのです」。

二〇一三年三月十三日の午後七時六分（ローマ現地時間）、システィナ礼拝堂の煙突から白い煙が上がり、教皇の決定が告げられた。だが、激しく雨が降るサン・ピエトロ広場に集まった大群衆は、まだ、その名を知らなかった。人々は白煙が立ち上るのを見て、熱狂し、サン・ピエトロ大聖堂の大きな鐘が打ち鳴らされる中で、世界中の国の旗が波打った。「私たちの教皇が選ばれた（Habemus papam）」。群集が唱和した。まだ、彼が誰か知らなかったが、新教皇誕生で喜びいっぱいになった。

バチカンの内部では、ベルゴリオが何者か、正確に知ろうとする作業が始まった。新教皇は、教皇儀典長グイド・マリーニの先導で、システィナ礼拝堂の隣、主祭壇の左手にある香部屋の祭服着用の場所に進んだ。この小部屋は「涙の部屋」として知られている。長い、公式の教皇選挙の手順を踏んだ後、最初に自分を取り戻すことのできる場所だ。この時と場所で、高い地位の重荷を感じさせられることになるのだ。ベルゴリオは、横木に掛けられた三つのサイズの教皇用祭服と、薄葉紙で覆われた箱に収められた五つのサイズの教皇用の赤い靴に目をやった。

世界中がこれから始まろうとしている教会の歴史の新たな一章を待ち、思いをはせている。だが、当の新教皇たちの思いは、自分が残してきた過去の人生にとらわれることが、ままある。

ベルゴリオが、ブエノスアイレスの小さな住まいを二度と見ることはない。十八年間慣れ親しんだ質素な住まいには、クラシック音楽、タンゴとオペラのわずかばかりのコレクション、彼が愛する地元サンロレンソのサッカー・チームの選手全員の署名入りポスター、スラムの住民で麻薬を克服した人々の写真、質素な木のベッドの上に掛けられたロサおばあちゃんの十字架……。部屋の机の上に置いておいた、復活祭の日曜日の説教の原稿を使うことは、もうない。三月二十三日に予約してあった帰国用の航空券を使うことも、絶対になくなったのだ。

教皇用祭服が掛かった横木の前で、教皇フランシスコは緋色の枢機卿用衣装から、波紋の柄の絹の飾り帯の付いたシンプルな白いカソックに着替えた。続いて、儀典長が新教皇に、伝統的な祭礼用のイタチの毛皮で縁取られた、肘までの長さの赤のビロードのケープ、「モゼッタ」を渡した。ベネディクト十六世は、教皇の服装にとても気を遣った。緋色のコープ（儀式用のマント形の外衣）、青いカズラ（羽織り用の袖なしのミサ服）、そして真っ白の復活祭用のモゼッタ——教皇パウロ六世以来着用されていなかった——を〝復活〟させた。第二バチカン公会議以降〝廃止〟されていた「ファノン」という金のストライプの入った教皇用の襟と、「カマウロ」と呼ばれる、少しばかり風変わりな白い毛の縁取りのある真っ赤な帽子——十二世紀に起源を持つが、サンタクロースがかぶっている帽子とほとんど同じ——も〝再発見〟して身に着けた。

教皇選挙の後、ある噂がローマ中に出回った。フランシスコが、マリーニ儀典長から渡されたモゼッタの着用を「必要ありません。〝カーニバル〟の季節は終わりました」と言って拒否した、という噂だ。実際には、「着用したくありません」と言っただけだった。

教皇に仕える人を侮辱するような言い方は、ベルゴリオのやり方ではないが、表現は違っても、伝えようとしたメッセージは変わらない。「彼は、教皇座を取り巻く〝専制君主〟の虚飾が好きではないのです」と、旧友のラビ、スコルカが筆者に語った。「後で、彼が電話してきました。とても平穏な気持ちになっている、と感じました」。

これ以外にも、教皇が周りの要人に送った合図は、はっきりしていた。胸に着けるのは、（これまでの教皇のような）宝石が埋め込まれた金の十字架ではなく、アルゼンチンの司教時代からの古いピューター（錫と鉛などの合金）の十字架。教皇用のカフスボタンは使わない……。

次に、彼の身の回りの世話をする人が、彼に靴のサイズを尋ね、ベネディクト十六世が復活させた〝伝統〟の一つを代表する赤い靴の入った箱を示した。教皇用の赤靴の起源はビザンチン時代で、当時は皇帝と皇后、それに教皇の三人だけが履くことを認められていたのだった。フランシスコは下を向いて、自分の履いている古くてぼろぼろになった黒い靴を見つめ、「私にはこれでいい」と言った。教皇の装身具担当者は、彼に新品の靴を贈った「ブエノスアイレスのカテドラルで働く同僚たち」以上のことはできなかった。

外は激しい風雨。それにもかかわらず群集がサンピエトロ広場を埋め尽くしていた。大聖堂のバルコニーの長くて赤い帳《とばり》が開かれると、大きな歓声が湧き起こり、新教皇の発表役を務めるジャン・トーラン枢機卿がバルコニーに姿を現した。強い照明を受けてまばたきしながら、彼は、大昔からのしきたりに従って、「Havemus Papam（私たちの教皇が選ばれました）」と宣言した。群集は再び、喜びの叫び声を上げたが、聖ペトロの二百六十六代目の後継者が誰であるかを知らされると、静かになった。

「Eminentissimum ac Reverendissimum Dominum, Dominum Georigum Marium Sanctae Romanae Ecclesiae Cardinalem Bergoglio qui sibi nomen imposuit Franciscum（限りなく気高く、尊ぶべき主よ、ホルヘ・マリオ卿、聖なるローマ教会の枢機卿であるベルゴリオは、フランシスコの名を選びました）」

ずぶ濡れになりながら歓声をあげていた群集を、突然の沈黙が襲った。「ベルゴリオとは誰だ」「イタリア人のような名前だが」。ブエノスアイレスから来たイエズス会士の枢機卿の名は、バチカン・ウォッチャーたちの教皇候補者リストの、ほとんどどれにも入っていなかった。

人々は互いに尋ね合った。「彼は誰だろう」「どこから来たのだろう」。世界中のテレビ放送で、コメンテーターがグーグルを使ってウィキペディアで検索を始めた。ベルゴリオは、世界中を驚きの渦に巻き込んでいった。

アルゼンチン人を除けば「ベルゴリオ」という名を知っている者はごくわずかだったが、彼が教皇として選んだ名前「フランシスコ」には誰もが強い関心を持った。貧しい人々に尽くした偉大な聖人である「アッシジのフランシスコ」の名をとった教皇は、これまで誰もいなかった。

どの新教皇誕生の時も、新年を迎える時と似ている。信仰心をもって将来への期待と楽観的な気持ちに人々を駆り立てるものだ。だが今回が、そうした過去と違っていたのは、新教皇の誕生が「新たな出発」となることだった。

権力と華美、醜聞と絹の錦織の祭服に飾り立てられた「制度と慣習重視の教会」の終わりを意味するのだろうか。貧しさ、質素、謙遜、慈善、従順、知恵というフランシスコ会の修道士の徳目を備えた人物の到来を告げることを意味するのだろうか。広場に集まった群衆は、この馴染みの無い人物について少しでも知ろうと、スマートフォンや携帯ラジオに聞き耳を立てた。

新教皇に関して、先例を破る数々の事柄が明らかになるにつれて、人々の興奮の度は増していった。過去一千年の間で欧州以外から出た初の教皇、南半球出身の初の教皇、イエズス会士で初の教皇、地球上のカトリック信者十二億人の半分以上が住む南北アメリカ大陸出身の初の教皇……。群衆の中にいた米国市民の一人は「第三世界からの初の教皇就任は、オバマ登場の瞬間――ホワイトハウスに初の黒人大統領が来た時――のような衝撃です」と語った。教会の歴史における新たな一章が始まったのだった。

バチカン宮殿の中では、枢機卿団が、教皇フランシスコの就任が何を意味するのかに、気付き始めていた。枢機卿たちは伝統的なしきたりに従って、新教皇に就任を祝いを述べ、忠誠を誓うために、クレメンスの間に列を作って待機したが、その間に気が付いたことがあった。フランシスコが教皇聖座に座ることを断固として拒否していたことだ。

聖座は、何世紀にもわたる「過去」の象徴だった。教皇たちはその席に座り、豪華な三重冠や、異教徒の最高の称号だった「Pontifex Maximus（ラテン語で最高神祇官の意味）」[7]のタイトル、世俗的なうわべの豪華さ、で飾り立て、皇帝の権力と同等の存在を自認してきたという「過去」である。

新教皇は、同僚の枢機卿たちが歩み寄って来た時に、高い台に立って迎えることさえしなかった。彼らと同じ高さのフロアに立ち、一人ひとりとあいさつを交わした。東西キリスト教世界の一致を打ち壊した「精神的権威のピラミッドの頂点に立つ君主」としての教皇は過去のものとなった。それは「変革が今、実際に起き始めた」と枢機卿の多くが受け止めた、最初の印だった。

フランシスコは語っている――「専制的な封建君主」という古い教皇のあり方は過ぎ去った。この教皇は「同等者間の第一人者」という立場を手に入れるだろう。「司教の団体性」が戻ってきたのだ。その証しに、彼は枢機卿たちに"Lord cardinal"ではなく、"brother cardinal"と呼び掛け、抱き合ってあいさつし、彼らから「ひざまずいて指輪に接吻したい」と言われると、自分からひざまずき、忠誠を誓っているその枢機卿の指輪に接吻したのだった。

枢機卿たちとのあいさつの交換が終わると、彼はサン・ピエトロ大聖堂の正面の上の階の通路を通って、待ち受けた群集へのあいさつのために、バルコニーに向かった。

その途中で、まず、ローマ郊外、カステル・ガンドルフォの教皇別荘にいる前任者に電話をすることにした。付き人が、自ら望んで「名誉教皇（Pope Emeritus）」と名乗ることになった人物の住まいに電話を入れたが、誰も出ない。後で分かったことだが、その時、ベネディクトと側近は、サン・ピエトロ大聖堂のバルコニーに新教皇が登場するのを見ようと、テレビに釘付けになっていた。新教皇の登場を見逃してはいけないと、ベルが鳴っても電話に出なかったのだ。しばらくして、側近の一人が電話に出、新教皇は年配者に話しかけ、心を込めたあいさつを交わし、互いのために祈ることを確かめ合った。それが済むと、中央バルコニーの赤いビロードの幕が開かれた。

続いて起きた事は、新教皇にとって、象徴的な意味を豊富に込めた公開の演技のようなものだった。白衣の新教皇の姿がバルコニーに現れた時、これまでの教皇が権威の象徴としていた白テンの毛皮で縁取られた緋色のケープを着けていなかった。二〇〇五年にベネディクト十六世が教皇即位の挨拶の時にした、勝ち誇ったボクサーのように「頭の上で両手を握り締めるポーズ」もとらなかった。

教皇フランシスコはバルコニーに立ち、腕を両脇にまっすぐに下ろし、広場に集まった十五万人の人々に、右手で簡単な祝福を送った。人々の多さにぼう然としているようにも見えた。以前、「良い事でも悪いことでも、ショックを受けると、頭が真っ白になります」と言ったことがあったので、そう見えたのだろう。だが本当は、「出来る限り飾りの無い、つつましいものに見せたい」という考えから出た振る舞いだったかも知れない。そして、胸に下げられていたのは、ブエノスアイレスで司教になった時に最初に使った古い金属製の十字架だった。

彼は人々に、イタリア語で話しかけた。たどたどしいスペイン語のアクセントだったが、ためらいがちというよりも、控え目ながら人をひきつける魅力のある話し方だった。彼は、ローマの人々にあいさつを送るローマ司教として、彼らの言葉で話した。イタリアの聖人で最も有名な人の名を教皇の名前に選んだ。傍には、ローマ司教代理のアントニオ・バリーニ枢機卿を伴っていた。世界に向けて語りかける前に、自分の教区に話しかけるローマ司教なのだ。彼はとても平凡な言葉で話し始めた。


「今晩は（Buona Sera）」。このあいさつは、最も重要な機会をとらえて、清新で、格式ばらず、親しげな印象を与えるものとなった。続いて、穏やかな冗談。「教皇選挙の仕事が、ローマに司教を差し上げることだ、というのはご存知でしょう。私の兄弟の枢機卿たちは、ほとんど地球の果てまで出かけて、私を見つけました」。

その声は静かで、優しかったが、肉体的な力やエネルギーにあふれて話をしているというよりも、何かに強制されて話しているようでもあった。世界中が彼の話に耳を傾けているように思われた。謙遜の中に潜む力を暗示する始まりだった。

彼は最初に、「名誉教皇」ではなく「名誉ローマ司教」である前任者のために祈った。全ての国の言葉で、カトリックの信徒に最もなじみ深い三つの祈り——「主の祈り」「アヴェ・マリアの祈り」「栄唱」——を捧げた。

祈り終えると、次のように語った。「さあ、旅を始めましょう。司教さま、そして皆さん、慈愛をもって世界の全ての教会を治める、ローマ教会の旅——私たちの間にある兄弟のきずな、愛と信頼の旅に」。話の中の「慈悲をもって治める」が、一世紀の聖人、アンティオキアのイグナティオスの言葉から引用したものであることを知っていたのは、教会学者だけだっただろう。この言葉は、教会内部あるいは各教会の間で「団体性（collegiality）」を取り戻そうとする叫び、と読み取ることができる。

「彼は、千年も続いた教皇君主制を突き崩しているのです」と、ドミニコ修道会の元総長、ティモシー・ラドクリフ神父は言う。「彼は、従来よりも三位一体的な教会の概念を取り入れています。（神の言葉を聴く際の）相互性を重視している。それは教皇庁の改革に関してだけではありません。我々の教会理解の変化に関してもです。愛の中で統治する教会共同体。それは、教皇を司教団に連れ戻しつつある。これは教会的には過激です。彼はよく考えたうえで、それをやっています。実用神学の長年にわたる成果です」。

新教皇の話を聴いていた普通の人々に、もっと直接的にはっきり分かったのは、次のような言葉と態度で示された並外れた「相互関係」だった。彼は「お互いのために祈りましょう」と呼びかけ、実際にそのようにした。伝統で定められた「新教皇のローマと全世界（urbi et orbi）への祝福」の前に、人々に対してこう述べた。「まず、皆さんにお願いがあります。司教（教皇である自分自身）が民を祝福する前に、私に対する祝福を神に祈って下さるようにお願いします」。これは伝統に無かった。そして人々に、祈りを沈黙のうちに捧げてくれるように求めた。さらに伝統に無い行為が加わった。バルコニーの手すりに頭を下げ、神の民に向かって彼らの祈りのためにひざまずいた——新たな、予想もしない行為だった。司教が自らの民に祈るように求め、洗礼を受けた人々の共同体に対する司教の根源的な関係を再確認している……互いのために祈らねばならない、ということを。

イタリアの群集はそれまで、ひどく騒がしかったが、この時、沈黙を完全に守った。評論家が後で語ったように、「貴重な数秒のために強く求められた霊的な沈黙が、私たちの熱狂と錯乱の世界に襲いかかった」ように思われた。「沈黙の祈り」がとても〝強力〟だったために、あるテレビ局のスタジオにいた技師が「機械が故障して音声が途切れた」と勘違いして一瞬、パニック状態になったという噂が出回り、都会的な作り話と寓話の〝境界線〟をさまようことになった。

祝福の時を迎え、教皇は深紅の刺繍の入ったストラ（肩掛け）を掛け、ラテン語で祈りを唱えた。

教会だけに向けたものではなく、「善意のすべての人々」に向けたものだった。「善意のすべての人々」という言葉は、第二バチカン公会議で使われ、それ以後、カトリック教会の祈りの中に取り入れられたが、ヨハネ・パウロ二世とベネディクト十六世の二人の教皇によって削除されていた。新教皇は、それを復活させたのだ。「善意のすべての人々」に対する祝福は、衝撃のさざ波となって広がっていった。

そして教皇就任の行事の最後を、ごく普通の人々にとってさらに分かりやすい〝庶民の言葉〟で締めくくった。「兄弟姉妹の皆さん。これで失礼します。温かい歓迎、とてもありがとうございました。私のためにお祈り下さい。またすぐ、顔を合わせましょう。おやすみなさい。よくお眠りになってください」。

このようにして、教皇フランシスコは（教皇に選出されてから教皇就任の諸行事を終えるまで）短時間の間に極めて多くの種類の象徴的なメッセージを発出し、〝細密画に描き込んだ〟教会統治の包括的なプログラムに手をつけた。カトリック教会を巡る事柄は、従来とはかなり違ったものになる、という合図とともに……。

新教皇が初めて公の場に姿を見せた後、彼を夕食会場まで乗せていくために、公式の教皇用リムジン――バチカン市国の公用車「ＳＣＶ１」(8)が待機していた。だが、教皇はそれに乗るのを断って、同僚の枢機卿たちを乗せて宿舎のサンタ・マルタの家に戻るミニバスに乗り込んだ。「私たちは一緒に来て、一緒に帰るのです」とフランシスコから説明があり、教皇用リムジンは空のまま走り去った。宿舎での食事を終えて、教皇は、枢機卿たちの祝杯に応じて言った。「あなた方のしたことについて、神があなた方をお許しになるように！」。彼らは笑顔で応えた。

故郷のブエノスアイレスでは、喜びあふれる叫びの中に涙があった。群集は街路を埋め、車はあちこちで歓迎のクラクションを鳴らし、アルゼンチン人の教皇就任を祝った。

そうした中で、ラプラタ（首都ブエノスアイレス市を含まないブエノスアイレス州の州都）では、大司教のアグエルが――熱望していたブエノスアイレス大司教への自分の昇進は絶対にない、ということを知っていた――新教皇を祝うために伝統となっていたラプラタのカテドラルの鐘を鳴らさないように指示した。彼は後に「同僚のアルゼンチン人が選ばれたというだけで、サッカー・スタジアムでの祝賀行事のようなことをする必要はない」と自分の集まりで気難しげに釈明した。

アルゼンチンの街角にある小さなカフェでは、ベルゴリオの四十年来の友人で人権弁護士のオリベイラが、バー・カウンターの後ろに置かれたテレビで一部始終を見ていた。「テレビで白煙が立つのを見て、新教皇に決まったのがベルゴリオだと聞いた時、涙があふれ出しました」「そばにいた人に、なぜ泣いているのか聞かれたので、『彼は私の友人なの。その彼と会えなくなったのが悲しい』と答えました。私は、自分自身のことを考えていたのです。彼のような「真の友」はとても少ない。このような偉大な友を持つことができて幸せです。彼はとても素晴らしい人です。彼が世界の教会を動かすことになって、とても幸せを感じています。そして、彼（が存在していること）に幸せを感じています。彼は教皇になりたかったのです。『素晴らしい時を過ごしている』と私に言いました。でも、二度と会えないかもしれないと思うと、悲しくもあります」。

ベルゴリオも、アルゼンチンの人々と別れることを惜しむことになる。就任式前日の夕方、大群衆がブエノスアイレスの中心にある「五月広場」に集まり始めた。広場には四台の巨大なスクリーンが設置され、ローマから実況中継を流した。幼い子供たちは親の腕の中で眠り込んだが、大多数の人々は徹夜で中継に目を凝らした。皆、喜びに弾んでいた。スクリーンには、新教皇の初めての映像が初説教の要約とともに映し出された。司祭たちやロック歌手たちは、群集が一つにまとまるようにステージに立った。群衆の間を、司祭たちが会話を交わしながら歩き回り、信者の告解を聴きさえした。

そして、午前三時三十二分（ローマ時間午前七時三十二分）。突然、あちこちに設置された拡声器から長距離電話の雑音が流れ始めた。新教皇となったベルゴリオが携帯電話でブエノスアイレスの修道院長に電話をかけ、（修道院長のそばにいた）冒険心のあるテレビ局の技師が、彼の声をその電話から拾って広場の拡声器につないだのだ。地球の反対側から流れてきた声の主が誰だか分かると、歓声と喝采の巨大な波が群集に広がった。教皇フランシスコ。彼は次のように語った。

「親愛なる息子たち、そして娘たち。広場に集まっていますね。祈りを捧げていますね。私には、それがとても必要なのです。祈ることは素晴らしい。なぜなら、私たちは祈りによって、天国に眼差しを向け、神である良き父がいることを知るのですから。

あなた方にお願いがあります。皆で一緒に歩んでください、一人ひとりを思いやるために。あなた方がお互いを思いやるために。苦痛をもたらしてはなりません。命を守って下さい。家族を守って下さい。自然を、若者を、お年寄りを守って下さい。嫌われるようなことをしたり、争いをしないようにしましょう。妬みは脇に置いておきなさい。No le saquen el cuero a nadie（他人の陰口をたたくのはよしなさい、という意味。この部分をブエノスアイレスの人々が好む俗語で話したので、広場の群集は親しみを込めた笑い声をあげた。）

お互いに話し合いなさい。そうすれば、相手を守ろうとする熱意が心の中に高まるでしょう。そして、神に近づきなさい。神は善なる方です。いつも私たちを許し、理解して下さいます。彼を恐れないように。彼に近づき、聖母マリアがあなた方を祝福して下さいますように。そして、あなた方を守って下さいますように。そして、遠くにいる、この司教（自分のこと）が、あなた方をとても深く愛していることを忘れないで。私のために祈ってください」。

広場中に、割れるような大喝采が起きた。ローマの電話口で、フランシスコはそれを聞くことができたのだろう。彼は言った。「さあ、静かにして。祈ってください」。そして「私はあなた方を祝福します」と。

「けがれ無き聖母マリア、守護の天使たち、栄えある父聖ヨセフ、小さきイエズスの聖テレジア、あなた方の守護の聖人のとりなしによって、全能の神、父と子と聖霊があなた方を祝福して下さいますように」。

教皇が、ローマでのミサの準備のために電話口を離れ、ブエノスアイレスの歓声が収まった時、スラムから来た司祭がマイクを取り、こう語った。

「ここでは、極端な貧困と奴隷の状態が、まだ続いています。人々は他人を、子供たちを利用し、女性たちに尊厳を捨てさせ、体を売らせることでお金をもうけている。本当に変わらなければならないと思うのなら、変化は、私たちの中から起こってくる必要があります」

群衆の中に、アルゼンチンの国旗を体にまきつけた若い女性がいた。涙を流し、満面に笑みをたたえ、現地テレビ局のインタビューに「全世界の人たちと、彼を分かち合えてうれしい。彼は、私たちの教会が必要としている『変化』なのですから」と答えた。教皇フランシスコは、世界へのアルゼンチンからの〝贈りもの〟だった。ローマとブエノスアイレスのミサが終わったところでブエノスアイレスでは夜が明けてきたが、群集はまだ広場に留まっていた。誰もその場を去りたくなかったのだ。

ベルゴリオの、アルゼンチンの人々への電話は終わっていなかった。電話をかけ続けた。親友のオリベイラ、スコルカ、そしてクレリア・ルロ・デ・ポデスタ、すなわち、アルゼンチンの高位聖職者が誰も声を掛けようとしない前司教の未亡人に。

「ベルゴリオがローマに発つ時、彼に言いました。『あなたが帰ることはないだろう』とね」。ルロはその後のことを振り返る。「教皇に選ばれた後、彼は電話をかけてきて、笑いながら言いました。『君は魔法使いだ』と。二〇〇五年の教皇選挙の時は、彼は教皇になりたくなかった。権力を欲しくなかったのです。しかし、今回は、とても喜んでいると思いますよ。彼はとても平静で、落ち着き、満足しています」。

ベルゴリオは、馴染みの新聞販売店にも購読中止の電話を入れ、歯医者にも予約が取れなくなったことを伝えた。さらに、ぼろぼろになるまで履き続けた黒靴を作った職人に電話をした。「彼は、その靴を直せるか知りたかったのです」。八十一歳のカルロス・サマリアはこれまで四十年、膝と腰の悪いベルゴリオに合う靴を特別に作っていた。修繕を頼まれたサマリアは「やってみますが、新品もそちらに送りましょう」と答えた。ベルゴリオはその申し出をしぶしぶ受けたが、こう注文をつけた。

「でも、（教皇用とされてきた）赤い靴ではなく、黒い靴を作ってください。これまで通りのデザインのね」

8

A Pope of Surprises

衝撃を与え続ける〝変革のリーダー〟

教皇に選ばれた日の夜、彼は眠ることができなかった。宿舎にしているサンタ・マルタの家で、皆で祝いの夕食をとった後、枢機卿の兄弟たち（彼は教皇に選ばれた後もこのように呼び続けた）がそれぞれ自室に戻って眠りに就いてほどなく、フランシスコは部屋を抜け出した。教皇用の白衣をブエノスアイレスで地下鉄に乗るときにいつも着ていた黒のプルオーバー、ズボンに着替えて……。サンタ・マルタの家の管理人たちは、車を用意できるか聞かれて、気が動転した。「ドライブに出かけたいのですが」と教皇が言った。運転手が呼ばれ、小さな目立たない車に、つい数時間前ローマ司教となった人物が乗り込んだ。ローマの街を回り、新教皇誕生を祝う群衆を観察した。

翌朝五時四十五分、再び黒一色のいで立ちで部屋を出、宿舎のチャペルに向かった。警備員たちはあっけにとられて彼を見つめた。「教皇さまの服はどこにあるのだろうか」「多分、教皇さまはご自分が教皇であることをお忘れになったのではないか」。そうではない。「ベルゴリオがこれまでやっていたことを教皇になってもやる」ということをバチカンの職員に理解してもらう作業を始めたのだ。そしてベルゴリオの一日は、聖櫃の前の二時間におよぶ祈りで始まった。そして早起きの枢機卿六人と朝食をとった後、教皇専用のリムジンではなく普通車に乗って、ぴったり午前八時前に、五世紀に建てられたサンタ・マリア・マッジョーレ教会に到着した。

黄と白のバラの小さな花輪を手にして、聖母マリアに捧げられたローマ最古のこの教会でまず、ローマの市民たちのために祈った。そうして前夜、大聖堂のバルコニーで新教皇に選出されたあいさつをした時の約束を果たした。次に、ビザンチン時代の聖母マリアと幼子イエスを描いた聖画像「ローマ人の保護者」の前で、さらにイエズス会の創立者、聖イグナチオ・デ・ロヨラが初ミサをたてた祭壇と、聖ピオ五世の墓の前で祈りを捧げた。教皇ピオ五世は、自身が所属していたドミニコ会の慣習をもとに白衣をまとう伝統を作った人として知られている。

教皇がこの教会に入った時、ちょっとした騒動が持ち上がった。警備員たちが、一般の人々を教会から締め出そうとし、フランシスコが「そのままにしておいてください。私もあの方々と同じ巡礼者の一人なのですから」とこれを制しようとした。だが結局、人々は警備員に締め出されてしまった。バチカンの権力機構の旧来のやり方は、争いを避けていては終わらすことができない。そのことを痛感させる出来事だった。

教会を去る時、告解を聴こうとする司祭たちに会い、彼らに強く求めた。「やさしく、慈しみを持って、告解に来る方々に接してください。神に忠実な者たちは、あなた方の慈しみを求めているのです」。そして、最後に、近くの学校で足を止め、彼を見ようと集まった子供たちにあいさつした。

バチカンへの帰り道、フランシスコは運転手にパウロ六世国際会館で車を止めるように頼んだ。ローマの中心部にある外国から来た聖職者のための宿舎で、彼が教皇選挙前の二週間泊まっていたところだった。金色の化粧漆喰の建物の丸石を敷き詰めた円形の中庭で車を降り、階段を何段か上がって、教皇パウロ六世の青銅の胸像の前を通り、受付のマホガニーのデスクのところに行くと、宿舎の清掃員たちを呼んでくれるよう頼んだ。

「二週間、親切にしてくださったことに感謝を申し上げたいのです」と。それから二週間分の宿泊費を払うために、受付のスタッフにクレジット・カードを渡した。「電話代の請求も忘れないでください」。予想もしない申し出に困惑したスタッフが「教皇さまはお支払いになる必要がありません」と断ろうとすると、フランシスコは言った。「とんでもない。私は良い模範を示さなければならないのです」。

そして、「皆さんが請求書を準備している間に、上の階に行って荷造りをしてきます」と言ってから、自分が使っていた部屋のベッド脇の電球が切れていたのを思い出し、スタッフに新しい電球を頼み、受け取った。フランシスコが使い古しの黒いスーツケースと古びたブリーフケースを持って階下に降り、支払いを済まして、バチカンに戻った後、スタッフが部屋に行くと、電球はすでに付け替えられていた。

バチカンに戻った時、新教皇は、サンピエトロ大聖堂の右隣にあるバチカン宮殿の教皇用邸宅の鍵を渡された。邸宅は前教皇ベネディクト十六世が去った後、伝統に従って封印されていた。フランシスコは教皇付きの者たちの助けを得て、手続きに従って扉の封印を解き、邸宅を受領した。一九〇三年にピオ十世が入居して以来、歴代の教皇が受け継いできたやり方だ。邸宅は、教皇と二人の私設秘書の執務室、礼拝堂、教皇と秘書たちおよび家事一般を担当するスタッフの居住区で構成されている。前教皇の時代には、スタッフは一般信徒の団体「コムニオーネ・エ・リベラシオーネ」から派遣された女性四人で、邸宅全体の管理運営を任されていた。

続いてフランシスコの示した反応がバチカンのスタッフたちにショックを与えた。邸宅の周囲を見回しながら、こう言ったのだ。「ここには三百人のためのスペースがあります。私は、このようなスペースを必要としません」。

このあと、彼は、システィナ礼拝堂で行われた教皇選挙の閉幕ミサで、何人かの枢機卿の間で同じような反応を引き起こした。説教の中で語った。「十字架なしに歩むなら……、私たちは主の使徒ではありません。私たちは、世俗的な人間です。私たちは、司教、司祭、枢機卿、教皇ではあるでしょう。しかし、(十字架なしなら)主の使徒ではありません」。枢機卿たちは、自分たちがキリストの使徒にふさわしくない、と誰かに、とくに教皇に思い起こされることに、慣れていなかった。

枢機卿たちの心を動揺させたのは、彼の言葉だけではなかった。彼は、システィナ礼拝堂に、(第二バチカン公会議による典礼刷新にならって)司祭が自由に周りを動くことのできる祭壇を置き、会衆と対面する形でミサを捧げられるようにした。

前任者の教皇ベネディクトは近年、システィナ礼拝堂の祭壇の配置を、第二バチカン公会議以前の典礼様式、つまり会衆に背を向けてミサを捧げる様式に戻していた。[1] フランシスコは、一般信徒たちが教会の典礼に深く参加していることを実感できるように、公会議の典礼刷新の精神に従って、前任者が定めた配置を変更したのだ。彼が、前任者の典礼様式に疑問を抱いたとすれば、それはアルゼンチンのスラム街で（ミサの）真の意味を学んだことによる。

フランシスコは、一般の会衆が参加する教皇としての初ミサの機会を使って、またいくつかの別のサインを送った。「連続性」を示すために前教皇ベネディクト十六世が使用した司牧杖を携行したが、冠は前教皇の精緻な飾りの施されたものではなく、聖フランシスコに敬意を評して茶色の縁取りの簡素なものを使用した。最も衝撃的だったのは、ミサ中の説教である。国務長官が（古い伝統に従って）用意したラテン語の原稿を使わず、イタリア語の即興で、朗読されたばかりの福音書の箇所を題材にし、しかも歴代の教皇がやっていた教皇聖座からでなく、教区の司祭がしているように朗読台から語りかけたのだった。

これに続く日々、新教皇は自身が考えている優先課題を関係者に示唆することになる。三月十三日に教皇に選ばれて二日後の金曜日、彼が育てられた修道会、イエズス会の総長に電話をかけた。ローマも、世界中も、「自分自身で電話をかける」という教皇の習慣に慣れなければならなかったのだが……。「お早うございます。ローマ司教のフランシスコです。総長と話をしたいのですが」。電話を受けたサント・スピルト地区にあるイエズス会本部の受付担当者は、その声が教皇本人のものだと信じられなかった。教皇は、アドルフォ・ニコラス総長から受け取ったばかりの教皇就任を祝う手紙に返事をしようと電話したのだ。総長からの手紙は、イエズス会と同会出身の初の教皇の間の緊張を解こうとする、格別の温かさを込めたものだった。「ハロー。ベルゴリオです……」は、教皇フランシスコがローマやアルゼンチンにいる旧友へ電話する際のスタイルの先駆けとなった。これが、前例のない親しみやすさを備えた教皇の姿だった。

この日の朝の電話を終えた後、フランシスコは、教皇選挙の終了を告げる枢機卿団へのあいさつで、持ち前の熱烈な面と楽天的な面を、ともに印象付けた。前教皇ベネディクト十六世の辞任の決断を「勇気のある、謙虚なふるまい」と讃えたあと、彼から、枢機卿たちは「聖なる父の司祭たち」である、と言われたと語った。そのうえで、教皇選挙の期間中に育まれた一体感、友情、親密さを、これからの教会に役立てるように求めた。さらに、教区に帰って、「信仰と一体感に満たされたここでの体験」を生かして、教区の聖職者たちを豊かに育てていってもらいたい、苦痛や悲観、落胆など悪魔のたくらみに、絶対に屈してはならない、と奮起を促した。

翌日の土曜日、また先例を破った。ローマで教皇選挙の取材をしていた世界のメディアを選挙後の教皇会見に招いたのだ。彼はブエノスアイレス大司教として、メディアとの良好な関係を作ることに心を砕いた。カトリック教会の考えを広く伝えるために欠かせない、と考えていたからだ。

個別のインタビューを受けることはこれまでほとんどなかったが、オフレコの説明はよくしていたし、報道担当の補佐官には毎日一回、時には二回、説明をしていた。バチカンの報道責任者、イエズス会士のロンバルディ神父は、前教皇のベネディクト十六世にめったに会うことがなかったが、新教皇になって直接会うことができるようになった。

フランシスコは、彼が特別に重要と考えた記者会見で何を話そうとしているかを、バチカンの広報担当者にあらかじめ知らせておいた。会見に集まった約二千人の記者を前に、フランシスコという名を選ぶに至った経過を初めて明らかにした。教皇職の主要課題とすべきものは何と考えているか、をこの場で公けにした。フランシスコは語った。「私が、どれほど『貧しい人たちのための貧しい教会』にしたい、と思っていることでしょう」。

記者会見で新教皇が発した一連のシグナルの最後のものは次のようなものだった。彼は、これまで無神論者に対して敬意を払っていたが、会見の締めくくりで「あなた方の多くはカトリック教会に所属しておられないし、信仰をお持ちでない方もおられるので、一人ひとりに、沈黙のうちに心からの祝福を送ります。それぞれがお持ちの良心に敬意を払いますが、私は皆さん一人ひとりが神の子であることを知っています」。この言葉は、カトリック教徒のジャーナリストたちが期待していた伝統的な祝福に代わるものだった。多くのカトリック教徒でないジャーナリストは、新教皇が示したこの変化を、彼らに対する好ましい深い配慮として賞賛した。

翌日、彼はさらに重要な決意のしるしを示した。日曜日は、公式の着座式の二日前、サンピエトロ大聖堂のバルコニーから新教皇としての最初の「お告げの祈り」(2)を捧げる日だった。これまでの慣習では、教皇は多くの国の言葉で祈ることになっていた。新教皇は、スペイン語、イタリア語、フランス語、ドイツ語に堪能で、英語を少々、ウクライナ語も話せる。だが、正午の祈りではイタリア語だけを使った。このことで新教皇が何を示そうとしたのか。それは、二週間後に行われた復活祭の最初の祝福の時に明らかにされた。教皇庁は伝統にのっとって六十五か国語の祝いの言葉を用意していた。だが、彼は、それを読み上げることをしなかった。イタリア語だけで語り、教皇職の強権的な印象を抑え、その役割を歴史的な起源まで遡ることを示すように、「教皇」でなく、「ローマ司教」として振る舞ったのである。

彼の世界観は、教皇職を始めるにあたって選択した着座式のスタイルに、さらに明確に反映された。

まず、教皇着座を記念するミサで特別な福音書の箇所を朗読しなかった。たまたま、彼にとって特別に意味のある日が迫っていた。翌週の火曜日、三月十九日は、ベルゴリオが少年時代に通っていた教会の守護の聖人である聖ヨセフの祝日。その教会で、彼は「司祭になるように」との声を初めて聞いた。聖ヨセフはまた、イエズス会士として育てられる時期を過ごした神学校の守護の聖人でもあった。彼が通常の箇所の朗読にこだわったのは、「聖人たちの祝日暦を大切にしたい」という思い、「神は特別の日よりも普通の日々の中にこそ、見出すことができる」という思いがあったからだ。

世界中から指導的な政治家、宗教家——百三十二の国と国際機関の六名の君主、三十一名の国家元首、三名の王子、十一名の代表――が出席したにもかかわらず、彼はこの〝野外劇〟が盛り上がることのないように全力を傾けた。

司教冠とアルバ（祭服）は、司教の時から使っていたものだった。指にはめたのも、教皇パウロ六世の元秘書役の持ち物だった再利用の教皇指輪――これまでの教皇たちの「純金製」とは対照的な「銀製金張り」――だった。（アルバの上に着る）カズラは中古、教皇職を象徴するストラは毛織だった。

ミサ典礼も簡素にし、楽曲も、組曲とラテン語を格別に好んだ前教皇ベネディクト十六世より質素で飾り気のないものを選んだ。式の中でこれまでの教皇のように枢機卿たちに自分に対する従順を誓わせるのではなく、象徴的な六つ――三つの階位で二つずつ――すなわち枢機卿であり司教であること、枢機卿であり司祭であること、枢機卿であり助祭であること、を求めた。

彼にとって、これらよりもはるかに重要なのは、ローマの筆頭ラビが参加する史上初の教皇着座式となったことだ。フランシスコは職務についた初日に、ユダヤ教の指導者、リカルド・ディ・ゼニに第二バチカン公会議について触れた招待状を送っていた。

ギリシャ正教のバルトロメオス・コンスタンチノープル総主教も招待した。総主教は、（一〇五四年の東西キリスト教会分裂以来）約千年の歴史の中で、教皇の着座式に出席する初のギリシャ正教会の長となった。これは両教会にとって大きな一歩、東方教会とカトリック教会が一致に向けて大きく動く前兆となった。総主教に感謝の気持ちを示すために、フランシスコは、着座の福音を通常のラテン語でなくギリシャ語で唱えるように指示した。「決して忘れることのないようにしましょう」。フランシスコは説教で語った。「真の力は奉仕にあり、教皇も力が必要な時には、従来以上に奉仕に打ち込まねばならないということを」。

教皇就任から何週間かたつ間に、フランシスコは度々、サインやシンボルを示し、変化が大きな流れになっていることを明らかにした。その中でおそらく最も劇的な変化は、三百人が住むことのできるバチカン宮殿に移らず、会合や会議に出るためにバチカンを訪れる司祭や司教のための簡素で近代的なゲストハウス、「サンタ・マルタの家」に住み続けることを決断したことだった。そこに住むことは、ブエノスアイレスで移動するのにバスや地下鉄を使っていたように、ある意味では実利的でもあった。他の司祭や司教たちと一緒に暮らし、バチカンの官僚たちによって外の世界から遮断される危険を避けることもできる。それは、「フランシスコが『貧しい人々のための貧しい教会』を希望している」という強力なメッセージを全世界に伝えることにもなった。世界のカトリック教会に対して「確実なのは福音の示す基準だ」と考える教皇がここにいる、ということを知らせた。

さらに、蒸し暑い夏の間もローマ郊外の丘陵地帯にある教皇の夏の別荘、カステル・ガンドルフォで過ごさず、ローマにとどまることを決めたことで、そうしたメッセージをさらに明確なものにした。バチカンの報道官、ロンバルディ神父によれば、これは「夏休みをとる余裕のない貧しい人々との連帯」のサインだった。

教皇の変化の意思表示はさらに続いた。バチカンの清掃員や庭師たちを早朝のミサに招いた。日曜日には、バチカンの職員が参加する小さなサンタ・アナ教会で先唱をし、ミサ後には普通の小教区の司祭のように、参集者にあいさつするために教会の外に立った。ミサ中に、祭壇の上ではなく、会衆の後ろに隠れるように慎ましやかに座りながら、こっそりと携帯電話をかけている姿を写真に撮られた。バチカンの周りを、車に乗らず、歩いて回った。

水曜の一般謁見の後、車椅子の人々にあいさつをして一時間を過ごそうとしたり、体の不自由な男性を抱きしめるためにポープ・モービルを途中で止めさせたりした。群衆が彼の名を繰り返し叫ぶと、代わりにイエスの名を叫び返した。

簡素な教皇紋章を選び、それを前任者たちがやったように教皇旗として飾ることをはっきり拒否した。「五月広場の祖母」の会員たちと短時間、会見した。この会は、アルゼンチンの軍事独裁政権の時代に行方不明になった子供たち孫たちを見つけ出すために活動しているが、ブエノスアイレスの大司教時代には会見を拒否していた、という経緯があった。

バチカン内部に対しては、教皇交代の際に伝統的に職員に支払われていた千五百ユーロの一時金を打ち切り、特別手当支給の習慣に違和感を抱いたことを示した。宗教事業協会――バチカン銀行――の監督委員会の委員を務める五人の枢機卿に対する年二万五千ユーロの手当の支払いもやめた。暗殺されたエルサルバドルのロメロ大司教の列聖の妨げとなっていたバチカンの障害を取り除いた。バチカンの外交官研修生たちに訓示をし、野心を抱いたり、出世第一主義に陥らないように警鐘を鳴らした。ほとんど毎週のように、「ハロー、ベルゴリオです……」という彼の電話についての記事が新聞に載った。

だが、彼の行為に、誰もが感銘を受けたわけではない。母国アルゼンチンの政敵たちは、こうした行為を全て「巧妙な策略」と批判した。エステラ・デ・ラ・クアドラの家族は一九七七年、妊娠していた妹のエレナがアルゼンチンの軍事独裁政権に誘拐された時に、当時イエズス会の管区長だった彼に助けを求めたことがある。エステラは「彼は本当に謙遜な男ではない。宿泊費を払ったのは、単なる宣伝行為だ」と言う。

前教皇ベネディクト十六世が進めた伝統の復活を拒否したことは、カトリックの超保守派を憤らせた。ルフェーブル大司教が創設した聖ピオ十世会の南米の代表者、クリスチャン・ブシャクールは、フランシスコの簡素な行動様式を「カトリック教会にとって屈辱であり、威厳を損なうものだ」と非難した。

伝統主義者の運営する公開ウェブサイト「ロラーテ・チェリ」は、超保守派たちの怒りの声を列挙した。「フランシスコは、公衆の面前でストラを外した」「ベネディクトが、司祭と会衆の間に置いたロウソクの壁を取り払った」「しかるべき祈りを、歌でなく言葉で行った」「福音書の前で祝福する時、助祭を自分の前でひざまづかせなかった」「ミトラを着けずに説教をした」「礼拝の間、敬虔に手を合わせず、手を組んだままだった」「ミサで奉献の際、ひざまずかなかった」「平和の接吻を、共同司式の司祭たちだけでなく、助祭とも交わした」など……。

彼の無作法は、礼拝に限ったものではない、と超保守派は嘆いた。「彼は枢機卿たちに赤ではなく、黒を着用するように求めた」「ギリシャ正教のコンスタンチノープル総主教と、教皇座ではなく普通の肘掛け椅子に座って会談した」「儀礼上のしきたりに反して電話を使う」「歴代の教皇は、ミサ中に聖体のパンとぶどう酒を拝領する以外には『公の場で食べたり飲んだりすべきでない』とされていたのに、アルゼンチン大統領を接見した時、マテ茶を飲んだ」「イエズス会総長に対して、自分を『聖下』という敬称でなく、くだけたイタリア語の tu で呼ぶように要求した」「署名をする時、単に Franciscus と書くだけで、教皇であることを示す接尾辞PPを付けない」「赤い靴や白い靴下をはかず、カフスボタンも付けない」……。このような〝(現世)否定主義者〟の過ちの数々は、プロテスタントがやっていることと同じではないか、と超保守派は不平を並べ立てた。


だがフランシスコは、これらよりもはるかに大きな怒りを招く〝事件〟を引き起こした。毎朝の習慣として、日々異なる招待者とバチカンの職員を、五十席しかないサンタ・マルタの家の礼拝堂での午前七時のミサに招くことにしたのだ。ミサでは、その日の福音書の朗読箇所をもとにした即興の説教をした。それぞれの説教は、彼の考えていることを自然に口にし、親しみやすい言葉で語るという、彼がこれまで説教に使っていた技法で特徴づけられていた。

説教で、「子供たちを連れた母親として振る舞うのではなく、子供たちを寝かしつけるためにあやしている」ような「ベビー・シッター(子守り)教会」について不満を述べた。それから、さらに一部で取り上げられている宇宙の中の「スピリチュアル・バス」のような非人格的な神、どこにでもいるが、何だかわからない「ニューエイジ[3]の概念」を、霧のようにつかみどころのない「ゴッド・スプレー」です、と冷やかした。悪は善と同様、個人の力によって具現化される、という彼の確信を共有しない人々に対して、「神に祈ることをしない人は誰でも、悪魔に祈るのです」と警告した。さらに、福音書によらず、〝常識〟や〝世俗的な分別〟によって行動が支配される人々は（そうした〝引力〟に引っ張られて回り続ける）「人工衛星信者（satellite Christians）」だと批判した。

聖職者たちに対しては、「『羊のにおいをかぎ分ける羊飼い』になる代わりに、『骨董品や目新しい品々の収集家』になる聖職者たちがいる」と指摘し、ミサで使う祭服は「『神の栄光』を凌ぐほどに、うわべの装飾や綺麗な織物で飾り立てるものではない」、第二バチカン公会議は「『聖霊の素晴らしい働き』であり、時計を逆戻りさせてはならない」、変化に反対する人々には、異議を唱える代わりに「公会議の間に聖霊が私たちに求めたことをすべて行ったのか、自らに問うべきだ」と強く反省を求めた。

バチカン銀行の職員が参加したミサの説教では、同銀行は「ある程度までは必要」な組織だが、カトリック教会が語るべき「愛の物語」からはみ出すことのないように気を付けるように、と注意した。バチカンの伝統的な教理の執行者である教理省の職員の前では、「あなたがたの役所は、発表後にバチカン放送でそれを聞く人ほどには、発表を直接聞く人を慰めることがありませんね」と冗談を言った。バチカンの官報であるオッセルバトーレ・ロマーノは教皇の語った〝余談〟のいくつかを紙面から削除したが、バチカン放送はそれらを「包み隠すことをしない新たな息吹」の中で、ローマ中に広く伝えた。

朝のミサの形式ばらない説教は、バチカン放送が転電可能としたコピーをもとに、様々な形で伝えられた。様々なメディアが、政治的な課題、教会的あるいは世俗的な関心につなぐ形で報道した。教皇が説教で「イエスは、無神論者から、『善を行い、一致を見出すであろう』と彼が言う人々まで、すべての人々を救った」とはっきり語っているのに、党派的な意図からか、無知からか、あるいは故意に誰かを傷つける狙いからか、しばしば恣意的に解釈して報道した。メディアは、無秩序で、あらゆる無意味な考えをもとに、救済や不可謬性、そして天国と地獄などについて取り上げた。

しかし新教皇は、誤解を受けるリスクが、「聖アウグスティヌスが sermo humilis――もっとも謙虚で、訓戒的な言い回しこそ、神の奉仕につながる時に聖なるものとされる――とした表現スタイル」を妨げるようにはさせない、と決意したように見えた。フランシスコにとって、リスクを伴った生きた言葉は、「外に出ずにいて早晩中に閉じ込められて病気になる教会」よりも「街に出て、事故の危険を冒す教会」を具体的に表現するものなのだ。

そしてこれら全てが、ローマの雰囲気を大きく変えた。「ローマは今、心安く、微笑みの町になっています」とある枢機卿は私に語った。「全体の空気が変わりました」。教皇庁のある大司教も同じような感想を述べた。「カトリック教会の多くの信者が、これまでは口に出す勇気がなかったことを話すことができるようになった、と感じています」。ある神学者も同様だ。「私たち倫理神学者は、誰が新しい教皇になるのか心配していましたが、（教皇フランシスコが選ばれて）ほっとしています」。

教皇フランシスコの発した〝記号言語〟と〝記号表現〟の全てがあまりにも衝撃的だったためか、新教皇が執務を始めて百日経った後、多くのバチカン評論家たちは、画期的な出来事を記録するいつもどおりの断片的な原稿を準備しながら、「そうしたサインとシンボルにもかかわらず、フランシスコの教皇職で実質的な変化は少しもない」と語った。

だが、それは全く事実に反している。彼の最初の政策に関わる言明は、米国における修道女たちの活動を抑えつけようとする、バチカンのこれまでの動きに関するものだった。教皇庁の保守派は「米国の女性聖職者たちは社会的、経済的な不正に関心を持ちすぎており、堕胎や同性愛者の結婚を止めることに十分に関わっていない」、そして「教会の教義に疑問を抱く急進的なフェミニストたちと対話さえしている」と批判した。メディアは、フランシスコは関係の女子修道会を抑えることを再確認した、と伝えたが、実際のフランシスコの言い方は、そのように明確なものではなかった。

バチカンから出されたシグナルは、「この問題について『しばらく様子を見る』というのが、教皇の発言の受け止め方として適切」ということを示していた。ラテンアメリカから来た修道女や司祭たちとの会見で、教皇が「もしもあなたがたが教皇庁の教理省の取り調べを受けても、どこでも良い仕事をしているなら、深刻に悩む必要はありません」と語ったと伝えられたことが、それを裏付けているように思われる。

カトリック教会の統治体制の改革に向けて、教皇が大きな一歩を踏み出したことについて曖昧なところは全くなかった。ある教皇が亡くなるか引退した場合、新教皇が選ばれるまで、バチカンの全部門の長も自動的に職を失う。そのしきたりによれば、新教皇の最初の仕事のひとつが教皇庁の官僚と政治家の大半を五年の任期で元のポストに再任することだった。

ところが、フランシスコは、就任して何日間か、そうした人事に手をつけず、教皇庁の機能は停止した。それから彼は発表を行った。その内容は「教皇庁の各省、各委員会の長は、新たな規定が出来るまでの間（donec aliter providenatur）、元の職務を続ける」というものだった。教皇の報道官であるロンバルディは公式発表で「教皇は、人事などの課題について確定的な結論を下す前に、よく検討し、祈り、関係者と対話する時間が必要だ、とお考えになったのです」と説明した。「対話」がその発表文のキーワードだった。重要なのは、教皇庁で最強の役所であり、バチカンの事実上の「首相」がトップを務める国務省について何も言及しなかったことだった。

多くの評論家は、「新しく就任した長上は、前任者のやり方に変更を加える前に、最初の百日を費やして自らの組織を知らねばならない」というイエズス会の不文律を思い起こした。聖イグナチオの『霊操』(4)にある重要な識別の手法の一つは、「二つの規範による瞑想（Las Dos Banderas）」と呼ばれる。動機を明確にするのが目的。「神への奉仕が動機」と言っている行為が、実は「安全、名声、権力の幻想にとらわれた、偽りのこの世の価値」を追い求めていることになってしまっているのではないか。それを自らに問う手法だ。

教皇フランシスコは、そうした瞑想に一か月を費やしたうえで、先の教皇選挙に先立って開かれた一連の会合で出された提案を取り上げることを公けにした。その画期的な一歩として、カトリック教会を運営し、バチカン改革のための助言を得るために、世界中から八人の枢機卿を選んで顧問団を発足させた。公式発表は、教皇庁に関する使徒憲章「良き牧者について（Pastor Bonus）」の見直しに言及した。メディアの関心は新設される顧問団に集中し、米国のカトリック週刊紙『ナショナル・カトリック・リポーター』はこれを「G８」と呼び、「最近の一連のバチカンのスキャンダルに対処する教皇庁刷新の手段だ」とした。

あるジャーナリストはこのような冗談を言った。「『バチカンには何人働いているのか』という質問に対するヨハネ二十三世の有名な答えを思い出します。『だいたい半分です！』と」。だが、フランシスコの決断は、この言葉でヨハネ二十三世が示そうとしたバチカン官僚の総点検よりも、ずっと過激なものだった。

顧問団にとって、教皇庁改革は優先順位の二番目だった。最初の仕事は、「カトリック教会の統治について助言を得る」ことだった。フランシスコが選任した枢機卿八人からなる顧問団をよく調べれば、教皇に対する助言が厳しいものになることは予想できた。彼らは大勢順応型ではなく独立志向型で、誰も教皇庁で勤務したことがなく、うち七人は教区の運営の幅広い経験を持ち、イタリア人は一人だけ。何人かは、コンクラーベ前の討議でバチカンの現状について枢機卿たちの中で最もあからさまな批判をしていた。

　顧問団のまとめ役にはホンジュラスの大司教、オスカー・ロドリゲス・マラディアガ枢機卿が指名された。穏健だが、社会正義に情熱を燃やしており、経済的な不平等について長い間、批判的な立場をとってきた人物である。彼は二〇〇一年に、教皇庁との間で辛い体験をしていた。当時、カトリック教会の途上国被災者・難民救済機関であるカリタス・インターナショナルの代表を務めていたのだが、国務長官が（保守派の）ベルトーネ枢機卿で、同機関の事務総長だったレスリー・アン・ナイト女史が二期目を務めるのを、カトリックの教義を広めるよりも貧しい人々を助けることを優先している、という理由で却下したのだ。ロドリゲスは彼女を弁護したが、バチカン内部の権力闘争に負けてしまった。

　だが今や、（フランシスコ教皇の就任でバチカンの）力関係は変わろうとしている。顧問団のまとめ役への指名が発表されると、ロドリゲスはただちに記者団に対して、顧問団は「確かに」問題の渦中にあるバチカン銀行を取り調べようとしている、と言明した。


　この新たな枢機卿の集団は、教皇に地球的な視野をもたらすことを明確に意図していた。メンバーの枢機卿の多くは、それぞれの出身地域の司教会議の長を務めている。ラインハルト・マルクス枢機卿はミュンヘン大司教で欧州共同体の司教会議の議長。ローラン・モンスウェンゴ・パシンヤ枢機卿はキンシャサ大司教でアフリカの司教たちの前代表。オズワルド・グレイシャス枢機卿はボンベイ大司教でアジア司教連盟の議長。チリのフランチスコ・ハビエル・エラスリス・オッサ枢機卿は中南米司教会議の前議長。ショーン・パトリック・オマリー枢機卿はボストン大司教で米国司教会議の主要メンバー。ジョージ・ペル枢機卿はシドニー大司教で、教義的には厳格な保守主義者だが、バチカンが機能不全に陥っていることについて、最も厳しい批判者の立場をとっていた。そして、ジュゼッペ・ベルテロ枢機卿は、生え抜きの外交官で、バチカン市国の運営にあたっている。

これらのメンバー全員が強い個性の持ち主とされ、イエスマンではなく、教皇に対して本人が聞きたいだろう、と考えたことを話す意志を持つ人々だった。ローマでの教皇との初会合は、二〇一三年の十月に開かれたが、それよりもずっと前に、それぞれの出身地の司教たちが顧問団のメンバーと連絡を取り、教皇に何を持っていくか提案していた。その中身は、ロドリゲス枢機卿によれば「普通ならば教皇には伝えられないようなもの」だった。

顧問団の創設は、世界各地の教会に対してローマが説明責任を持つ必要があることを示す単なるジェスチャー以上のものだった。教皇選挙の前に開かれたさまざまな集会で表明された枢機卿たちの要望に、教皇が意欲的に対応しようとする意思表示以上のものでさえあった。カトリック教会内部の力関係を地域別、国別の司教会議に移し、統治システムを従来より平等な権利に基づいて動かすことにできるようにするための、第一歩なのだ。

「これは、カトリック教会の統治機構における力の均衡を取り戻す極めて重要な動きであり、〝究極の君主制〟の雛形のような機構を〝議院内閣制〟に改める道を開くものだ」と国際的なカトリック系週刊誌『タブレット』が論評した。「教皇の意図は、これまで半世紀以上もほとんど議論するだけにとどまっていた『カトリック教会内部権力の是正』に第二バチカン公会議が表明した強い思いを、行動に移すことにある」。

カトリック教会関係の評論家たちの間には、こうした変化について賛否両論があるが、重要性そのものは認めているようだ。イタリアの保守的な典礼学者で典礼専門誌の編集者、マッティア・ロッシ教授は、新しい顧問団の結成について、「神の力で定められた『使徒的位階制の権威と安定』を、『司教たちが平等な権限を持つ〝流砂におおわれた沼地〟』に取って代わらせようとする『教皇職解体』の第一歩だ」と批判的だ。一方で、モデナ大学（イタリアで最も古い大学の一つ）でキリスト教史を担当し、第二バチカン公会議の専門家でもあるアルベルト・メローニ教授のように、顧問団の設置を「過去十世紀にわたる教会の歴史で、最も重要な動き」と支持する見方もある。

顧問団の創設は「変化がシンボル以上」のもの、ということを示すにとどまらない。フランシスコ教皇は「第二バチカン公会議が意図したところに沿って、全世界司教会議をこれまでよりも平等な権限をもつ参加者の集まりに変えることを計画している」と述べている。こうした公会議の意図は、前教皇ベネディクト十六世が教理省長官時代に反対し、実現されずにいた。「司教会議は神学的な重要性を持たない。神学的に見て、それぞれの部分を合わせた以上には重さのない、司教たちの集まりに過ぎない」というのが反対の理由だった。

これに対して、教皇フランシスコは、二〇一三年七月の全世界司教会議を準備した十五人に対して「私たちは、司教同士そしてローマ司教（教皇）との対話と協力をより活発にする方向で、司教会議が進歩を遂げると確信しています」と前任者の〝反公会議〟の姿勢を否定し、公会議の意図を具体化する考えを明確にしたのである。

こうした動きを補完する、さらに重要な動きを暗示するものがあった。カトリック教会の社会教説[5]には、諸々の決定と行動は『可能な限り最も低いレベル』でなされるべきだ、という考えが示されている。二〇一三年五月のイタリア司教会議での説話で、フランシスコは歴代教皇の伝統を破り、イタリア政治への言及を避けた。彼の説話は、歴代教皇で最短の十二分。バチカン・ウォッチャーのアンドレア・トルニエリはこれを「カトリック教会が自分自身を〝政界の黒幕〟と見なす時代の終わり」と評した。関心が持たれたのは、政治との関わりについて教皇がどのような判断を下すかだったが、教皇は司教たちに「(イタリアの)政治的な組織と対話するかしないかを判断するのは、皆さんそれぞれです。教皇ではない」と言明した。こうして、権限委譲の原則は滝のように流れ落ちたのである。

会議のあとで、ある司教は「これからは、妥協の余地のないカトリック的価値が危機に瀕した時に意見を述べるのは、司教たちよりも、(聖職者でない)一般信徒の役目になる、ということです」と語った。「政治的な行動に関する限り、それに関わらないことが我々司教にとって良いことなのだ」と(イタリアの)フェラーラ・コマッキオのルイジ・ネグリ大司教は言う。「一般信徒の自主性は尊重されるべきです」。

イタリア人社会学者のルカ・ディオタレーヴィが米国の『ナショナル・カトリック・リポータ

ー』のアレン記者に語ったところによれば、このような変化は「信仰と政治の関係で一般信徒が主導権を握る余地」を大きく広げるものだ。

その他にも新教皇就任の第一週に現れた変化がある。変化の中には、二人の前任者が行ったように「第二バチカン公会議の解釈を、狭い範囲に押しとどめる」のではなく、前向きに発展させ、「教皇庁教理省の役割を見直す」ことを表明したことも含まれる。（教皇の意を受けた）教理省長官のゲルハルト・ルードビッヒ・ミュラー大司教は二〇一三年七月に、「解放の神学」運動とローマの〝戦い〟が終わったこと、「解放の神学」は「二十世紀におけるカトリック神学の最も重要な潮流のひとつ」と認識されるべきことを示唆した。

教皇はまた、現在イタリアに存在する二百二十五の教区の削減を強く希望していることを表明した。イタリア国内の教区の数は、世界のどの地域と比べても余りに多すぎるのだ。

さらに、新任のカンタベリー大主教、ジャスティン・ウェルビーとの心のこもった率直な対話は、「前任者ベネディクト十六世による英国聖公会聖職者のカトリック司祭としての叙階が初期の段階で失敗したことを、新教皇が認めるのではないか」との観測を生んだ。「多様性」は、フランシスコが恐れることなく、長い間、我が物としてきたものである。

就任して最初の週に、ローマ司教、フランシスコは、（バチカンを）真の姿に戻すために、さまざまにこびり付いたものを取り払い、（歴代の教皇が）受け継いできた伝統を次々と破壊した。新教皇の慣例破りの最たるものは、聖週間にこれまでの教皇が慣習としていた「ラテラノ大聖堂で教皇として最初の聖木曜日のミサを捧げること」はしない、という決定だった。

教皇から特権を与えられたこのバシリカ式大聖堂は、ローマに数ある大聖堂の中で最も古く、最も格が高く、ローマ司教である教皇のカテドラル（司教座聖堂）だ。聖木曜日には、全世界のカトリック教会で、キリストが十字架上で処刑される前夜に指導者と追随者の通常の関係をあえて逆転させ十二使徒の足を洗ったことを記念する（洗足式という）儀式が行われる。歴代教皇は少なくとも十二世紀末期から（この大聖堂で）十二人の司祭あるいは助祭の足を洗うことで、その夜を記念してきた。大方の神学者は、教会法で洗足式で女性の足を洗うことを認められていない、としている。

だがフランシスコは教皇になって初めての聖木曜日に、ラテラノ大聖堂ではなく、ローマ市内のマルモ少年院に出かけ、十二人の受刑者の足を洗った。七十六歳の教皇は、助祭のような身なりで石の床にひざまずき、黒人、白人、男性、女性、刺青を入れた者、入れていない者の足を洗い、接吻した。彼らはカトリック教徒、ギリシャ正教徒、回教徒、そして無神論者と様々で、うち二人は女性だった。これまでの教皇は女性の足を洗ったことはなく、フランシスコのこの決断で引き起こされた論争は、全ての教皇職を巡る論争の縮図のようになった。

進歩派はこれを「カトリック教会の包容力を広げる〝しるし〟」と歓迎し、保守派は「伝統を脇に置いやり、教会法の規程を破る行為」と恐れおののいた。「（教会法の）規程では viri つまり『男性』となっているのです」。カトリック信者になる前に英国国教会の典礼委員会に務めていた典礼学者、アンドリュー・バーナム師は語る。「規程を無視するローマ司教の行為は、多くの結果をもたらす深刻な問題です。その中には極めて望ましくないものもあります」。保守派は、これを新教皇の「疑わしいお手本」だと嘆くが、教皇が目指す方向を理解する教皇庁のある幹部は、こうした反応に不快感を示し、「教皇は規程を破ってはいません。作り直しているだけなのです」と私に説明した。

ブエノスアイレス大司教として麻薬常習者やエイズで入院している患者の足を洗い、接吻した前歴をもつフランシスコは、ひざまずいて若い犯罪者たちの足を洗う前に、「これは象徴であり、しるしです。あなたがたの足を洗うことは、私があなたがたに仕えることを意味するのです」と語り、「お互いに助け合いなさい。それが、イエスが私たちにお教えになったことであり、私がすることなのです。私は心を込めていたします。私の義務だから心を込めてするのです。司祭、司教として、私はあなた方に仕えねばなりません」と強調した。洗足式の後で、一人ひとりに、チョコレートで作った卵と鳩をかたどった復活菓子を贈り、受刑者たちは教皇に少年院の工作所で作った木の十字架とひざまずき台を贈った。別れ際に、教皇は彼らに「希望を奪われないようにしなさい」という言葉を残していった。

これは、マルモ少年院の受刑者たちだけに向けた呼びかけではなかった。広く世界に向けた呼びかけだった。「自分がある意味でカトリック教会だけでなく人類すべてのための、革新的な教皇にならねばならない、ということが、彼には完全に分かっているのです」。ベルゴリオの二十年来の知己であるユダヤ教のラビ、スコルカは私に語った。就任早々に彼が出したいくつものサインから見えるのは、「教皇フランシスコなら、それを成し遂げるかも知れない」という希望だ。「ベルゴリオにとって、四年あれば物事を変えられるのに十分だ」。新教皇の旧友、ウェストミンスター大司教のコーマック・マーフィー・オコナー枢機卿は期待を膨らます。

「でも、それよりもっと長く在位してくださるよう、神に祈りましょう」。

おわりに――大事なのは「過去」ではなく「これから」だ

「単純素朴さに恵まれたベルゴリオ」が実は、「かなりの複雑さを備えた人」だということを理解する人が、関係者の中にはいる。スイス衛兵にまつわる話は、そのことを示す典型的な出来事だ。第二百六十六代教皇に選ばれて間もないある夜のこと、教皇フランシスコは、住まいにしているサンタ・マルタの家の寝室を抜け出した。夜明け前のことで、若いスイス衛兵がドアのところで警備に就いていた。教皇は、彼が一晩中そこに立ち続けていたのを知って部屋に戻り、椅子を持ち出し、その兵士に座るように言った。衛兵は「座れません」と言って断った。規則で認められていない、と。教皇は聞いた。「誰の規則ですか」。兵士が答えた。「隊長の命令です」。「いいかね。彼はただの隊長で、私は教皇。座りなさい、というのが、その私の命令だ」。兵士は椅子に座った。

この話には続きがある。この少し後、フランシスコは、ひと切れのパンとジャム、少しイタリアらしく表現するなら「パニーノ・コン・マルメラータ（panino con marmellata）」を持って再び現れ、世界の何億人ものカトリック教徒の指導者は、その衛兵に「食欲旺盛であるように。兄弟よ」という言葉とともに、それを渡したのだ。

このエピソードは、それを立証するような信頼できる情報源が新たに現れなかったにもかかわらず、ブログの世界でさかんに伝えられるようになった。話を転送する人々には、信頼できる情報かどうかは問題にならなかった。謙虚な教皇、その偉大さが「最も小さな事柄に対する配慮」に宿る人。それが本物だ、ということを例証するための、寓話的な、あるいは詩的な真実、と受け止められたのだ。だが、ブエノスアイレス大司教時代にベルゴリオの広報担当として八年間務めた側近の一人であるマルコは、これが作り話だとしても、新教皇の実像の多様な面を示しているのは事実だ、と私に言う。「この話は、ある人物の誠実さを親しみを込めて証《あか》ししている」。だが、「同時に、彼が権力に対する強い自覚を持った人物であることも明らかにしています。『私は教皇だ。私が判断する。あなたは、私が言うことをしなさい』と言おうとしているのです」。

では、私たちは最終的に、どのような判断に落ち着くのだろうか。アルゼンチンからローマ、ベルゴリオからフランシスコに至る私たちの考察の旅は、「相反する性格を合わせ持つ」ように見える一人の教皇の実像を明らかにしてきた。「急進的だが自由主義的ではない、権威主義的な痕跡をもつ支え手」「絶えず許しを求める自信家」「宗教的な謙虚さと政治的な策略を兼ね備えた教会人」だということを。

それはまた、「宗教上の転向」ではないとすると、「個人的、政治的な理想の重く長く続く変化をもたらした深い、内面の変容」に耐えた男の物語を、明らかにすることでもあった。

改めて重要な点について振り返ってみよう。バチカンの自己満足と自信過剰を振るい落とし、教皇職の君主のモデルを再構築し、ロココ調に飾り立てた装飾を剥ぎ取り、貧しい人々のための貧しい教会とすることへの強い望みを明確にした教皇は、かつて、宗教的、政治的な保守主義者だった。

イエズス会のアルゼンチン管区で一九七一年から一九八六年までの十五年間、指導的立場にあった時、内向きなカトリック教会を再活性化しようとする第二バチカン公会議がめざした急激な変化に、まず抵抗した。そして、貧しい人々の信仰心に深い愛情を抱いていたにもかかわらず、四十代半ばになるまで、そうした人々を貧しくしている経済的、社会的現実と向き合うことを慎重に避けていた。それればかりか、「解放の神学」――最も貧しい人々の霊的向上と物質的な向上をともに実現しようとする運動――に対する厳しい批判者だった。

彼はカリスマ的な指導者だったが、部下のイエズス会士たちには妥協を許さない支配者として振る舞った。彼の意思の明快さと独裁的な振る舞いは、ペロニスタ鉄衛団とつながりを持ったことも重なって、アルゼンチンのイエズス会士たちを親ベルゴリオと反ベルゴリオの二つに分裂させてしまった。

ベルゴリオが上長によってブエノスアイレスから四百マイル離れたアルゼンチン中部のコルドバに左遷された時、ローマのイエズス会本部は彼の後任のアルゼンチン管区長に（アルゼンチン管区の内紛と関わりのない）コロンビアのイエズス会士を当てた、だが、彼のしたことが余りに強烈だったため、その後三代にわたる管区長は、ベルゴリオの個人崇拝を消し去り、傷を癒やすことができなかった。

彼が残した一番大きな傷は、ヨリオとヤリクスという二人のイエズス会士に関わるものだ。彼らは、アルゼンチンの通称〝汚い戦争〟の期間中に政府転覆の容疑で三万人を殺したとされる軍の暗殺団によって誘拐され、拷問され、覆面をかぶせられ、鎖でつながれて、五か月間も牢獄に入れられた。証拠を欠いたたくさんの申し立てが、彼らの失踪へのベルゴリオの関与についてなされた。それらの申し立ての大部分は事実でないように見えるが、ひとつの重要な点で彼は〝有罪〟だ。

イエズス会アルゼンチン管区の保守派から「進歩的すぎ、政治的過ぎる」と烙印を押されたオファレル神父がクーデター同然の形で管区長の座を追われ、ベルゴリオが後を継いだ時、まだ三十六歳だった。政治的集団と連携してスラム街で積極的に活動し、「解放の神学」を奉じていたイエズス会士二人を断固として抑え付け、会から排除する、という行動に出た。排除を決める際の支障となると思われたのは、「解放の神学」を最も精力的に実践するヨリオとヤリクスが、もともと彼の先生であり、彼よりも年長だった、ということだった。年若い管区長は、年長の二人とまともにぶつかった。二人は、「スラム街を離れるように」との彼の命令に従おうとせず、その理由を説明する文書を、彼とローマのイエズス会総長宛てに書き始めた。ベルゴリオは激怒した。

イエズス会士の誓願で最も重要なのは「従順」だ。ヨリオとヤリクスは、それを破る恥ずべき行為をした、しかも、命令はローマの本部から念を押されたものだ、と伝えたにもかかわらず、従うことを拒否した、と。ベルゴリオは、彼らをイエズス会から排除することを宣言し、ブエノスアイレス大司教のアランブルに二人のミサ司式の資格を剥奪するよう申告したのだった。

ラスパンティ司教（サレジオ修道会士）が管轄し、彼らが司祭職を続けるのを認めようとしていたブエノスアイレス近郊、モロン教区への異動をベルゴリオが妨げた、という主張があるが、真偽の決着がついていない。

だが、二人に対する怒りが彼の判断を曇らせた、ということには疑問の余地が無いようだ。二人からミサ司式の資格を剥奪したことは、「カトリック教会が二人の司祭を守る意思を持たない」ということ、当時のアルゼンチンの軍事独裁政権に対する十分な意思表示になったのだ。敏感な政治感覚を持ち、軍事政権による抑圧的な行動の戦術とタイミングを熟知していたベルゴリオのことである。二人の司祭がそれによって危険な立場に置かれるのを知っていたに違いない。彼は思慮を欠いた行動をし、その行動について、ずっと償おうとし続けている。

だが、このことを除くすべての証拠は、「汚い戦争」――軍部はこれを婉曲的に「再編成作業」と呼んだ――が一段と汚さを増した六年間にわたって、ベルゴリオが、かなりの勇気を持って行動したことを示している。

イエズス会の管区長として、また同会経営のマクシモ神学院の院長として、軍部の恐怖の支配から逃亡者を国外に脱出させるための秘密のネットワークを組織した。自由を得させてもらった人たちの一人が言うように、彼は「個人としても、組織の一員としても勇敢」だった。軍部に対して、公に歯向かうことはしなかったが、当時のほとんどの人たちもそうだった。面と向かって歯向かうことが「死刑執行の許可証に署名するようなもの」であることを知っていたからだ。

しかし、ベルゴリオは、自分の良心に問題を起こすようなことを十分にしてしまった。管区長の任期を終えたとき、ローマのイエズス会総長は、彼をアルゼンチンから国外に出すことを決めた。ドイツに「勉学のために」送り出されたが、予想されていたよりも早く帰国した。そして、ブエノスアイレスのイエズス会のさまざまな施設で一司祭として不遇の日々を過ごしたあと、マルコによれば、彼にとって「卑下と屈辱」の場所、コルドバに追いやられた。

聖櫃の前にひざまずき、神の現存の中で少なくとも一日二時間を過ごす、祈りの日々の中で、ベルゴリオが深い内省と劇的な変化を遂げたのは、そうした「荒野」においてだった。イエズス会士として十四年にわたって使った標準的な手法は、会の創設者、聖イグナチオ・デ・ロヨラが考案した「霊操」によるものだった。その要諦は、幾重にもなった自己正当化、自己欺瞞の皮を剥ぎ取り、自己の行動と動機の内的な核心に踏み込んでいくという、識別の道筋にある。

ベルゴリオは、アルゼンチンにおけるイエズス会内部の争いをもたらした管区長として行動――そして「汚い戦争」の間に彼が犯した過ち、不行き届き――を振り返ることに、長い年月を費やした。年若いリーダーとして経験不足の中で、自分自身と司祭たちとの精神的な関係を壊してしまった、という事実に正面から向かい合わねばならなかった。

彼は、何年も経ってヨリオが亡くなった後、ヤリクスとドイツで会った。ヤリクスは、身の安全を図るためにイエズス会の黙想の家にいたのだった。二〇一三年に、フランシスコが教皇となった後で、ヤリクスは、二人が和解し、ともに、彼の言うところの「荘厳な抱擁」で終わるミサを捧げたとする声明を出した。実際には、目撃した人によれば、二人は互の腕を取り、涙を流したのだという。

教皇になる三年前、ベルゴリオがブエノスアイレス大司教の時に、ルビンとアンブロジェッティというアルゼンチンのジャーナリスト二人のインタビューに応じ、苦難の時代を振り返ってこう語った。

「私は、人を欺くようなことをしたくない――私は、慈悲深い神が、特別のやり方で愛そうとお選びになった罪人。それが真実なのです。若い時から、指導的な役割を果たすように背中を押される人生でした――司祭に叙階されるとすぐに修練院長に指名され、その二年半後には管区長となり――そうした中で自らの過ちから学ばねばならなかった。本当のところ、私は何百回も過ちを犯しました。いくつもの過ちと罪。それらに対して私が許しを願った、と過去形で言うのは間違いです。私は今、自らが犯した罪と無礼な行いについて許しを乞うのです」

ベルゴリオの心情はこれら全てに深く影響を受けている。「自らの良心を彼がどれほど深く吟味したのか」を理解したいなら、彼の説教を聞けばいい。許しと神の慈しみへの願いは、彼が教皇になる前も、なった後も繰り返される、神学的な語り口の基調になっているのだ。「罪は、償いがなければ、私たちが成長することを許しません」と彼は語った。「(償い無しで)過去が清算されることはありません。私たちは、深い痛悔と、許しと、償いによって、過去を清めなければならないのです」。

ローマに発つ前にブエノスアイレスの人々に残した四旬節の書簡の中で、彼は語った。「道徳は崩れることはない。常に高まっていくものです。それは神の慈しみに対する応えです」。

教皇選出後の最初の日曜日の説教で、語った。「慈しみは、主の最も力強いメッセージです」。「イエスから、さげすみの言葉を聞くことはない、断罪の言葉を聞くことはありません。私たちが耳にするのは、私たちを回心に招く愛の言葉、慈しみの言葉です。イエスは言っておられます。『私はあなたを裁かない。行きなさい。二度と罪を犯さないように』」。

また教皇になって初めてのお告げの祈りの言葉の中で語った。「慈しみ。この言葉は全てを変えるのです。私たちが耳にする最も素晴らしい言葉、世界を変える言葉。ほんのわずかな慈しみが、世界の冷たさを和らげ、そしてさらに……。許しを与えることに、主が疲れることは決してありません。許しを願うことに疲れるのは、私たちなのです」。

システィナ礼拝堂で枢機卿の中の一人が教皇に選ばれた時、「あなたは教会法に基づいた正統な選挙で教皇に選出されたことを受け入れますか」と意思を確認されるしきたりになっている。通常の答えは「お受けします」だ。だが、ベルゴリオは「私は重罪人です。苦しみの中で神がくださる慈悲と忍耐を信じて……お受けします」と答えた。この特別の瞬間においても――おそらく、それだからこそ――自らの過去に対する痛悔で頭がいっぱいだったのだ。新教皇の就任あいさつを聞いて、世界が学んだように、周りの人全てに自分のために祈ってくれるよう求める機会を、彼は絶対に逃さない……。

コルドバの〝流刑〟は、ブエノスアイレス大司教区の六人の補佐司教の一人に選ばれたことで終わった。生まれ故郷に着いた時、彼はそれまでとは別人になっていた。新たなものを手に入れたのだ。それは、何年もかけて自己の内面を振り返り、長い時間をかけた祈りの末に見つけ出した「新たな指導者像」である。指導者像とは「皆と意見を交わし、話し合いに参加し、権限を平等に共有し、他人の言うことに耳を傾ける人」。自らの過去を精算し、新規巻き直しを図ろう、としたのである。

彼は最初から、スラム街の問題に焦点を合わせた。彼の内面の変化は、貧しい人々の中でも特に貧しい人々との接触を増すことで深いものとなった。何年か経つうちに、彼は、スラム街での仕事に身を捧げる新しい世代の司祭を育て始め、「スラムの司祭（curas villeros）」と呼ばれる彼らの数は、四倍に増えた。麻薬取引業者によるスラム街支配に戦いを挑み、貧しい人々が力を持てるように、協同組合、労働組合などの組織作りを援助し始めた。

そして、シングルマザーと離婚者が信者の大部分を占める貧しい街で働くことで、再婚した信者の聖体拝領を禁じるようなカトリック教会の掟に対する彼の受け止め方は変わっていった。教会が公認した教えから外れることはなかったが、個々の人々に対する思いやりを最優先することを、そうした教えが妨げることは許さなかった。

「些細なことや愚かしいことに、彼は厳しい態度をとることがありませんでした」とビジャ二十一スラムの教区司祭、ホアン・イサスメンディ神父は語る。「それは、彼がもっと深いことに関心を持っていたからです」。

だが貧しい人々の現実は、政治的な感覚も変える。彼は、貧しい人々を抑圧することと、労働者から報酬をだまし取ることは、いずれも、「神に対して復讐してくれるように自分自身で求める罪」だ、と明言するなど、貧しい人々を苦しめている政治的、経済的なシステムを繰り返し批判した。極端な貧困と不公正な経済構造は「人権侵害」であり、単なる慈善ではなく、正義によって解決すべき問題だ、と。

皮肉なことに、彼は、スラム街で働いたという理由で自らの手で除名したヨリオとヤリクスという二人のイエズス会士が抱いていたと同じ社会正義の理解に、四十年の年月を経て、到達したのだった。

東西冷戦が終焉を告げ、中南米地域でも資本主義が広く受け入れられるようになるとともに、「解放の神学」をカトリックの教えに取って代わろうとする反教会・共産主義の「替え玉」と決め付ける必要もなくなった。

解放の神学は誤ったものというよりも、正しいものであると、彼は結論づけるようになった。ベルゴリオは、解放の神学に殉じた人々の名誉を回復する作業を始めた。そして、教皇となった時、エルサルバドルのロメロ大司教（軍事政権の国民に対する貧困、拷問、暗殺など深刻な人権侵害と対決し、一九八〇年春、ミサ中に暗殺された）を聖人に列する作業の障害を取り払った。教皇フランシスコのもとで教皇庁の教理の監視役を務める教理省長官のミュラー大司教（当時・現在は枢機卿）が、解放の神学運動とバチカンの戦いが終了したことを宣言した。「解放の神学は、二十世紀におけるカトリック神学の最も重要な潮流をなすものと認識される必要がある」と讃えたのだった。

この変化はどれほど深いものだろうか。ベルゴリオの転向が生んだ最も際立った果実は「謙虚」だ。彼の宗教的な徳としての「謙虚」は、個人的な美徳というような類のものではない。祈りと熟考の末に、神が自分に求めたものとして、彼が選び取った行動様式なのである。推測だが、捏造を示唆するものはない。教皇職に就くまで考え続けたものだ。

「それについて誤解してはなりません。フランシスコは、ある計画をもって仕事に就いたのです」とバチカン評論家のアレサンドロ・スペシアーレは語る。ベルゴリオは、自分を「フランシスコ」と呼ぶことが、自らを飾り立て、大きく見せようとする、ある種の意思表示となることを知っている。

彼が望み、公けに語ったのは、「神の教えとして説くことを実践する教会」だった。それは、ベルゴリオが霊感を受けて教皇の名として選んだアッシジの聖フランシスコの言葉に要約される生き方——どのような時にも、福音を述べ伝えなさい。そして必要があれば、言葉を使いなさい——につながる。「それが、彼のしていることです」。スペシアーレは言う。「彼の飾り気のない振る舞いは、貧しい人々の目線で現実を見るための手法なのです」。

しかし、この大胆不敵な「謙虚さ」は、危険を犯す可能性が高い。二〇一〇年に行われたアルゼンチンの「人類に対する犯罪」裁判への証人としての出廷を、ベルゴリオが「アルゼンチンの法律で司教は出廷の義務を免除されている」と主張して拒否した時、軍事政権によって家族を殺された人々が激しい批判を浴びせた。裁判官はやむなく、証言を得るために、彼の事務所に出かける羽目になった。

「これがいったい、どういう意味で『謙虚』だと言えるのでしょうか」。妊婦だった姉妹の命を奪われたエステラ・デ・ラ・クアドラは、疑問を投げかけた。ベルゴリオは出張してきた裁判官に、エステラの姉妹のように監禁状態の中で出産した女性たちから乳児が奪われたことを知らなかった、と証言したのだ。だが、アルゼンチンに住む人々の多くは、彼を信じなかった。

彼自身の語句の定義による「謙虚である」ことは、法廷において「謙虚である」こととは、はっきりと異なっていた。あらゆる点ではっきりしていたのは、ベルゴリオの「謙虚さ」は、自然な慎み深さ、はにかみ、ひと目を避ける、というような性格のものではなかった、ということである。それは「従順」とも、ほど遠かった。教皇フランシスコが抱く「謙虚さ」は、知的な立ち位置のことであり、信仰上の判断なのだ。それは、教条的で横柄な行動をよしとする性癖をもつ自らの個性を抑え込むために、彼が選んだ徳目なのである。「謙虚さを持つ」ということは、潜在意識にある人間的な自我と戦う意志の表れなのだ。

その戦いは、二〇一〇年の裁判所での意見陳述で明らかになった。ベルゴリオは、司祭たちによる性的虐待について「教会は、犠牲者たちの真相究明と介護を、自分の名声を守ることよりも優先すべきだ」と強く主張する一方で、アルゼンチンの軍事政権下の〝汚い戦争〟では、犠牲者に関する真相究明について非協力的な姿勢を貫いた。それは恐らく、こうした理由によるのだろう。教会と軍事政権の衝突があまりにも広範にわたったため、「醜い全容を明らかにすることが、アルゼンチンの社会構造に良い結果よりも大きな害をもたらす恐れが強い」。そのように彼は認識していたようだ。

彼がこの問題への対応を変えるかもしれない、と期待をもたせる事件が最近、起きた。〝汚い戦争〟で殺された母親たちから奪い取られた乳児たちの行方を探す運動をしている「五月広場の祖母たち」のメンバーに会うことを、ブエノスアイレス大司教時代は繰り返し拒否していたが、教皇になって間もなく、彼は、そのメンバーと短時間、会見した。彼女たちは教皇に、この問題に関する教会の保存資料を公開するように申し入れた。資料をもとに当時の軍事政権に同調した〝良いカトリックの家族たち〟を見つけることで、この醜聞にかかわり、乳児たちを引き取った司祭や修道女たちが特定できれば、犠牲になった子供たちの行方を知ることができる、と期待しているのだ。

教皇フランシスコの中で謙虚さと権力が一つになるという形の矛盾があるとしても、それは単なる一つ、とは程遠い。ある枢機卿の表現を借りれば、もっと彩り豊かだ。「新教皇は、同じチームのために戦うが、球を全く別の方向に蹴っている」。

具体例を挙げれば、教皇は妊娠中絶について教会の公式の教えに異議を唱えず、その一方で、これまでの彼の言動によれば、児童売買や性奴隷の問題をはるかに重視しているようだ。アルゼンチンで政府が無料で避妊薬を配布することに反対する一方で、「エイズの蔓延防止を主たる目的として使うのであれば、コンドームは道徳的に許容できる」という現実論を公に語っている。そして、家庭に関する問題では、親たちに対して「子供たちと望ましい形で遊ぶ時間を作っているかどうか」を問いたいようだ。「同性による結婚と同性愛者の養子縁組」には反対するが、「同性愛者による市民団体の結成や平等の権利を認める」ことを強く支持している。

安楽死に関連して彼が公けに言明しているのは「現代社会が高齢者を軽んじ、貧しい人々が病院で粗末に扱われ、それが『隠れた安楽死』をもたらしている」ということだ。高齢者が療養所に追いやられ、「防虫剤をポケットに二つ入れて、洋服ダンスに仕舞い込まれた古いオーバー」のように扱われる〝恥ずべき社会〟にしばしば言及している。

教会における女性の地位について、彼は長い間、イエスが男性だったという理由から「女性が司祭になることはできない」と主張してきた。だが、教皇になって初めての復活祭前の聖木曜日の洗足式で女性たちの足を洗い、バチカンの保守派を憤慨させた。「神が復活したイエスの最初の目撃者として、男性ではなく、女性を選ばれた」ことも強調した。

女性の地位を引き上げるための彼の言動は、ベルゴリオの教皇職を評価する試金石の一つになる。これまでの彼の言動で分かるのは、それが教皇にとっての優先事項であるということだ。マラディアガ枢機卿が、画期的な枢機卿八名による顧問団の取りまとめ役に指名された後で出した公式声明のひとつは、女性と教会に関するものだった。枢機卿は「重要な地位により多くの女性を就けることが、バチカン改革の中心課題になるでしょう。それがフランシスコから顧問団に課せられた主要テーマです」と語っている。

もうひとつ、フランシスコを評価する手掛かりになるのは、「五月広場の祖母たち」との協力に前向きの姿勢を示し、行方不明の孫たちを探し出す手掛かりとなる教会の保管文書を閲覧することを認めていることだ。教会文書の公開について、ベルゴリオの旧友でユダヤ教のラビ、スコルカは、「ホロコーストに至る過程でナチがユダヤ人追及を続けた際、『教皇ピオ十二世が欧州にいたユダヤ人たちをナチから隠すために多くのことをした』のは真実かどうかを明らかにするために、バチカンの秘密文書を公開すべきだ」という考えを教皇フランシスコが持っているとし、その信念に基づいて行動することを期待している。

フランシスコという名を選ぶにあたって、新教皇は追加の尺度を求めて関係者を招いて意見を聞こうとした。「フランシスコは名前以上のもの、構想が込められているのです」と、「解放の神学」の創始者の一人でリオデジャネイロ国立大学で倫理学、宗教哲学、生態学を担当する名誉教授、ボフは説明する。「貧しい教会のための構想、すなわち、人々のそばにいて、福音を中心に置き、破壊されつつある自然を愛し、守ろうとすること。アッシジの聖フランシスコは、そのような構想をもつ教会の体現者と言えます」。

アッシジの偉大な聖人の神との対話で重要な瞬間は、サン・ダミアーノ教会の十字架から神の声を聞いた時にやってきた。「フランシスコよ。廃墟になろうとしている私の家を建て直せ」。聖人の名は、貧しさ、飾りの無さ、思いやりの代名詞となった(1)。

だが、ボフによれば、その名は、それ以上の象徴的な意味を持つ。危機に瀕しているのは、単に教会だけではなく、神が創造した森羅万象全てだ。「現代世界は、それを神聖なものと見なすことをやめてしまった。この星は、聖フランシスコが慈しみ、守り、癒やされる場として名付けた『われらの姉妹、母なる地球』ではなく、われわれが支配し、荒らし回る場となってしまった。そのことを理解することは、地球の大地に基礎を置いた『謙虚さ』の何よりの基本」とボフは言う。

新教皇は、職務について最初の数週間に、環境問題について何度か公けの場で言及した。その中で最も注目されたのは、世界の先進地域にはびこる浪費文化を激しく非難したことだった。彼はまた、個人的にボフと連絡を取り、このブラジル人の神学者に、環境神学についての著作を送ってくれるように頼んだ。フランシスコはボフに、環境問題に関する回勅を出そうと考えていることを伝えた。

このような多くの課題への認識があっても、教皇フランシスコにとって最優先の課題は「カトリック教会を統治する上で権限の平等化を求める声に、どのようにして十分な答えを出すことができるか」ということだ。

枢機卿たちは新教皇を選出するコンクラーベの前に開いた全体集会での協議で、その課題の重要性を明確にした。半世紀前に開かれた第二バチカン公会議は「教会運営のあり方を見直さなければならない」と結論した。中世に形成された「専制君主」としての教皇の位置づけを根底から改めることが求められた。教皇と司教たちは「カトリック教会の統治と司牧に対する責任を分かち合う」という原則に立ち戻らねばならない……。

第二バチカン公会議が提起したこのような方向での司教会議の役割の見直しは、ヨハネ・パウロ二世、ベネディクト十六世という二人の教皇によってなおざりにされた。教皇選挙前に開かれた会合で、枢機卿たちは、過去二代の教皇によるこうした流れを逆転させ、「第二バチカン公会議が示した方針を取り戻さねばならない」と口々に語った。

就任して一か月の間に、教皇フランシスコは枢機卿による顧問団の創設を公表し、この課題への取り組みの重要な一歩を踏み出した。世界の諸大陸からメンバーを選ぶことで、世界各地で活動する教会の声が教皇の耳に届くようにすることを目指した。それだけでなく、バチカン官僚についてしばしば辛辣な批判を展開していた人々を選ぶことによって、自分が受ける助言がどこの影響も受けない、自由で生き生きしたものになるようにすることが、フランシスコの狙いだった。そうすることで、他のやり方よりも、バチカンが教会に奉仕できるようになるだろう。

顧問団の課題の一つは教皇庁の改革だったが、これと関連して、新教皇就任前に起きたバチカン秘密漏洩事件への対応に、メディアの関心が集まった。

その関心は、二〇一三年六月のラテン・アメリカの修道女や司祭たちとの会見で教皇が語ったとされる内容によって、さらに強まった。「バチカン内部の『同性愛者の集団（gay cabal）』は、教皇庁の官僚機構を苦しめる内部抗争と策略の一部に対して責任がある」というイタリアのメディアの報道に真実が含まれていることを、彼が認めたように受け取られたのだ。フランシスコが「このことは行動を起こす必要のある問題だ」という考えを表明したのが真実だ。

またラテンアメリカ・カリブ宗教者連盟の代表たちに、教皇が次のように語ったと報道されている。「教皇庁には、実際に、聖なる人々がいます。しかしまた、腐敗の潮流もありますし、『同性愛者の派閥（gay lobby）』が話に出ているのは事実であり、存在しているのも事実です。（こうした問題について）私たちに何ができるか考える必要があります」。

こうした発言について、ラテンアメリカ・カリブ宗教者連盟がまとめた教皇との会見についてのメモに残された注目に値する論争がある。チリのカトリックのウェブサイトに掲載された内容だ。後になって、修道女・司祭団は会見の内容を漏らしたことを謝罪し、メモはウエブサイトから消去された。だが、教皇の発言として伝えられたものに間違いはない、と一般には受け止められた。

特に、会見でメモをとった人々が「議事録とりまとめの際、教皇の言葉の選び方を、必ずしも（正確に）写し取ることはしなかったが、彼が言わんとするところは書きとめてある」と述べたことで、そのような受け止め方が広がった。バチカンがこれについて、はっきりと否定することはなかった。

メディアは、この会見に関するニュースを転載する際に、最初に流された翻訳を採用した。「同性愛者ネットワーク（gay network）」の方が教皇が言おうとした中身に近いと思われたにもかかわらず、最初に流れた翻訳の通り「同性愛者の派閥（gay lobby）」という言葉を使った。

彼が語ったとされる言葉は、ベネディクト十六世が辞任する以前からのイタリアの新聞報道を確認したように見えた。報道によれば、バチカン機密漏洩事件に対する秘密調査がベネディクトの命令を受けた三人の枢機卿の手で行われ、バチカン内部で同性愛者ネットワークの活動や、恐喝や贈収賄が常習となっていたことが明らかにされた、という。そしてアルゼンチン大司教として聖職者による性的虐待に、妥協のない、隠し事のない厳しい態度をとった教皇フランシスコは、この問題を、新設した枢機卿顧問団のメンバーであるマラディアガ枢機卿、エラスリス枢機卿、マルクス枢機卿の三人に直接担当させた。

顧問団が、そのような問題だけではなく、もっと多くのことについての検討を委ねられたことを、メディアは見過ごしていた。それは、フランシスコがラテンアメリカ・カリブ地域の修道女や司祭たちとの会見で、「全世界の司教団がローマの政策決定に影響を与えるように、カトリック教会内部の力の均衡を回復すること」を教会改革の柱の一つにする考えを明確にしていた、ということだ。〝押し付けがましいバチカンの官僚組織〟をあまり気にし過ぎないように、と助言する文脈の中で、バチカンに集中している権力を削ぐ考えを示してもいた。

また彼はその会見で、次のように語ったという。「おそらく、教皇庁の教理省から、『あなたがこれこれの発言をした』というような書簡が届けられるでしょう。でも心配することはありません。説明すべきことを説明し、前に進んでください。（心の）扉を開き、魂が求めることをなさってください。心を閉ざして落ち込んでしまう教会ではなく、過ちを犯しても、（前を向いて）何かをしようとする教会を、私は求めているのです」。

それから間もなく、彼は、秘密主義と醜聞で名を馳せているバチカン銀行の数々の問題に対処する委員会を設置した。委員会は、イタリアのラファエレ・ファリーナ枢機卿、フランスのジャン・

ルイ・トーラン枢機卿、ハーバード大学のマリー・アン・グレンドン教授、スペインのホアン・イグナチオ・アリエータ・オチョア・デ・チンチェトル司教、そして米国のピーター・ブライアン・ウェルズ師の五人から成り、フランシスコの手書きの文書によって、関係者に対して、「必要と判断するいかなる文書や記録の提出を求めることができ、バチカン官僚を介さず直接、教皇フランシスコに報告できる権限」を付与された。

これらは重要な取り組みではあるものの、核心の外縁部にあるものだ。教皇庁改革は二次的な仕事だ。新設された枢機卿顧問団に課せられた第一の任務は、「全世界のカトリック教会の統治について、助言すること」。助言を求められた最重要課題は、教会の抱える問題の核心、すなわち、「皆が同等の権限を持って教会の統治に参加する――教皇は独裁者でなく、司教団における『同等者間の第一人者』にすぎない――という、かつての教会統治の形に、教皇職の君主的な形が取って代わってしまった」ことにどのように対応すべきか、である。

司教たちが真に同等の権限を持つ教会が実現すれば、第二バチカン公会議で明らかにされて以来、カトリック教会による世界的な謝罪と和解が劇的な変化をもたらした現実を、よりよく反映するものとなるだろう。

世界のカトリック信者の三分の二以上が南半球に住んでいるにもかかわらず、先の教皇選挙に参加したイタリア一国の枢機卿の数がラテンアメリカ諸国の枢機卿全てを合わせたよりも多かった。「このこと全てが、ベルゴリオのアルゼンチン大司教としてのいらだちの元になっていた」と大司教時代に補佐役を務めたマルコは言う。「信者が増え続けている国々の司教たちに、信者のいない教会を抱えたイタリア人たちがなぜ、何をすべきで、何をすべきでないかを語ろうとするのか、ベルゴリオには理解できませんでした」。アフリカ、アジア、そして南北アメリカのカトリック教会は「もはや欧州を忠実に反映する教会ではない。地域社会のネットワークを背景にした自分自身の顔と組織運営の手段を持つ教会なのです」。

「司教の団体性（collegiality）」は、明らかに、霊が望むところに息を吹きかけるために、上からではなく、下から実現すべきものだ。だが、教皇フランシスコは、それを現実のものとするための新たな組織形態の検討作業に手をつけた。

彼がしたことは、モデナ大学のキリスト教史の教授であるメローニによれば「過去千年の教会の歴史で最も重要な一歩」を踏み出したことだ。「教会は、教皇フランシスコとともに〝（バチカンの）宮殿群〟から離れ、世界の人々と文化のただ中で、カトリック教会の第三の千年期が始まった」とレオナルド・ボフは見ている。長い間、乾き続け、冬のかすかな陽の光しか当たることのなかったカトリック教会が、ようやく春を迎えたようだ、という見方が広がっている。

ベルゴリオは、春の到来を告げる人物なのだろうか。

スペインで最も高名なイエズス会士の一人とされているホセ・イグナチオ・ゴンザレス・ファウス師は「イエズス会士としての彼は『恐れ』をもたらしたが、枢機卿としての彼は『希望』を生み出したといえるでしょう」と語っている。

私たちのベルゴリオの生き様の探求によって明らかになったのは、過ちを犯した人物が、自らを変えようとする困難な時期を経て自身の弱さを認識し、時間をかけた祈りを通して、その弱さをコントロールする方策を作り出した、ということだった。神の許しと慈悲を強く心に受けて、彼は、自身の過去の過ちをこれからの人生で償おうと決意した。それが彼を優しく、強くした。自分の職務に対して謙虚で、しかも強靭になった。

彼を最もよく知る人は、彼は、教皇として心理的にも、霊的にも、ふさわしい地位にいる、と言う。「彼はとても粘り強いのです」。離婚して旧姓にもどった彼の六十四歳(この本の執筆当時)の妹、マリア・エレナ・ベルゴリオは語る。「彼はとても幸せそうです。それが、聖霊が彼と共におられる、ということを私に感じさせるのです」。

二十年来の親友のラビ、スコルカは語る。「彼の最近の何本もの電話から、私との会話に大きな安らかさを感じているのが分かります。彼はとてもしっかりとした霊的な時の中にいます。私の話を聞き、吟味し、深く瞑想する。そして結論に到達したとき、考えを変えることはありそうにない」。

四十年の付き合いのある人権弁護士のオリベイラはこう言う。「素晴らしい時を過ごしていると、彼は私に語ります。それで、私はいつも、『ホルへ、注意しなさい。バチカンの中には、いまだにボルジア家(2)の人々がいるのよ』と警告するのですが、彼は笑って、『それは分かっているよ』と答えます。彼はとても幸せなのです。『大きな影響を与えるようなことは、彼にはできない』と言うバチカンの全ての人々と楽しくやりながら、実際には『大きな影響を与えること』をしているのです」。

過去を忘れるのは難しい、というアルゼンチンの人々は、ボフの助言に耳を傾けるといいだろう。彼はこう結論するのだ。「今、重要なのは、『ベルゴリオ』と彼の『過去』ではない。『フランシスコ』と彼の『これから』だ」。

謝辞

ある人が齢七十六になって初めて世界の注目を浴びたとき、とても長く、込み入った経歴を抱えていた。公的生活で培ってきた美徳が、飾り気のなさ、謙虚さ、誠実さであることも、その人物の隠された部分を捜し求める作業を重く、難しいものにした。

ホルヘ・マリオ・ベルゴリオという人物の知的で霊的な人生の旅は、紆余曲折の物語だ。教皇に選ばれてからの短い時間に、紆余曲折を解きほぐすための詳細な情報を十分に集め、整理するのは、難しい作業だった。

それ以上に大変だったのは、いくつもの作り話、そして彼が人生で関わりを持った人々のものの見方の偏りをふるいにかけ、真相を見極めることだった。一方では美化された伝記を好む力によって、他方では、あの〝汚い戦争〟の遺産と折り合いのついていないアルゼンチンで避けがたい敵意によって、影響を受けそうになった。さらに問題があった。ある人が教皇になるとき、動機のよしあしにかかわらず、その人の過去を書き換えるのが分別のある行為、あるいは望ましい行為と考える人々がいるものだ。

私は多くの人々の助けなくして、これらの作業をやりぬくことはできなかっただろう。アルゼンチンで私は幸運にも、ブエノスアイレス大学の歴史哲学の講師で、特に人道に対する罪の裁きの観点から「記憶の政治学」に特別な関心をもつ極めて有能な助け手、Cecilia Macon にめぐりあうことができた。彼女はアルゼンチン政治の迷宮やペロン主義という謎をガイドしてくれ、疲れを知らないやり手の交渉役かつ通訳を務めてくれた。

ローマでは『タブレット』（*The Tablet*）のバチカン特派員 Robert Mickens が無条件の寛大さで、彼の時間や知識、洞察、人間関係を活用させてくれ、彼のローマの隠れ家的レストランの知識をわかちあう幸運にも浴することができた。

そのほか、その知識と見識で私を助けてくれた方々は次の通りである。Rabbi Abraham Skorka, Alessandro Speciale, Alicia Oliveira, Fr Augusto Zampini, Austen Ivereigh, Catherine Pepinster, Clelia Luro, Clifford Longley, Cardinal Cormac Murphy-O’Connor, Professor Eamon Duffy, Dr Emilce Cuda, Federico Wals, Dr Fernando Cervantes, Professor Fortunato Malimacci, Francis McDonagh, Gerard O’Connell, Gregory Burke, Fr Guillermo Marcó, Fr Gustavo Antico, Fr Gustavo Carrara, Hugh O’Shaughnessey, Ian Linden, James Alison, Rt Rev James Jones, John Cornwell, John Wilkins, Fr Jose-Maria de Paola（Padre Pepe）, Fr Juan Carlos Scannone SJ, Julian Filochowski, Lisandro Orlov, Margaret Hebblethwaite, María Elena Bergoglio, Martín Pendergast, Fr Michael Campbell-Johnston SJ, Michael Walsh, Miguel Mom Debussy, Fr Miguel Yanez SJ, Fr Norman Tanner SJ, Mgr Paul Tighe, Philip Pullella of Reuters, Fr Rafael Velasco, Fr Ricardo Aloe, Tim Livesey, Fr Timothy Radcliffe OP. また、話を聞かせていただいたが、名前は載せないようにと言われた枢機卿、司教、神学者、イエズス会士など多く

の方々にも感謝したい。
スペイン語やドイツ語からの翻訳に関しては、Isabel de Bertodano, Catherine Ramos, Barbara Foxの助力に感謝したい。また、ベルゴリオの祖母ロサの結婚証明書に手書きされた十九世紀のイタリア語の筆記体を解読してくれたIlenia Cuvelloに感謝する。イエズス会修道士Mario Rauschは時間を割いてマクシモ神学院を案内してくれ、〝汚い戦争〟当時、アルゼンチン軍部の治安部隊からベルゴリオが逃亡者を匿った場所や、ベルゴリオがイエズス会の管区長として車を置いていたガレージなどを見せてもらった。Roger Williamsonは、軍事独裁政権時代に、未来の教皇ベルゴリオがとった行動についての膨大な研究を利用させてくれた。BBC4の番組「ザ・リポート」で教皇の過去についての放送を行ったMark Dowdとプロデューサーの Charlotte Pritchardは寛大にも、私がアルゼンチンへ行く前に、編集前の大量のインタビュー・テープを聞かせてくれた。それには次の人々の話が含まれていた。Horacio Verbitsky, Luis Zamara, Fr Ernesto Giobando, Rodolfo Yorio, Fr Tony Panaro, Fr Andres Agare, Estela de la Cuadra.
私はSergio RubinとFrancesca Ambrogettiの著作、*El Jesuita*（2010）に収録されたインタヴューに多くを負っていることを記しておきたい。これはホルヘ・マリオ・ベルゴリオについて何を調べるにしても、その出発点となるべきものだ。同じ年に出版された*Sobre el cielo y la tierra*（邦訳『天と地の上で』）におけるRabbi Skorkaとの対話には、彼の内面を吐露する瞬間がたくさん見受けられる。また、イエズス会のJames Hanvey神父がイエズス会とフランシスコ会の霊性の一致点について記した諸文献、ＣＩＡとバチカンの関係についてのCarl Bernsteinの調査、ベテランのバチカン特派員であるGianni Valente, Andrea Tornielli, John Allenの的確な報道に私は感謝する。

Jeffery L. Klaiberの*The Jesuits in Latin America 1549-2000: 450 Years of Inculturation, Defense of Human Rights and Prophetic Witness*はとても有益だった。Norman Tannerの*New Short History of the Cathoric Church*も同様である。〝汚い戦争〟の背景については、私はEmilio F. Mignoneの*Witness to the Truth: The Complicity of Church and Dictatorship in Argentina*（*Iglesia y Dictadura*）とIain Guestの*Behind the Disappearances*をもとに記述した。

「解放の神学」については、Ian Lindenの*Global Catholicism: Diversity and Change since Vatican II*が計り知れないほど重要である。Monika K. Hellwigの*What are the Theologians Saying Now?*もすばらしい。また二冊の重要な教皇庁文書がある。*Instruction on Certain Aspects of 'Liberation Theology'*（1984）これはヨゼフ・ラッツィンガー（ベネディクト十六世）の文章の特徴が随所に見られる。もっと肯定的なものとしては一九八七年に教皇庁正義と平和評議会が刊行した*Christian Freedom and Liberation*がある。

私の担当編集者であるロビン・ベアード＝スミスとジョエル・シモンズはまことに理解があり、私が締め切りをずらしても平然として、必要とあれば的確な示唆を与えてくれた。息子トーマスは歴史家志望であり、私の作業中年表をつくって、並列するさまざまな時系列を解説してくれた。それがあまりにも役に立ったので、この本にも収録することにした（本訳書では省略）。トーマスにはたいへん感謝している。

しかし、何といっても心からの感謝を捧げなくてはならないのは、わが妻クリスティーン・モーガンだ。彼女の組織政治と人間心理についての意見はきわめて細やかで、しかも直感的に正確なのだ。彼女は、私が調査や執筆の途中で出くわした様々な微妙な問題に意見を述べてくれた。私がこれまで一緒に働いたなかで最高の、そして最も肯定的な編集者であり、彼女の鋭敏な洞察はとても優しく投げかけられるので、彼女がある箇所のすばらしさを語るところから論評をはじめたあと、そこを書き直すのが幸せになるくらいだった。また、私が何か月にもわたって取材や旅をしているあいだ、不平もいわず家庭をきりもりしてくれた。彼女には感謝しきれない。

このように各方面から多大な助力を受けてはいるが、本書にある、あらゆる間違い、手抜かり、無知は、全て私の責任である。だが、これほど多くの方々からすばらしい助けをいただいた以上、この本がホルへ・マリオ・ベルゴリオの人生の紐の結び目を解くことにいくらかでも役立ち、フランシスコの名を持つ最初の教皇となった人物に対して私たちが期待する希望の光を、読者の皆さまにお示しできることを望みたい。

訳註　この謝辞がリファレンスを兼ねていることを考慮し、読者の検索の便を重んじて、書名・著者名など多くの固有名詞をあえて原綴のままとした。

訳註

第1章

（1）直訳すると「神の仕事」。司祭、一般信徒で構成するローマ・カトリック教会の伝統を極めて重視する世界的な組織。地域ごとに定められた教区に属さず、「属人教区」として、独自の司教を長に活動している。前教皇ベネディクト十六世がカトリックの活動として認めた。

（2）ドイツのロットワイル地方原産の犬。牧牛や警護用に使われる。

（3）一九七〇年にフランスのマルセル・ルフェーブル大司教によって創立された、カトリック教会の伝統主義擁護を標榜する組織。第二バチカン公会議で決まった教会改革に反対し、教皇庁の認可なく会所属の四人の司祭を司教に叙階したことから一九八八年に創立者を含む司教らが教皇庁から破門された。二〇〇九年に破門は取り消されたが、現在も教皇庁との関係は修復されていない。

（4）麻薬取引などで得た不正な資金をさまざまな金融機関を仲介させることで「綺麗なお金」に見せかける手法。

（5）「あと少し、というところで、しかるべき地位に就きそこねた男」の意味。一九七四年にイギリスの連続テレビドラマで最優秀賞をとった番組のタイトルでもある。

第2章

（1）教会の社会に対する見解や教えを示すもの。教皇の回勅の形が多いが、第二バチカン公会議の「現代社会憲章」も重要な典拠になっている。

（2）一九〇八年に創設され、現在はアルゼンチンを代表するサッカーチームとして五指に入る実力を持つ。

（3）アルゼンチンとウルグアイにあった黒人のコミュニティにルーツをもち、一八七〇年代にアルゼンチンで大流行し、その後もタンゴほどではないが、愛好家を持つ。

（4）六世紀から七世紀の英国に生きた司祭、聖書注釈者、歴史家で「英国史の父」とされている。

（5）第二次世界大戦直後から約十年にわたってアルゼンチン大統領を務めたファン・ペロンの行動・思想を支持する考え方。ペロンは大統領として労働組合の保護や労働者の賃上げ、女性参政権の実現、外資系企業の国営化などで労働者層から圧倒的な支持を受けたが、独裁的で反対派を強制収容所に投獄したため、「左翼ファシスト」と一部では評された。

第3章

（1）軍事独裁政権下のエルサルバドルで、貧しい人々の人権を守るために活動し、バチカンの上層部や軍事独裁政権から批判され、一九八〇年にミサ中に暗殺された。彼の死は、同国の人権確立を求める国際的な抗議の声を呼び起こした。

（2）イギリスで発行されている有力なイエズス会系カトリック週刊誌。

（3）初代キリスト教徒の避難所あるいは地下埋葬所。

（4）貧しさの中から苦労の末にグラビア写真の人気モデル、そしてペロン大統領夫人となり、社交界の花となった。後に彼女の生き様を描いたミュージカルや映画が世界中で上演され、日本でも大きな話題になった。

（5）一九二七年から第二次世界大戦初期にかけてルーマニアで極右、反ユダヤ民族運動を展開した政党。一九四〇年から一年間、政権の座に就いた。

第4章

（1）一九八〇年代初めに起きた英国とのフォークランド戦争で捕虜になり、軍事独裁政権時代に修道女を含む多くの人々を誘拐、拷問、殺害した罪で裁かれ、二〇一一年に終身刑の判決を受けた。

（2）カトリックの教理入門を教える資格をもつ一般信徒。

第5章

（1）一九八〇年代に制作されたスウェーデン映画で、同国の映画として初のアカデミー賞の外国映画部門賞を獲得した。

（2）一九三八年秋にドイツ各地で発生した反ユダヤ主義暴動。ナチス政権による「官製暴動」の疑惑も指摘されており、後のホロコースト——ナチスのユダヤ人大量虐殺——へとつながった。

（3）新約聖書の四つの福音書のうち、共通性の高いマタイ、マルコ、ルカの三福音書を指す。

（4）この言葉自体は「三位一体の神を讃える賛歌」を意味するが、現在では、大司教が主宰して、一年の恵みを感謝し、司祭たちを慰労する集まり、も指す。

（5）一九二九年十月のニューヨーク株式市場大暴落をきっかけに発生し、世界中の国々が巻き込まれた。

第6章

(1)ドイツ語で「現実的な政策」の意味。イデオロギーや理想よりも、現実や権力を重視し国益を図ろうとする政策。

(2)四世紀の神学者、説教者、コンスタンチノープル大主教、金口イオアン(イオアンネス・クリュソストモス。歴史関係の本などでは、ラテン語表記をもとにした「ヨハネス・クリュソストモス」と呼ばれることが多い)を引き合いに出した皮肉。イオアンは、金持ちの奢侈ぶりを糾弾するなど名説教で広く知られ、「黄金の口——金口イオアン」と讃えられた。

(3)正式には「デフォルト(債務不履行)宣言」と言い、国家財政の破綻、国家の「倒産」を意味し、財政・金融政策でIMF(国際通貨基金)の管理下に入る。

(4)聖像は「カークペの奇跡の聖母」と呼ばれる。パラグアイ周辺の先住民族が彫刻した「奇跡を起こす力がある」といわれる聖母の木像がもとになっている。

(5)十六世紀に開かれた公会議。象徴的な決定は、ローマで行われていたラテン語のミサ典礼を全世界の教会に義務づけたこと。この典礼は二十世紀の第二バチカン公会議まで全世界で使われていた。

第7章

(1)フランスの枢機卿であり神学者。イエズス会に入会後、第一次世界大戦に従軍、第二次世界大戦の際には対独抵抗運動に参加。仏教にも強い関心を示し、自らの神学書にその影響を反映させた。第二バチカン公会議にも参加し、「古代教会の復活こそ現代教会の活性化に一役買う」と主張。一九九一年にパリで亡くなった。

（2）一世紀から八世紀頃の古代・中世キリスト教会で、正当な信仰を伝え、著し、聖なる生活を送った、と教会から認められた人々。
（3）四世紀のミラノの司教。ミラノの守護聖人で、四大ラテン教父・カトリック教会の四大教会博士の一人。
（4）団体性。カトリック教会の専門用語で、全世界の司教たちが教皇と互いに結ばれ、一つの団体を構成する、司教たちの一体性を意味する概念。第二バチカン公会議はそれを改めて確認したが、その後の教皇を含む保守派はこれに従わず、中世以来の「教皇絶対主義」を守ろうとしてきた。
（5）十六世紀に日本に初めてキリスト教を伝えた聖人。
（6）十七世紀の欧州での宗教改革の困難な時代にカトリック教会の司牧者として活躍。優れた著作を残し、作家、ジャーナリストの守護聖人でもある。
（7）古代ローマの国家の神官職のひとつ。共和政ローマでは全神官の長としてエリートの市民から選ばれていたが、帝政ローマでは皇帝が兼務。キリスト教が国教化された後は、ローマ教皇の称号となっていった。
（8）「バチカン市国」のイタリア語の頭文字を合わせた車のナンバー。「1」は教皇の車を示す。

第8章

（1）中世からのローマ・ラテン典礼を好む教皇ベネディクト十六世は、教理省長官時代から第二バチカン公会議で導入された「会衆とともに捧げる」対面式のミサに批判的な立場をとっていた。
（2）大天使ガブリエルがマリアに救い主の母となることを告げた（受胎告知）ことを記念して唱える祈り。

（3）ニューエイジとは、一九七〇年代にアメリカ西海岸に起こり世界に広がった宗教的運動。新宗教運動、新霊性運動などともいわれる。ニューエイジ（新時代）の名は、占星術において、キリストを象徴する魚座の時代はまもなく終わり、新しい水瓶座の時代が来るとされることによる。その内容は、さまざまな古代の異教、神秘思想、東洋宗教、オカルト、心理学、科学思想、一九六〇年代のカウンター・カルチャーなどの混合物であり、科学から芸術・商業まで広く影響を与え、その活動も瞑想、心理療法、代替医療、環境保護活動、自己啓発セミナー、チャネリングなど多様で、一言でまとめることはできないが、大まかな傾向として、世界の全ては神（性）の現れとする汎神論的傾向や、自然への回帰、自己の内面の神（霊性）への気づき、輪廻思想との親和性などをあげることができる（『ニューエイジについてのキリスト教的考察』カトリック中央評議会、二〇〇七年を参照）。

（4）霊的生活を深めようとする人のためにまとめた祈りの手引書。

（5）訳註第2章（1）を参照。

おわりに

（1）富裕な商人の一人息子として生まれ、放蕩生活を送っていたフランシスコがサン・ダミアーノ教会の十字架から「早く行って私の壊れかけた家を建て直しなさい」という神の声を聞き、町はずれの壊れた礼拝堂に出かけて一人で石を積み、修復した。これを機に、清貧に徹し、貧しい人々に尽くした人生が始まった、と言われている。

（2）十五、十六世紀にバチカン内外で権力を振るったイタリア貴族の名家。教皇をはじめ多くの高位聖職者を出した。

訳者あとがき

著者のポール・バレリーは、宗教や倫理、社会問題などを専門とする著名な英国人ジャーナリストだ。日本人にとっては、同名の二十世紀のフランスの作家、詩人、小説家、評論家で「フランス第三共和政を代表する知性」と言われる人の方が馴染みがあるかもしれないが、著者のバレリーは現在も活動中のジャーナリストだ。英国の高級日刊紙タイムズのエチオピア特派員を振り出しに、政治、文化、倫理などの担当記者として英国の主要紙で活躍、高級日刊紙インディペンデントの日曜版編集長を務めた。カトリック教会に関係する活動では、英国のカトリック国際関係研究所の会長やイングランド・ウェールズのカトリック司教団顧問などを務めている。カトリックの社会教説に関する著書もあり、アフリカの途上国支援などの活動にも力を入れている。

この本の英語版 *Pope Francis: Untying the Knots* を手にしたのは昨秋、ロンドンの出版社から出版された間もない時だった。イギリスのイエズス会のホームページの広告に載った耳慣れないタイトルに魅かれて、インターネットで注文を入れた。新教皇が就任すると必ず出版されるのが、いわゆる〝ヨイショ本〟。本人のこれまでの言動や人となりをひたすら褒め上げる、面白くもなんともない、本人が何者なのかを知る事もできない……。教皇フランシスコ自身がもともと教皇候補としてあまり注目されたことが無く、中南米以外では知名度が低かったこともあって、新教皇に関する本は、日本は言うに及ばず、海外でもあまり多くなかった。

したがって、この本にもあまり期待していなかったのだが、ブエノスアイレスの何の変哲も無い教会に掛けられている絵の話、というユニークな書き出し。これがどのようにして新教皇とつながるのか、そもそも絵のタイトルである"Untying the Knots"という聞き慣れない言葉は何を意味するのか、好奇心をそそられて読み進んでいくうちに、最近二回の教皇選挙の顛末、新教皇のこれまでの生き様、長所と短所、教会改革への挑戦などが、多くの関係者の証言をもとに、公平に、巧みにまとめられている本書の魅力に引き込まれるようになった。

この本の真骨頂は、カトリック教会の裏も表も良く知る熟練のジャーナリストが多くの証言と分析を積み上げた結果導き出した教皇フランシスコの実像だ。バレリーは言う。相反する性格を合わせ持つ教皇は、「急進的だが自由主義的ではない、権威主義的な痕跡をもつ教会の支え手」「絶えず赦しを求める自信家」「宗教的な謙虚さと政治的な策略を兼ね備えた教会人」。そうした教皇のこれまでの人生は「個人的、政治的な理想の重く、長く続く変化をもたらした、深い、内面の変容」に耐えた男の物語。言い方を変えれば、「多くの過ちを犯した人物が、自らを変えようとする困難な時期を経て自身の弱さを認識し、時間をかけた祈りを通して、その弱さをコントロールする術策を編み出した」ということになる。このように語られた「実像」は、現在続いている教皇フランシスコのさまざまな言動を理解するために、とても役に立つと思う。

カトリック教会は第二バチカン公会議以後、会議の合意に反して世界の現実に事実上目を背け、伝統と権威にしがみつく〝逆転現象〟を起こしていた。その閉塞状態を破り、戦乱や貧困、弱者虐待の現実の世界と向き合い、「隣人愛」を実践する開かれた教会に変革しようとする、意欲あふれた十二億人のカトリック信徒のリーダーの登場。教皇フランシスコの登場は、「政治・経済・社会の各分野に真のリーダーなき現代の世界」にあって、カトリックの信徒にとどまらず、世界中の多くの人々の注目を集めている。

残念ながら日本の教会の現状をみると、教皇フランシスコの登場も今のところ、一国としての福音宣教活発化の契機となっておらず、世界の新しい動きにも消極的だ。新教皇に関する情報は極めて限られ、彼のメッセージも実像も、なかなか私たちの耳に届かない。そうした中で本書は、新教皇の実像を知り、取り組みの背景にあるものを理解し、彼の進める教会改革あるいは世界平和を求める動きに参加していこうとする方々に、役に立つと考えた。教皇フランシスコに関心のある日本の方々に少しでも多く、この本を通して、彼に触れてもらいたい。それが日本語翻訳の動機だ。

この本をバレリー氏が執筆した時点で、教皇フランシスコは、まだ二〇一三年三月の教皇就任から半年の〝準備期間中〟。教皇がめざす世界の教会とバチカン改革のための具体的な動きは、枢機卿八人による顧問団の設置や教皇庁の国務長官など主要ポストの交替などにとどまっていた。だが、その後に彼が打った布石には、目覚しいものがある。

まず、二〇一三年十月、新教皇は、「福音宣教から見た家庭司牧の挑戦」をテーマに、世界代表司教会議（シノドス）の臨時総会を二〇一四年十月に、通常総会を二〇一五年十月にそれぞれ開催する、と発表し、全世界の司教あてに、その準備のための質問状を配布し、所属信徒たちの意見を聴取したうえでの回答を求めた。

年が明けて二〇一四年に入ると、一月に、新教皇による初の新枢機卿十九名の任命を行った。半数以上がアフリカ、アジア、中南米など、欧州以外で占められ、「新教皇の貧しい国への関心を示している」というバチカン報道官の説明もあって大きな話題を呼んだ。東アジアでは韓国、フィリピンでそれぞれ二人目の枢機卿が選ばれたが、二〇〇九年十二月に白柳誠一・枢機卿が亡くなって以来、枢機卿が空席の日本からは、選ばれなかった。

一方で、不正な資金洗浄の疑惑が絶えないバチカン銀行（正式名は「宗教事業教会」）の監督体制を刷新し、担当の枢機卿五名中四名を更迭した。二月には、バチカンの財務や総務を統括する「経済省」と、監督機関としての「財務評議会」の設置を決め、担当者として枢機卿らの人事を行った。

金融・財務関係の不正疑惑とならんで、教会内部にとどまらず世界から大きな批判を浴び続けた聖職者による児童への性的虐待問題にも抜本的な取り組みを始めた。教皇庁が年初に、二〇一一年、二〇一二年の二年間に性的虐待で解任処分となった聖職者が全世界で三百八十四人、二〇〇八年、二〇〇九年の二年間の二倍を超えたことを明らかにしたのに続いて、三月には、「聖職者による子供への性的虐待に関する諮問委員会」の委員に、被害者や被害者団体のスポークスマンの大司教、精神科医、元ポーランド首相などを指名し、具体的な取り組みが始まった。

教皇フランシスコの具体的は動きは、教会内部の改革にとどまらない。世界平和のために少しでも尽くそうと、世界各国の首脳と二〇一三年春の教皇就任以来、積極的に会見を重ねているが、最近特に注目されたのは、二〇一四年五月の中東和平への積極的な働きかけだ。中東を初訪問した直後にイスラエルのペレス大統領とパレスチナ自治政府のアッバス議長をバチカンに招いて会談、二人とコンスタンチノープル総主教バルトロメオス一世とともに「パレスチナとエルサレムに平和を実現する祈り」を捧げ、平和実現の願いを込めて四人によるオリーブの木の植樹をする、という徹底したものだった。

そして、教皇にとっての「本命」、世界代表司教会議（シノドス）第三回臨時総会が二〇一四年十月に迫る。

臨時総会は、教会法で「全世界のカトリック教会に関係し、早急な定義を必要とする問題に関して開催する会議」と規定される。「第二バチカン公会議閉会二十周年」をテーマに一九八五年に開かれて以来、三十年ぶりの開催だ。「家庭司牧の挑戦」がテーマだが、現代社会の中で、このテーマを考えた場合、離婚、児童虐待、子供の教育から、夫婦の関係、避妊、高齢者問題、同性愛、同性結婚、司祭の独身制、女性司祭の問題など、幅広い課題が議論の対象に入ってくるだろう。結果次第で「世界とともに歩み、支える教会」実現の希望が見えてくる。

訳者は、『カトリック生活』二〇一四年一月号から四回にわたって、「二〇一四年を『希望の年に』──教皇フランシスコのメッセージを主要会見から読み解く」を発行元のドンボスコ社のご好意で連載させていただいたが、その冒頭に「二〇一四年は、世界のカトリック信者にとって大きな希望の年になりそうです。現実の世界で悩み苦しむ人々の目線に立ち、隣人愛を実践する開かれた教会を目指す新教皇の登場は、多くの人々が教会の前途に希望を失いかけてきた一年前には、想像することもできなかったことでした……二〇一四年は、新教皇による教会改革が本格的に動き始める年……」と期待を込めて書いた。バチカン内部での〝保守勢力〟の強い抵抗にもかかわらず、新教皇とそれを支える人々の具体的な歩みは、今も、いささかもぶれることなく、着実に続いている。

ただし、教皇といっても、当然ながら「神」ではない。私たちと同じように不完全な人間であり、本人が繰り返し言うように「罪人」である。教皇が昨年十一月に出した『使徒的勧告 福音の喜び』(日本語版、カトリック中央協議会発行)で述べているが、「現代の社会状況に関する詳細で包括的な分析を提供するのは、教皇の役割ではない」(五一)し、「社会の実状の解釈や現代の問題に対する解決策を、教皇や教会が独占的に有しているわけではない」(一八四)。したがって、信徒であっても、教皇フランシスコの言動を全て間違いないものとして受け入れる必要はないし、すべきではない。それは、本書でも明らかにされた経験から常に謙虚に学び、必要と判断すれば柔軟に改めていく、という生き方をされてきた教皇自身が望むことでもないだろう。それだけ日本を含めた世界の司教団、信徒たちの責任が重くなったということになる。

昨年春の就任以来の教皇や関係者の言動にも疑問を感じるところが全くないわけではない。『福音の喜び』では、教会の内外に大きな衝撃と失望を与え続けた聖職者による幼児や少年に対する性的虐待への言及がない。「都市において看過できないのは、麻薬密売と人身売買、未成年者の虐待と搾取……」というように〝一般化〟して述べているに過ぎない。

「カトリック教会の聖職者による児童性的虐待問題」を調査していた国連の「子どもの権利委員会」は今年二月に公表したこの問題に関する初の報告書で、「バチカンは『子どものための権利条約』に基づいた必要な措置を取っていない、性的虐待を地元の捜査当局に報告しておらず、虐待の容疑者である聖職者を別の教区や別の国に移動させ、問題の対処を回避した」と強く批判し、過去の全ての虐待事件を調査し、虐待に関わった聖職者の扱いを法執行当局に委ねるよう求める勧告を発表した。だが、バチカンでこの問題を扱う大司教は、先の『福音の喜び』の内容を〝お墨付き〟と受け取ったのか、「報告書は、子どもたちの保護に関する教会の一連の改善を考慮に入れていない。これらの改善の度合いは、他の機関や他の国において見受けられないほどだと私は思う」と反論し、「聖職者による児童虐待の頻度は人口全体と比較すると少ない」とまで言った、と報道された。教皇が三月に、「聖職者による子供への性的虐待に関する諮問委員会」を具体的に発足させたことは先にも述べたが、バチカンの「意識改革」は新教皇になってもなかなか進まないことを、関係者に印象付けたようだ。

教皇が人生の大部分の時間を過ごしたアルゼンチンは、十六世紀のカトリック専制君主国スペインによる侵略、植民地支配、カトリックとスペイン人の土着を経て、二十世紀後半の脆弱な文民政権と暴虐きわまる軍事独裁政権、政策の失敗を主因とする経済崩壊から、十年余を経てようやく立ち直りつつある国だ。その国の政治・経済・社会状況と本人の体験が、新教皇の言動に色濃く反映している、と思われるところがいくつかある。

本書では、どうしてそのような言動がなされるのかが明確に読み取れるように、教皇のこれまでの生き様が記述されている。教皇のさまざまな言動の背景にあるものを理解するために、本書はとても役に立つのだが、世界の信徒、信徒以外の人々に誤解を与え、あるいは勝手に、自分たちの運動に都合のいいように解釈されてしまう懸念もある。

代表的な二つの例を挙げてみたい。一つは経済に関する言及。現代の資本主義自由経済、貨幣経済に対する強い嫌悪感を込めた批判的見解であり、もう一つは、「民間信心」についての無条件とも受け取られるような〝賛美〟である。紙幅の関係もあり、ここでは詳しく言及せず、先の『福音の喜び』からの引用にとどめよう。

前者に関連して「自由市場によって促進されるすべての経済成長は……他者を排除する生活様式を維持するために、自己中心的な理想に陶酔するために、無関心のグローバル化が発展したのです」と一方的に断罪するのみで、具体的にどうすればいいのか提案が無い。日本に住む普通の人々にはかなり違和感があるのではなかろうか。ラテンアメリカ、とくにアルゼンチンのこれまで半世紀にわたる軍事独裁政権や同族支配の資本家による搾取と貧困層の存在などを背景にしたもの、という条件付きならともかく、これを〝普遍化〟しても、世界の多くの人の共感を得られると思われない。

後者については『福音の喜び』にこうある。「福音が文化に根を下ろした各民族もまた、福音宣教を担う集団的主体」とし、民間信心は「神の民の自発的な宣教活動の真の表現」であり、「信仰を生きる上で正しい方法であり、教会の一員であることを感じる方法であり、宣教者のあり方です」。さらに「……私たちは民間信心を奨励し、強めるよう招かれています……とりわけ新しい福音宣教を考えるに当たっては、ここに目を向ける必要があります」とまで言い切っている。

だが、「福音が文化的に根を下ろした各民族」とは具体的に、どの民族を指しているのだろうか。キリスト教を奉じるスペインやポルトガルに侵略され、支配されてきたラテンアメリカにもともと住んでいた人々が『文化に根を下ろした民族……』と言えるのだろうか。スペインやポルトガルなどから移り住み、定住してきた人の立場からの論理ではないか。「民間信心」と一般化した場合、古来からのアミニズム（霊的存在が肉体や物体を支配するという精神観、霊魂観は、世界的に宗教、習俗の中で広く一般に存在する）やシャーマニズム（シャーマン——巫師・祈禱師——の能力により成立している宗教や宗教現象の総称）は無論のこと、地域に伝わる迷信でもキリスト教の神や聖母マリアとつながっていればどんどん受け入れよう、と言っているわけではないだろうが、そのような誤解を受ける、あるいは特定の人々、集団に利用されかねない危うさを感じる。いずれにしても、これはラテンアメリカ、あるいはアルゼンチンに範囲を限ったテーマと、受け止めたほうがいいのではなかろうか。

もっとも、教皇は「（パウロ六世が指摘したように）これほど多様な状況を前にして、唯一の意見を述べたり、普遍的妥当性を有する解決策を提示したりすることは困難です。そのようなことをする意図はない……自国の状況を客観的に分析するのは、各キリスト教共同体の務めです」（一八四）とも強調している。そして、「第二バチカン公会議でいわれたとおり、古代の総大司教教会の制度にあったように、司教協議会は『その団体意識が具体的に実現されるよう、今日、多様かつ豊富な手段を講じること』ができるのです。……過度な中央集権主義は、教会生活をその宣教する力の助けになるどころか、それを複雑にしてしまいます」（三二）とし、全世界の司教たちに、それぞれの国・地域の現状を信徒や信徒以外の人々の意見をもとに公平、客観的に把握し、福音に基づいた指針を出し、指導していくことを求めてもいる。

このような多様なメッセージ全体として受け止めていくのが、私たちの取るべき態度だろう。だが、果たして、そのような教皇の信託に応えるだけの意思と能力が、どこかの国の〝現体制〟にあるのか。はなはだ心もとない、というのが正直なところではある。

カトリックのイタリア語総合雑誌 *La Civilta Cattolica*（『カトリック文明』）編集長でイエズス会士のアントニオ・スパドロ神父は、二〇一三年秋、新教皇に述べ六時間にわたるインタビューを行い、内容を全世界に発信して話題を呼んだ。ローマに常駐して、今も頻繁に教皇と連絡を取り合っている。その彼が今年六月に来日した際に、訳者は本人に「教皇が進めるバチカン改革、教会改革を保守勢力が阻み、流れを逆転させる恐れはないと思いますか」と聞いた。

問いに対して、スパドロ編集長は「教皇は単に物事を進める、というのではなく、プロセスを軌道に乗せることに力を入れています。彼に反対する動きがあるのは確かですが、そうした人々ともオープンに話をしている。彼には（神に支えられた）霊的な（教会のあり方についての）ビジョンがある。それが強みです」と語った。そして「教皇在任中に、ビジョンが完成しないとしても、彼が作った流れが変わることはありません」と付け加えた。この最後の言葉の前半が「本音」、後半が「期待」のように感じたのは、スパドロ氏と訳者のジャーナリスト同士の〝あうん〟の呼吸によるものだろうか。

長崎市の聖二十六聖人記念館で館長を務めるデ・ルカ・レンゾ神父（現・イエズス会日本管区長）は、教皇がイエズス会アルゼンチン管区のマクシモ神学院で院長を務めていた時に神学生だった。今年五月に、訳者の所属する東京・小金井カトリック教会のヨゼフ・ディン主任司祭、信徒有志とともに巡礼に出かけた機会に話を聞いた。

「ベルゴリオ院長には色々な噂があったことを覚えています。何となく、怖く感じることもあり、近寄りがたい存在に思えたりもしましたが、話してみると人間的な暖かさが伝わってくる方でした。日本語学を終えて中間期を日本で過ごしていた時に来日され、日本での宣教に対する期待を示しつつ、励まして下さいました」と体験を語り、「最近、久しぶりにローマであいさつを交わす機会に恵まれましたが、教皇になられても、『ホルへ神父らしさ』が変わっていないのに、ほっとさせられた」という。そして「皆の祈りで、教皇を支え続けたい」と付け加えた。

「支え続けたい」。そのレンゾ館長の言葉が、前述のスパドロ編集長の言葉の最後の部分とつながって、訳者の頭に去来した「あること」があった。それは、バチカン改革、教会改革に積極的な取り組みを始めながら、在位わずか三十三日で世を去った三代前の教皇ヨハネ・パウロ一世のことである。

貧しい家庭に生まれ、敬虔な信者の母に育てられ、イタリア・ベッルーノの神学校で学び、神学校の教授を務めている時に、教会改革の先覚者であり第二バチカン公会議の招集者である教皇ヨハネ二十三世に見いだされて司教に任命され、さらにベネチア総大司教に。地域の貧困層や障害者の救済、発展途上国への支援に尽力し、自身は清貧を旨とした生き方を一貫して続けた。

教皇に選ばれると、教皇の名として複合名を初めて採用、教皇演説の中で伝統的に教皇が自分を「朕（英語表記でRoyal we）」と呼んでいたのを「私（I）」に変え、派手な即位式を行うことや教皇冠の使用を拒否した。難解な宗教用語やラテン語を多用していた表現を普通の人にも理解しやすい平易な表現に改めた。ラテンアメリカやアフリカ諸国の聖職者をバチカンの要職につけ、これらの国々の貧困や独裁体制下で苦悩する民衆への同情を示し、アルゼンチンで「汚い戦争」を進めていたビデラ大統領が戴冠式に訪れた際には、直接的な表現でアルゼンチンの現状を非難した。

就任直後に第二バチカン公会議の諸決定に基づく教会改革の実施を明示し、当時も黒い疑惑で問題になっていたバチカン銀行の改革を表明、マルチンクス総裁――マフィアなどと深い関係を持ち、汚職などで米連邦検察局の捜査対象になるなど国際的にも疑惑をもたれていた――の更迭を決めていた。

このような言動全てが、教皇フランシスコが今進めていることと驚くほど似ている。

ヨハネ・パウロ一世の在位わずか三十三日の死について、マフィアとそれにつながるバチカン保守勢力がからんだ「暗殺説」が今も消えていない。訳者はこれについて詳細な裏情報を持たないため、真偽の判断はできないが、彼が教皇職に就いていた三十三日の公開情報を分析する限り、次のような可能性が高いと思われる。

教皇ヨハネ・パウロ一世は、改革推進の体制を作ろうと急ぎすぎ、抵抗勢力の強い反対の中でストレスを高め、命にかかわる心身の疲労を重ねた。だが、彼のそうした状況を気遣い、早めに休養をとらせ、優れた医者に手当てをさせるような気配りをする者が周囲におらず（それが意図的だったか、単に気が利かなかったのかは分からないが）、結果として悪化を放置し、「急性心筋梗塞」による死亡に至らしめた。バチカンの自室での遺体発見後の関係者の対応にも不自然と思われるものが数多くあるといわれ、明確な説明もなかったことが、いまだに不信感をもたれる理由だ。

時代は変わっており、このようなことが改革派教皇の身に繰り返されるなどということは、考えたくもない。彼を守って下さるよう、神に祈るしかないのだが、ごく最近、気になることがあった。

二〇一四年六月十日に複数の外国報道機関が伝えたところによると、教皇が健康上の懸念から、週初九、十の両日の公式日程をキャンセルした。九日の月曜日は、住まいにしている「サンタ・マルタの家」でのミサを中止し、その後の予定も取りやめた。すでに前日、補佐役たちに、全ての予定を取り消すよう指示しており、「歴史的で、外交的にも重要なイスラエル、パレスチナ自治政府首脳との日曜夜の会見と祈りを終えた翌日から、休息を取ることができた」という。

バチカンの報道官は「教皇の健康状態は深刻なものではない」「心配することは何もありません」と説明しているが、以前にも風邪を引いて熱を出したことがあったという。二十一歳の時に、原因不明の肺病になり、長い間、激痛と高熱にさらされたことがあり、後遺症が残っている。

一九三六年生まれの教皇に余りにも大きい期待と負担をかけることは、控えるべきかも知れない。だが、少なくとも改革が軌道に乗り、保守勢力が抵抗を諦めるまでは、この「人間的な弱さ、欠点があっても、謙虚で清廉潔白、祈りと隣人愛に支えられた、現代社会では稀有な世界的指導者」に働いてほしい。周りの関係者には、これまで以上の賢さと献身で、教皇を支えてもらいたい。そして、レンゾ館長の言うように「皆の祈り」で、教皇を支え続けたい……。

最後に、翻訳に悪戦苦闘を続けた訳者を最後まで支えてくれた妻、秀子に感謝したい。日本でのインタビューに快く応じてくれたスパドロ編集長、聖二十六聖人記念館のレンゾ館長、スペイン語の人名表記について助言をいただいたカトリックセンターのホアン・アイダル・センター長、そして翻訳全般に厳しい助言・批判をしてくれた旧友の福地幹男神父に厚くお礼申し上げる。翻訳の内容で至らないところがあれば、全て訳者の責任であることはいうまでもない。教皇本の翻訳出版という難題を引き受け、最後まで支えて下さった春秋社編集部の小林公二氏にも感謝したい。彼無しに出版は実現しなかった。そして、訳者がこの世に生を受けて以来、常に見守り、支え続けてくださっている〝大いなる存在〟に、いつもながら感謝を捧げたい。

二〇一四年六月十五日、「三位一体の祝日」の日に　東京西部郊外の陋屋にて

南條俊二

新装版に寄せて

二〇一九年の五月初め、教皇就任後二十九回目の海外訪問となったブルガリア、北マケドニアからの帰途の機中で、同行記者たちから「活発な内外の司牧訪問、精力的に仕事をこなされるエネルギーと力をどこから得ているのですか」と問われて、教皇フランシスコは、こうお答えになった。

「それは『神からの賜物』です」

二〇一三年三月に七十六歳で聖ペトロの後継者の座に就かれて、六年半。その精力的な働きには、文字通り、年齢を感じさせない目覚ましさがある。

二〇一九年六月初めのルーマニアで三十回目となった海外訪問はもちろん、毎週日曜正午のお告げの祈り、水曜日の一般謁見での力強いメッセージ、内外要人や様々な団体との個別会見……。

だが、何といっても驚嘆させられるのが、教皇の行動規範の柱、「シノダリティ（共働）」と「識別」の表現でもある世界代表司教会議（シノドス）、全世界司教協議会会長会議を合わせて四回招集・主宰され、それらの議論などを基に、現代の教会が抱える命題に対する具体的なメッセージを込めた二つの回勅、四つの使徒的勧告、そして使徒憲章、自発教令を、次々と発出されていることではないだろうか。

教皇に就任されて八か月後の二〇一三年十一月に最初の使徒的勧告「Evangelii Gaudium（福音の喜び）」を出され、ご自身の信仰、福音宣教についての基本的立場を明確にされ、現代のカトリック教徒、教会のあるべき基本的スタンスを示された。そのうえで、二〇一五年には世界の環境問題という緊急の課題を取り上げた回勅「Laudato si'（主を賛美せよ）」を発出。

これと前後する形で、二〇一四年と二〇一五年に、最重要課題と考えておられる「家庭をめぐる諸問題と教会の対応」について議論を求め、異例の二年連続の世界代表司教会議（シノドス）を招集。ここでの議論を基に、二〇一六年四月に使徒的勧告「Amoris laetitia（［家庭における］愛の喜び）」をまとめられ、世界の家庭をめぐる現状と対応、あるべき姿を具体的に提示され、その人間社会における重要な役割を強く訴えられた。

さらにこの延長上で、世界と教会の未来のカギを握る若者たちの意見を基に、二〇一八年十月に「若者、信仰そして召命の識別」をテーマとしたシノドスを開き、その成果を基に二〇一九年四月に使徒的勧告「Christus vivit（カトリック・あい仮訳：キリストは生きておられる）」を示されている。若者の育成との関連では、二〇一八年一月に、使徒憲章「Veritatis gaudium（真理の喜び）」でカトリック大学の改革・刷新を促された。
未来を支える若者のことは常に教皇の頭にあり、二〇一九年六月にバチカン信徒・家庭・いのちの部署が主宰し世界百か国以上から約二百五十人の若者が参加した国際若者フォーラムの機会をとらえて、彼らと謁見し、「若者よ、起て。教会はあなた方の活躍を必要としている」と激励されてもいる。

このような現実の教会、社会を直視した〝実践的〟とも言える使徒的勧告の一方で、回勅「Lumen Fidei（信仰の光）」（二〇一三年六月）、そして、使徒的勧告「福音の喜び」の流れをくむ形で、現代における「聖性」をとりあげ、「今の時が求める『新たな聖性』」は、過ちと失敗の中で必死に前に進む人の中にある」とする使徒的勧告「Gaudete et exsultate（喜びなさい、大いに喜びなさい）」を二〇一八年十月に出された。

教会の典礼そのものの在り方についても、二〇一七年十月に、典礼文の各国語訳で現地司教へ大幅に権限をゆだねる自発教令を出されたほか、非カトリック教徒への聖体拝領の判断は、現地の教区司教に任せることを確認。典礼文に関してはその中心となる「主の祈り」の表現を見直す必要性を繰り返し言明。教会の現状に合う教区の合併・再編成も、イタリア司教協議会総会の場で明確に求められた。

「世界に開かれた、人々と共に歩む教会」への刷新を打ち出した第二バチカン公会議（一九六二年―一九六五年）のあと、カトリック教会はその真剣なメッセージに竿さすように、激変を続ける世界の現実から事実上、目を背け、伝統と権威にしがみつく〝逆転現象〟を起こしていた。長らくアルゼンチンの司牧の現場に在って、その問題を痛切に感じていた教皇フランシスコは就任以来六年半、戦乱や貧困、弱者虐待、格差拡大、人間性喪失の現実の世界と向き合い、第二バチカン公会議の精神を現実の教会、社会で実践することに強い使命感をもって、〝ぶれる〟ことなく、一貫して努力を重ねてこられた。

このような教皇の言動、姿勢が世界のカトリック教徒にとどまらず多くの人々の圧倒的支持を得続けていることは、毎週、サンピエトロ広場で行わる一般謁見に世界中の多くの人々が集まり続けていることにも象徴されている。

だが、それにもかかわらず、世界のカトリック信徒は増えていない。世界の総人口比ではむしろ微減だ。もちろん、数が多ければそれでいい、というものではない。問題は、欧米の信徒数の伸びが頭打ちになり、とくに、信徒の間で教会に足を運ばない人々が急増していることだ。その背景にあるのは、欧米を中心とした聖職者による未成年者性的虐待と高位聖職者によるその事実の隠蔽問題の拡大、長期化である。

この問題は、教会の隠蔽体質もあって長い間、表に出なかったが、二〇〇二年の米国の有力日刊紙『ボストン・グローブ』によるスクープをきっかけに一挙に表面化、米国からアイルランド、イギリス、フランス、ドイツ、チリ、メキシコ、豪州などへと広がり、各国の司法当局の介入を招き、関係した司祭や司教の辞任、被害者への補償が巨額に上って破産に追い込まれる教区まで出ている。だが、教会関係者の対応のまずさもあって、いまだに事態は沈静化せず、欧米を中心とした教会への信用失墜、教会離れの加速をもたらしている。

教皇フランシスコは、就任以来、こうした事態を深刻に受け止め、関係者に繰り返し警告を発してきたが、二〇一九年二月に聖職者の未成年者性的虐待への対応に関する全世界司教協議会会長会議を招集し、問題意識の共有と抜本的な取り組みを促し、さらに五月には自発教令を発して、性的虐待、隠蔽防止に関する新規範を全世界の教区で実施するよう求めた。

しかし、こうした状況を奇貨として、教皇が進める教会改革の流れを逆転させようとする保守派の策動もあり、教皇の腹心で構成する枢機卿顧問会議のメンバーで、教皇の重点施策の一つであるバチカン財政改革を担っていた有力枢機卿が、性的虐待問題で母国オーストラリアの裁判所で有罪判決を受け、機能停止するなど、逆風も強い。

教皇の就任当初、教皇と親しい関係にある『シビルタ・カットリカ』(*La Civiltà Cattolica*)のアントニオ・スパダロ編集長に「バチカン改革、教会改革を保守勢力が阻み、改革の流れを逆転させる恐れはないか」と聞いた。彼は「教皇はプロセスを軌道に乗せることに力を入れている。反対の動きがあるのは確かだが、彼には(神に支えられた)霊的な(教会の在り方についての)ビジョンがある。それが強みだ」と答え、「在任中に、ビジョンが完成しないとしても、彼が作った流れが変わることはない」と確信していた。その確信は今、揺らいでいるかもしれない。

それにつけても、残念に思うのは、このような困難の中で、懸命に使命を果たそうと努めておられる教皇の思いに、応えようとしない、あるは応えようとしても十分に足並みがそろわない日本の教会の実情だ。様々な形で発せられる教皇のメッセージが翻訳能力という基本的な問題もあって司祭、信徒になかなか伝わらず、聖職者の未成年者に対する性的虐待問題への対応をはじめ、シノドスや使徒的勧告への対応も他国と比べて〝周回遅れ〟のように見える。

〝定年〟まで十年以上残して辞任する司教が、教皇フランシスコ就任後の六年で三人。しかもその一人は、教皇訪日が濃厚になった二〇一九年四月に辞任してしまった。一方で、退任した司教の後任が決まらない教区も二〇一九年八月現在で二つ、最大の信徒を抱える東京教区には一人の補佐司教もいない、という状態だ。司祭の養成も、希望者減少などに対処して二〇〇九年に「二キャンパス、一学院」に再編統合された日本の神学校が、はっきりした理由も説明されないまま、わずか十年で二〇一九年四月から東京と福岡に分離された。

日本の教会は第二バチカン公会議の精神を受けて、司教協議会が主催して一九八七年に「開かれた教会づくり」をテーマに第一回福音宣教推進全国会議（NICE1）を、さらに一九九三年に「家庭の現実から福音宣教のあり方を探る」をテーマに第2回福音宣教推進全国会議（NICE2）を開いたが、それ以後の二十六年間、日本の教会全体で司教、司祭、修道者、一般信徒が一致協力して教会刷新に取り組む動きはなくなり、むしろ後退している感さえある。

一九三六年生まれの教皇にあまりにも大きい期待と負担をかけることは、控えるべきかもしれない。だが、少なくとも改革が軌道に乗り、保守勢力が抵抗をあきらめるまでは、この「人間的弱さ、欠点を隠すことのない、謙虚で清廉潔白、祈りと隣人愛に支えられた、現代社会では稀有な世界的指導者」に働いてほしい。

本書初版の「訳者あとがき」にこう書いた。その気持ちは五年余り経った今も変わらない。むしろ、今、求められているのは、教皇からボールを投げ続けられている世界の教会、日本の教会が、教皇の強い思い、言動を、真剣に受け止め、具体的に行動することだろう。ボールが投げ続けられているうちに……。

二〇一九年八月

南條俊二

著者略歴

ポール・バレリー *Paul Vallely*

宗教や倫理、社会問題などを専門とする英国人ジャーナリスト。英国タイムズ紙のエチオピア特派員を振り出しに、政治、文化、倫理などの担当記者として英国の主要紙で活躍、インディペンデント紙の日曜版編集長も務めた。チェスター大学客員教授（公共倫理担当）、マンチェスター大学にあるブルックス世界貧困研究所の上級フェロー。英国のカトリック国際関係研究所の会長やイングランド・ウェールズのカトリック司教団顧問なども務めている。2006年に聖マイケル・聖ジョージ勲章第三等を受章。著書は、*With Geldof in Africa, Bad Samarithan, The Church and New Age, Cathoric Social Teaching and the Big Society* など多数。

訳者略歴

南 條 俊 二 *Shunji Nanjo*

1946年、神奈川県生まれ、上智大学外国語学部英語学科卒業後、読売新聞東京本社入社。経済部、外報部（現国際部）ロンドン総局特派員、論説副委員長、読売新聞東南アジア地域発行総括兼 YNIS（タイ）社長などを歴任。退社後は、独立行政法人・国際協力機構（JICA）客員専門員や上智大学文学部非常勤講師を務める。現在、JICA 客員専門員、公益財団法人・世界平和研究所・研究顧問。著書に『なぜ「神」なのですか』（燦葉出版社）、日本国際フォーラム叢書『ストップ・ザ・日米摩擦』（共著、三田出版会）、訳書に、アイリーン・スラダ・サラソーン『The 一世――パイオニアの肖像』（読売新聞社）など。

教皇フランシスコの挑戦
闇から光へ

2014年10月 5 日　初　版第1刷発行
2019年10月20日　新装版第1刷発行

著者――――――ポール・バレリー
訳者――――――南條俊二
発行者―――――神田　明
発行所―――――株式会社 春秋社
〒101-0021 東京都千代田区外神田2-18-6
電話 03-3255-9611
振替 00180-6-24861
http://www.shunjusha.co.jp/
印刷・製本―――萩原印刷 株式会社
装丁――――――伊藤滋章

ISBN978-4-393-33378-5
定価はカバー等に表示してあります